# 行政诉讼法及司法解释

## 应用一本通

法律应用一本通系列

王旭坤　等　编著

法律出版社 | LAW PRESS
北京

**图书在版编目（CIP）数据**

行政诉讼法及司法解释应用一本通 / 王旭坤等编著. 北京：法律出版社，2025. -- ISBN 978-7-5197-9295-4

Ⅰ. D925.305

中国国家版本馆 CIP 数据核字第 2024EC6186 号

**行政诉讼法及司法解释应用一本通**
**XINGZHENG SUSONGFA JI SIFA JIESHI YINGYONG YIBENTONG**

王旭坤 等编著

策划编辑 朱海波 杨雨晴
责任编辑 朱海波 杨雨晴
装帧设计 鲍龙卉

**出版发行** 法律出版社
**编辑统筹** 法律应用出版分社
**责任校对** 蒋 橙
**责任印制** 刘晓伟
**经　　销** 新华书店

**开本** A5
**印张** 12.125　**字数** 300 千
**版本** 2025 年 9 月第 1 版
**印次** 2025 年 9 月第 1 次印刷
**印刷** 保定市中画美凯印刷有限公司

地址：北京市丰台区莲花池西里 7 号(100073)
网址：www.lawpress.com.cn
投稿邮箱：info@lawpress.com.cn
举报盗版邮箱：jbwq@lawpress.com.cn

销售电话：010-83938349
客服电话：010-83938350
咨询电话：010-63939796



**书号**：ISBN 978-7-5197-9295-4　**定价**：49.00 元

凡购买本社图书，如有印装错误，我社负责退换。电话：010-83938349

# 编写说明

法律在立法层级中层级很高,用语精准,可谓一字一词都很讲究。“现实制度运行的积淀,学术理论研究的成果,就这样进入具体的法条”,故而对法律做注释书,是非常重要的普法课。

行政诉讼俗称“民告官”。《行政诉讼法》的出台被视为建设法治国家与法治政府的大事件。行政诉讼是法律赋予公民、法人或者其他组织的权利,司法机关对行政行为的合法性进行审查,公正、及时审理行政案件从而解决行政争议保护公民、法人和其他组织的合法权益,监督行政机关依法行使职权,这是写在行政诉讼法条文中的立法目的。以数量计,我国每年有30余万件行政诉讼案件。

我国《行政诉讼法》1989年4月4日通过,2014年11月1日第一次修正,2017年6月27日第二次修正。本计划在2023年9月进行第三次修正,2023年8月21日十四届全国人大常委会第十次委员长会议审议通过了全国人大宪法和法律委员会关于终止审议行政诉讼法修正草案的报告,罕见地终止了修正进度。

《行政诉讼法》的立法技术是非常高明的,但法律的废、改、立也是实现法律生命的必然历程。编写组根据行政诉讼法的最新理论与实践发展,从实践应用的角度对《行政诉讼法》进行逐条注释,本书的编排主要有以下几点考虑:

1. 在【条文应用提示】栏目,对每一条款进行了释义,具体阐释了该条文的主旨、核心内容以及在行政诉讼实践中如何具体理解与适用。

2. 在【关联法律法规】栏目，对与该条相关的关联法规，具体包括法律、行政法规、规章以及一些重要的司法解释均进行了关联性收录。

3. 在【典型案例参考】栏目，本书共收集了 28 个经典案例，除最高人民法院的公报案例与指导案例外，还收集了各级人民法院的优秀审判案例，有的概括了裁判要旨，有的则对具体案情、焦点问题评析进行了提炼，有的还列明了争议观点及分析意见。

4. 本书的附录部分，汇总了 48 个来自最高人民法院、国务院法制部门等的批复与回复意见，整理了 23 个行政诉讼相关文书，并专门绘制了行政诉讼流程图等，这为读者提供切实可行的参考，也利于读者更深刻地理解行政诉讼办案流程。

本书由王旭坤、白秋晗撰写整理（其中白秋晗负责第一至六章初稿，王旭坤负责第七至十章及全书的统稿与审定），并由一本通编写组统一审定，由于时间仓促与经验所限，疏漏之处在所难免，敬请读者批评指正。

# 目　　录

# 条文索引

# 第一章　总　　则

**第一条　【立法目的】*为保证人民法院公正、及时审理行政案件，解决行政争议，保护公民、法人和其他组织的合法权益，监督行政机关依法行使职权，根据宪法，制定本法。**

## 条文应用提示

行政诉讼是指公民、法人或者其他组织认为行政机关的行政行为侵犯其合法权益，向人民法院提起诉讼，人民法院依法予以受理、审理并作出裁判的活动。行政诉讼俗称"民告官"，老百姓通过司法救济的渠道，使其受损害的权益得到恢复和救济，是法治社会的重要特征。

行政诉讼法是程序法，它规定了人民法院审理行政案件的程序性制度，相当于纠纷解决的指南针和说明书。人民法院通过对行政机关及其工作人员的行政行为的合法性审查，以此实现对行政机关的监督。这里要注意的是，对行政行为合法性审查包含了合理性审查，当然，在行政机关的专业判断及自由裁量领域，司法宜保持谦抑。

## 关联法律法规

**《中华人民共和国宪法》（1982年12月4日第五届全国人民代表大会第五次会议通过　2018年3月11日第十三届全国人民代表大会第一次会议通过的《中华人民共和国宪法修正案》修正）**

第五条　中华人民共和国实行依法治国，建设社会主义法治国家。

国家维护社会主义法制的统一和尊严。

一切法律、行政法规和地方性法规都不得同宪法相抵触。

---

* 条文主旨为编者所加。

一切国家机关和武装力量、各政党和各社会团体、各企业事业组织都必须遵守宪法和法律。一切违反宪法和法律的行为,必须予以追究。

任何组织或者个人都不得有超越宪法和法律的特权。

第二十七条　一切国家机关实行精简的原则,实行工作责任制,实行工作人员的培训和考核制度,不断提高工作质量和工作效率,反对官僚主义。

一切国家机关和国家工作人员必须依靠人民的支持,经常保持同人民的密切联系,倾听人民的意见和建议,接受人民的监督,努力为人民服务。

国家工作人员就职时应当依照法律规定公开进行宪法宣誓。

**第二条　【诉权】公民、法人或者其他组织认为行政机关和行政机关工作人员的行政行为侵犯其合法权益,有权依照本法向人民法院提起诉讼。**

**前款所称行政行为,包括法律、法规、规章授权的组织作出的行政行为。**

## 条文应用提示

本条明确了原告提起行政诉讼的前提条件:(1)存在行政行为,即行政机关和行政机关工作人员的行为;(2)存在诉权,即公民、法人或者其他组织认为行政行为侵犯了其合法权益。

行政行为是指国家行政机关在行政管理活动中行使行政职权,针对特定的公民、法人或者其他组织,就特定的具体事项作出影响该公民、法人或者其他组织权利义务的行为。《行政诉讼法》第十二条明确列举了12类行为,第十三条反向列举了4类行为,《最高人民法院关于适用〈中华人民共和国行政诉讼法〉的解释》第一条也反向列举了何为不可诉行政行为。

在行政诉讼实践中,被告大多为行政机关,多涉及城建、国土规划、公安、劳动与社会保障四大行政执法领域。行政诉讼中被告的一方是行政机关,原告一方是受行政行为影响的公民、法人或其他组织,又称为“行政相对人”。行政相对人是指行政管理法律关系中与行政主体相对应的另一方当事人,其权益受到行政行为直接或间接的影响。进入行政诉讼后,行政相对人成为行政诉讼的原告。

以吸烟被罚为例,公民不可以直接对《北京市控制吸烟条例》提起诉讼,但可以就相应的行政处罚决定提起诉讼。《行政诉讼法》第十二条明确规定,人民法院不受理公民、法人或者其他组织对行政法规、规章或者行政机关制定、发布的具有普遍约束力的决定、命令提起的诉讼。如果行政机关依据《北京市控制吸烟条例》对当事人作出行政处罚,当事人对此不服,可以就该具体处罚提起行政诉讼。如认为《北京市控制吸烟条例》的相关条文不合法、不合理,可向全国人大申请立法审查建议。

## 关联法律法规

**1.《最高人民法院关于依法保护行政诉讼当事人诉权的意见》(法发〔2009〕54号　2009年11月9日公布并实施)**

行政诉讼法施行以来,人民法院依法受理和审理了大量行政案件,有效化解了行政争议,维护了人民群众合法权益,促进了行政机关依法行政,行政审判的特殊职能作用日益彰显。但是,行政诉讼"告状难"现象依然存在,已经成为人民群众反映强烈的突出问题之一。为不断满足人民群众日益增长的司法需求,切实解决行政诉讼有案不收、有诉不理的问题,现就进一步重视和加强行政案件受理,依法保护当事人诉讼权利,切实解决行政诉讼"告状难"问题,提出如下意见:

一、切实提高对行政案件受理工作重要性的认识

行政诉讼制度是保障最广大人民群众利益最有效、最直接的法律制度之一,是新形势下解决人民内部矛盾的一种有效方式,是维护社会和谐稳定的重要手段。行政诉讼受理渠道是否畅通,是这一优良司法制度能否有效发挥功能和作用的前提。诉权保障不力,公民的合法权益就难以有效救济,人民群众日益增长的司法需求就不可能得到满足。随着社会利益格局日益多元化和复杂化,特别是受国际金融危机的影响,行政纠纷日益增多,日趋复杂多样化,有的还呈现出突发性、群体性、极端性的特点。只有畅通行政诉讼渠道,才能引导人民群众以理性合法的方式表达利益诉求,最大限度地减少社会不和谐因素,增进人民群众与政府之间的理解与信任。诉讼渠道不畅,必然导致上访增多,非

理性行为加剧,必将严重影响社会和谐稳定,削弱人民法院行政审判“为大局服务,为人民司法”的职能作用。各级人民法院必须充分理解司法权源于人民、属于人民、服务人民、受人民监督的根本属性,从贯彻落实党的十七届四中全会精神和实现司法的人民性的高度,充分认识行政案件受理工作的重要性,认真抓好行政案件受理工作,切实解决行政诉讼“告状难”问题。

二、不得随意限缩受案范围、违法增设受理条件

行政诉讼法和相关司法解释根据我国国情和现阶段的法治发展程度,设计了符合实际的行政案件受案范围,这是人民法院受理行政诉讼案件的法定依据。各级人民法院要全面准确理解和适用,不得以任何借口随意限制受案范围。凡是行政诉讼法明确规定的可诉性事项,不得擅自加以排除;行政诉讼法没有明确规定但有单行法律、法规授权的,也要严格遵循;法律和司法解释没有明确排除的具体行政行为,应当属于人民法院行政诉讼受案范围。不仅要保护公民、法人和其他组织的人身权和财产权,也要顺应权利保障的需要,依法保护法律、法规规定可以提起诉讼的与人身权、财产权密切相关的其他经济、社会权利。要坚决清除限制行政诉讼受理的各种“土政策”,严禁以服务地方中心工作、应对金融危机等为借口,拒绝受理某类依法应当受理的行政案件。要准确理解、严格执行行政诉讼法和相关司法解释关于起诉条件、诉讼主体资格、起诉期限的规定,不得在法律规定之外另行规定限制当事人起诉的其他条件。要正确处理起诉权和胜诉权的关系,不能以当事人的诉讼请求明显不成立而限制或者剥夺当事人的诉讼权利。要正确处理诉前协调和立案审理的关系,既要充分发挥诉前协调的作用,又不能使之成为妨碍当事人行使诉权的附加条件。要全面正确审查起诉期限,对不属于起诉人自身原因超过起诉期限的,应当根据案件具体情况依法提供有效救济。

三、依法积极受理新类型行政案件

随着形势的发展和法治的进步,行政行为的方式不断丰富,行政管理的领域不断拓展,人民群众的司法需求不断增长,行政争议的特点不断变化。各级人民法院要深入了解各阶层人民群众的生活现状和思想动向,了解人民群众对行政审判工作的期待,依法受理由此引发的各种新类型案件,积极回应人民群众的现实司法需求。要依法积极受理行政给付、行

政监管、行政允诺、行政不作为等新类型案件;依法积极受理教育、劳动、医疗、社会保障等事关民生的案件;依法积极受理政府信息公开等涉及公民其他社会权利的案件;积极探讨研究公益诉讼案件的受理条件和裁判方式。对新类型案件拿不准的,应当在法定期间先予立案,必要时请示上级人民法院,不得随意作出不予受理决定。

四、完善工作机制,改进工作作风

行政案件立案专业性较强。各级人民法院的立案庭和行政庭要在行政案件受理环节加强协调、沟通与配合。要严格执行行政诉讼法和司法解释有关受理案件的程序制度,对于当事人的起诉要在法定期限内立案或者作出裁定;不能决定是否受理的,应当先予受理,经审查确实不符合法定立案条件的,裁定驳回起诉。要认真执行《关于行政案件管辖若干问题的规定》,对于起诉人向上一级人民法院起诉的,上一级人民法院应当依法及时作出处理,符合受理条件的,督促有管辖权的人民法院立案受理,也可以直接立案后由自己审理或者指定辖区其他人民法院审理。要改进工作作风,强化便民措施,简化立案环节,丰富立案方式,方便群众诉讼。对于情况紧急且涉及人民群众切身利益或公共利益符合立案条件的案件,要及时立案,尽快审理。要大力推行诉讼引导和指导、权利告知、风险提示等措施,由于起诉人法律知识不足导致起诉状内容欠缺、错列被告等情形的,应当给予必要的指导和释明,不得未经指导和释明即以起诉不符合条件为由予以驳回。要增强司法公开和透明,对依法不予受理或驳回起诉的,必须依法出具法律文书,并在法律文书中给出令人信服的理由。

五、加强对行政案件受理工作的监督

上级人民法院要通过审理上诉和申诉案件、受理举报、案件评查、专项检查、通报排名等各种措施,进一步加强对下级人民法院行政案件立案受理工作的指导和监督,切实防止因当事人告状无门而引发到处上访、激化社会矛盾的事件发生。要健全完善行政审判绩效考核办法,加大因违法不受理案件导致申诉信访的考核权重。要严格执行《人民法院审判人员违法审判责任追究办法(试行)》的规定,对于违反法律规定,擅自对应当受理的案件不予受理,或者因违法失职造成严重后果的责任人员,要依法依纪严肃处理。要坚决抵制非法干预行政案件受理的各种违法行为,彻底废除各种违法限制行政案件受理的“土政策”。对于干预、阻碍人民法院受理行政案件造成恶劣影响的，应当及时向当地党委、纪检监察机关和上级人民法院反映，上级人民法院要协助党委和纪检监察机关作出严肃处理。

六、努力营造行政案件立案受理的良好外部环境

要通过典型案例、普法宣传、诉讼指导等多种途径，加大行政诉讼法的宣传力度，提高当事人参与行政诉讼的能力和水平，引导人民群众通过理性合法的方式主张权利；要切实提高行政案件的办案质量，千方百计降低诉讼成本，缩短诉讼周期，加大执行力度，增强行政审判的公信力；要进一步改进工作作风，增强服务意识，提高服务水平，为人民群众提供更加便捷的救济；要采取强有力的法律保护手段，严厉查处打击报复当事人的行为，使人民群众敢于运用法律手段维护自己的合法权益。要建议政府和有关部门正确理解和评价行政诉讼败诉现象，修改和完善相关考评制度，防止和消除由此产生的负面影响。要更加主动自觉地争取党委的领导和人大的监督，取得政府机关及社会各界的支持。通过不懈努力，使行政案件受理难、审理难、执行难问题得到根本解决，使行政诉讼制度在保护合法权益，促进依法行政，化解行政争议，维护和谐稳定中发挥更加积极的作用。

**2.《最高人民法院关于进一步保护和规范当事人依法行使行政诉权的若干意见》（法发〔2017〕25 号　2017 年 8 月 31 日公布并实施）**

新行政诉讼法和立案登记制同步实施以来，各级人民法院坚持司法为民的工作宗旨，进一步强化诉权保护意识，着力从制度上、源头上、根本上解决人民群众反映强烈的“立案难”问题，对依法应当受理的案件有案必立、有诉必理，人民群众的行政诉权得到了充分保护，立案渠道全面畅通，新行政诉讼法实施和立案登记制改革取得了重大成果。但与此同时，阻碍当事人依法行使诉权的现象尚未完全消除；一些当事人滥用诉权，浪费司法资源的现象日益增多。为了更好地保护和规范当事人依法行使诉权，引导当事人合理表达诉求，促进行政争议实质化解，结合行政审判工作实际，提出如下意见：

一、进一步强化诉权保护意识，积极回应人民群众合理期待，有力保障当事人依法合理行使诉权

1. 各级人民法院要高度重视诉权保护，坚持以宪法和法律为依据，以

满足人民群众需求为导向，以实质化解行政争议为目标，对于依法应当受理的行政案件，一律登记立案，做到有案必立、有诉必理，切实维护和保障公民、法人和其他组织依法提起行政诉讼的权利。

2. 要切实转变观念，严格贯彻新行政诉讼法的规定，坚决落实立案登记制度，对于符合法定起诉条件的，应当当场登记立案。严禁在法律规定之外，以案件疑难复杂、部门利益权衡、影响年底结案等为由，不接收诉状或者接收诉状后不出具书面凭证。

3. 要不断提高保护公民、法人和其他组织依法行使诉权的意识，对于需要当事人补充起诉材料的，应当一次性全面告知当事人需要补正的内容、补充的材料及补正期限等；对于当事人欠缺法律知识的，人民法院必须做好诉讼引导和法律释明工作。

4. 要坚决清理限制当事人诉权的"土政策"，避免在立案环节进行过度审查，违法将当事人提起诉讼的依据是否充分、事实是否清楚、证据是否确凿、法律关系是否明确等作为立案条件。对于不能当场作出立案决定的，应当严格按照行政诉讼法和司法解释的规定，在七日内决定是否立案。人民法院在七日内既不立案又不作出不予立案裁定，也未要求当事人补正起诉材料的，当事人可以向上一级人民法院起诉，上一级人民法院认为符合起诉条件的，应当立案、审理或指定其他下级人民法院立案、审理。

5. 对于属于人民法院受案范围的行政案件，人民法院发现没有管辖权的，应当告知当事人向有管辖权的人民法院起诉；已经立案的，应当移送有管辖权的人民法院。对于不属于复议前置的案件，人民法院不得以当事人的起诉未经行政机关复议为由不予立案或者不接收起诉材料。当事人的起诉可能超过起诉期限的，人民法院应当进行认真审查，确因不可抗力或者不可归责于当事人自身原因耽误起诉期限的，人民法院不得以超过起诉期限为由不予立案。

6. 要进一步提高诉讼服务能力，充分利用"大数据""互联网+""人工智能"等现代技术，继续推进诉讼服务大厅、诉讼服务网络、12368 热线、智能服务平台等建设，不断创新工作理念，完善服务举措，为人民群众递交材料、办理手续、领取文书以及立案指导、咨询解答、信息查询等提供一站式、立体化服务，为人民群众依法行使诉权提供优质、便捷、高效的诉讼引导和服务。

7. 要依法保障经济困难和诉讼实施能力较差的当事人的诉权。通过法律援助、司法救助等方式，让行使诉权确有困难的当事人能够顺利进入法院参与诉讼。要积极建立与律师协会、法律援助中心等单位的沟通交流和联动机制，为当事人提供及时有效的法律援助，提高当事人的诉讼实施能力。

8. 要严格执行中共中央办公厅、国务院办公厅印发的《领导干部干预司法活动、插手具体案件处理的记录、通报和责任追究规定》和中央政法委印发的《司法机关内部人员过问案件的记录和责任追究规定》，及时制止和纠正干扰依法立案、故意拖延立案、人为控制立案等违法违规行为。对于阻碍和限制当事人依法行使诉权、干预人民法院依法受理和审理行政案件的机关和个人，人民法院应当如实记录，并按规定报送同级党委政法委，同时可以向其上级机关或监察机关进行通报、提出处理建议。

二、正确引导当事人依法行使诉权，严格规制恶意诉讼和无理缠诉等滥诉行为

9. 要正确理解立案登记制的精神实质，在防止过度审查的同时，也要注意坚持必要审查。人民法院除对新行政诉讼法第四十九条规定的起诉条件依法进行审查外，对于起诉事项没有经过法定复议前置程序处理、起诉确已超过法定起诉期限、起诉人与行政行为之间确实没有利害关系等明显不符合法定起诉条件的，人民法院依法不予立案，但应当向当事人说明不予立案的理由。

10. 要引导当事人依法行使诉权，对于没有新的事实和理由，针对同一事项重复、反复提起诉讼，或者反复提起行政复议继而提起诉讼等违反"一事不再理"原则的起诉，人民法院依法不予立案，并向当事人说明不予立案的理由。当事人针对行政机关未设定其权利义务的重复处理行为、说明性告知行为及过程性行为提起诉讼的，人民法院依法不予立案，并向当事人做好释明工作，避免给当事人造成不必要的诉累。

11. 要准确把握新行政诉讼法第二十五条第一款规定的"利害关系"的法律内涵，依法审查行政机关的行政行为是否确与当事人权利义务的增减得失密切相关，当事人在诉讼中是否确实具有值得保护的实际权益，不得虚化、弱化利害关系的起诉条件。对于确与行政行为有利害关系的

起诉,人民法院应当予以立案。

12. 当事人因请求上级行政机关监督和纠正下级行政机关的行政行为,不服上级行政机关作出的处理、答复或者未作处理等层级监督行为提起诉讼,或者不服上级行政机关对下级行政机关作出的通知、命令、答复、回函等内部指示行为提起诉讼的,人民法院在裁定不予立案的同时,可以告知当事人可以依法直接对下级行政机关的行政行为提起诉讼。上述行为如果设定了当事人的权利义务或者对当事人权利义务产生了实际影响,人民法院应当予以立案。

13. 当事人因投诉、举报、检举或者反映问题等事项不服行政机关作出的行政行为而提起诉讼的,人民法院应当认真审查当事人与其投诉、举报、检举或者反映问题等事项之间是否具有利害关系,对于确有利害关系的,应当依法予以立案,不得一概不予受理。对于明显不具有诉讼利益、无法或者没有必要通过司法渠道进行保护的起诉,比如当事人向明显不具有事务、地域或者级别管辖权的行政机关投诉、举报、检举或者反映问题,不服行政机关作出的处理、答复或者未作处理等行为提起诉讼的,人民法院依法不予立案。

14. 要正确区分当事人请求保护合法权益和进行信访之间的区别,防止将当事人请求行政机关履行法定职责当作信访行为对待。当事人因不服信访工作机构依据《信访条例》作出的处理意见、复查意见、复核意见或者不履行《信访条例》规定的职责提起诉讼的,人民法院依法不予立案。但信访答复行为重新设定了当事人的权利义务或者对当事人权利义务产生实际影响的,人民法院应当予以立案。

15. 要依法制止滥用诉权、恶意诉讼等行为。滥用诉权、恶意诉讼消耗行政资源,挤占司法资源,影响公民、法人和其他组织诉权的正常行使,损害司法权威,阻碍法治进步。对于以危害国家主权和领土完整、危害国家安全、破坏国家统一和民族团结、破坏国家宗教政策为目的的起诉,人民法院依法不予立案;对于极个别当事人不以保护合法权益为目的,长期、反复提起大量诉讼,滋扰行政机关,扰乱诉讼秩序的,人民法院依法不予立案。

16. 要充分尊重和保护公民、法人或者其他组织的知情权,依法及时审理当事人提起的涉及申请政府信息公开的案件。但对于当事人明显违反《中华人民共和国政府信息公开条例》立法目的,反复、大量提出政府信息公开申请进而提起行政诉讼,或者当事人提起的诉讼明显没有值得保护的与其自身合法权益相关的实际利益,人民法院依法不予立案。公民、法人或者其他组织申请公开已经公布或其已经知晓的政府信息,或者请求行政机关制作、搜集政府信息或对已有政府信息进行汇总、分析、加工等,不服行政机关作出的处理、答复或者未作处理等行为提起诉讼的,人民法院依法不予立案。

17. 在认定滥用诉权、恶意诉讼的情形时,应当从严掌握标准,要从当事人提起诉讼的数量、周期、目的以及是否具有正当利益等角度,审查其是否具有滥用诉权、恶意诉讼的主观故意。对于属于滥用诉权、恶意诉讼的当事人,要探索建立有效机制,依法及时有效制止。

**第三条　【行政机关负责人出庭应诉】人民法院应当保障公民、法人和其他组织的起诉权利,对应当受理的行政案件依法受理。**

**行政机关及其工作人员不得干预、阻碍人民法院受理行政案件。**

**被诉行政机关负责人应当出庭应诉。不能出庭的,应当委托行政机关相应的工作人员出庭。**

**对应司法解释**

**《最高人民法院关于适用〈中华人民共和国行政诉讼法〉的解释》(法释〔2018〕1号　自2018年2月8日起施行)**

八、行政机关负责人出庭应诉

第一百二十八条　行政诉讼法第三条第三款规定的行政机关负责人,包括行政机关的正职、副职负责人以及其他参与分管的负责人。

行政机关负责人出庭应诉的,可以另行委托一至二名诉讼代理人。行政机关负责人不能出庭的,应当委托行政机关相应的工作人员出庭,不得仅委托律师出庭。

第一百二十九条　涉及重大公共利益、社会高度关注或者可能引发群体性事件等案件以及人民法院书面建议行政机关负责人出庭的案件,被诉行政机关负责人应当出庭。

被诉行政机关负责人出庭应诉的，应当在当事人及其诉讼代理人基本情况、案件由来部分予以列明。

行政机关负责人有正当理由不能出庭应诉的，应当向人民法院提交情况说明，并加盖行政机关印章或者由该机关主要负责人签字认可。

行政机关拒绝说明理由的，不发生阻止案件审理的效果，人民法院可以向监察机关、上一级行政机关提出司法建议。

第一百三十条　行政诉讼法第三条第三款规定的“行政机关相应的工作人员”，包括该行政机关具有国家行政编制身份的工作人员以及其他依法履行公职的人员。

被诉行政行为是地方人民政府作出的，地方人民政府法制工作机构的工作人员，以及被诉行政行为具体承办机关工作人员，可以视为被诉人民政府相应的工作人员。

第一百三十一条　行政机关负责人出庭应诉的，应当向人民法院提交能够证明该行政机关负责人职务的材料。

行政机关委托相应的工作人员出庭应诉的，应当向人民法院提交加盖行政机关印章的授权委托书，并载明工作人员的姓名、职务和代理权限。

第一百三十二条　行政机关负责人和行政机关相应的工作人员均不出庭，仅委托律师出庭的或者人民法院书面建议行政机关负责人出庭应诉，行政机关负责人不出庭应诉的，人民法院应当记录在案和在裁判文书中载明，并可以建议有关机关依法作出处理。

## 条文应用提示

本条主要包含两层含义：(1)保障相对人的起诉权利。立案是启动司法程序的入口，人民法院对符合起诉条件的案件应当立案。《行政诉讼法》第五十一条详细规定了如何立案，第五十二条规定了如果人民法院既不立案，又不作出不予立案裁定的，当事人如何救济。行政诉讼中也存在立案难的问题，因为司法不能拒绝裁判，一旦收案就要给出裁决，所以在立案环节可能存在推托、拖延的问题。(2)行政机关负责人出庭应诉制度。当前之所以在巨大争议中下定决心明确规定这一点，是出于原、被告双方在行政诉讼中实质性沟通,实质性化解争议的考虑,也是出于普法教育及行政法治发展的考量。这里要强调的是,第三款中用了两个“应当”,应当出庭应诉及应当委托,这是法律的明确表态。

根据《最高人民法院关于适用〈中华人民共和国行政诉讼法〉的解释》第一百二十八条至第一百三十二条的相关规定,行政机关负责人,包括行政机关的正职、副职负责人以及其他参与分管的负责人。“行政机关相应的工作人员”,包括该行政机关具有国家行政编制身份的工作人员以及其他依法履行公职的人员。被诉行政行为是地方人民政府作出的,地方人民政府法制工作机构的工作人员,以及被诉行政行为具体承办机关工作人员,可以视为被诉人民政府相应的工作人员。行政机关负责人出庭应诉的,可以另行委托一名至二名诉讼代理人。行政机关负责人不能出庭的,应当委托行政机关相应的工作人员出庭,不得仅委托律师出庭。行政机关负责人和行政机关相应的工作人员均不出庭,仅委托律师出庭的或者人民法院书面建议行政机关负责人出庭应诉,行政机关负责人不出庭应诉的,人民法院应当记录在案和在裁判文书中载明,并可以建议有关机关依法作出处理。

## 关联法律法规

**《最高人民法院关于行政机关负责人出庭应诉若干问题的规定》(法释〔2020〕3号　自2020年7月1日起施行)**

为进一步规范行政机关负责人出庭应诉活动,根据《中华人民共和国行政诉讼法》等法律规定,结合人民法院行政审判工作实际,制定本规定。

第一条　行政诉讼法第三条第三款规定的被诉行政机关负责人应当出庭应诉,是指被诉行政机关负责人依法应当在第一审、第二审、再审等诉讼程序中出庭参加诉讼,行使诉讼权利,履行诉讼义务。

法律、法规、规章授权独立行使行政职权的行政机关内设机构、派出机构或者其他组织的负责人出庭应诉,适用本规定。

应当追加为被告而原告不同意追加,人民法院通知以第三人身份参加诉讼的行政机关,其负责人出庭应诉活动参照前款规定。

第二条　行政诉讼法第三条第三款规定的被诉行政机关负责人,包括行政机关的正职、副职负责人、参与分管被诉行政行为实施工作的副职级别的负责人以及其他参与分管的负责人。

被诉行政机关委托的组织或者下级行政机关的负责人，不能作为被诉行政机关负责人出庭。

第三条 有共同被告的行政案件，可以由共同被告协商确定行政机关负责人出庭应诉；也可以由人民法院确定。

第四条 对于涉及食品药品安全、生态环境和资源保护、公共卫生安全等重大公共利益，社会高度关注或者可能引发群体性事件等的案件，人民法院应当通知行政机关负责人出庭应诉。

有下列情形之一，需要行政机关负责人出庭的，人民法院可以通知行政机关负责人出庭应诉：

(一)被诉行政行为涉及公民、法人或者其他组织重大人身、财产权益的；

(二)行政公益诉讼；

(三)被诉行政机关的上级机关规范性文件要求行政机关负责人出庭应诉的；

(四)人民法院认为需要通知行政机关负责人出庭应诉的其他情形。

第五条 人民法院在向行政机关送达的权利义务告知书中，应当一并告知行政机关负责人出庭应诉的法定义务及相关法律后果等事项。

人民法院通知行政机关负责人出庭的，应当在开庭三日前送达出庭通知书，并告知行政机关负责人不出庭可能承担的不利法律后果。

行政机关在庭审前申请更换出庭应诉负责人且不影响正常开庭的，人民法院应当准许。

第六条 行政机关负责人出庭应诉的，应当于开庭前向人民法院提交出庭应诉负责人的身份证明。身份证明应当载明该负责人的姓名、职务等基本信息，并加盖行政机关印章。

人民法院应当对出庭应诉负责人的身份证明进行审查，经审查认为不符合条件，可以补正的，应当告知行政机关予以补正；不能补正或者补正可能影响正常开庭的，视为行政机关负责人未出庭应诉。

第七条 对于同一审级需要多次开庭的同一案件，行政机关负责人到庭参加一次庭审的，一般可以认定其已经履行出庭应诉义务，但人民法院通知行政机关负责人再次出庭的除外。

行政机关负责人在一个审理程序中出庭应诉，不免除其在其他审理程序出庭应诉的义务。

第八条　有下列情形之一的,属于行政诉讼法第三条第三款规定的行政机关负责人不能出庭的情形:

(一)不可抗力;

(二)意外事件;

(三)需要履行他人不能代替的公务;

(四)无法出庭的其他正当事由。

第九条　行政机关负责人有正当理由不能出庭的,应当提交相关证明材料,并加盖行政机关印章或者由该机关主要负责人签字认可。

人民法院应当对行政机关负责人不能出庭的理由以及证明材料进行审查。

行政机关负责人有正当理由不能出庭,行政机关申请延期开庭审理的,人民法院可以准许;人民法院也可以依职权决定延期开庭审理。

第十条　行政诉讼法第三条第三款规定的相应的工作人员,是指被诉行政机关中具体行使行政职权的工作人员。

行政机关委托行使行政职权的组织或者下级行政机关的工作人员,可以视为行政机关相应的工作人员。

人民法院应当参照本规定第六条第二款的规定,对行政机关相应的工作人员的身份证明进行审查。

第十一条　诉讼参与人参加诉讼活动,应当依法行使诉讼权利,履行诉讼义务,遵守法庭规则,自觉维护诉讼秩序。

行政机关负责人或者行政机关委托的相应工作人员在庭审过程中应当就案件情况进行陈述、答辩、提交证据、辩论、发表最后意见,对所依据的规范性文件进行解释说明。

行政机关负责人出庭应诉的,应当就实质性解决行政争议发表意见。

诉讼参与人和其他人以侮辱、谩骂、威胁等方式扰乱法庭秩序的,人民法院应当制止,并根据行政诉讼法第五十九条规定进行处理。

第十二条　有下列情形之一的,人民法院应当向监察机关、被诉行政机关的上一级行政机关提出司法建议:

(一)行政机关负责人未出庭应诉,且未说明理由或者理由不成立的;

(二)行政机关有正当理由申请延期开庭审理,人民法院准许后再次

开庭审理时行政机关负责人仍未能出庭应诉,且无正当理由的;

(三)行政机关负责人和行政机关相应的工作人员均不出庭应诉的;

(四)行政机关负责人未经法庭许可中途退庭的;

(五)人民法院在庭审中要求行政机关负责人就有关问题进行解释或者说明,行政机关负责人拒绝解释或者说明,导致庭审无法进行的。

有前款情形之一的,人民法院应当记录在案并在裁判文书中载明。

第十三条　当事人对行政机关具有本规定第十二条第一款情形提出异议的,人民法院可以在庭审笔录中载明,不影响案件的正常审理。

原告以行政机关具有本规定第十二条第一款情形为由拒不到庭、未经法庭许可中途退庭的,人民法院可以按照撤诉处理。

原告以行政机关具有本规定第十二条第一款情形为由在庭审中明确拒绝陈述或者以其他方式拒绝陈述,导致庭审无法进行,经法庭释明法律后果后仍不陈述意见的,人民法院可以视为放弃陈述权利,由其承担相应的法律后果。

第十四条　人民法院可以通过适当形式将行政机关负责人出庭应诉情况向社会公开。

人民法院可以定期将辖区内行政机关负责人出庭应诉情况进行统计、分析、评价,向同级人民代表大会常务委员会报告,向同级人民政府进行通报。

第十五条　本规定自2020年7月1日起施行。

## 典型案例参考

**沈阳市皇姑区人民政府一审负责人出庭行政通知书**[(2020)辽01行初392号]

沈阳市皇姑区人民政府:

原告张某三人诉你单位其他行政一案,本院已受理,并定于2021年3月2日14时00分在沈阳市中级人民法院3号法庭公开审理本案。因本案属于《最高人民法院关于行政机关负责人出庭应诉若干问题的规定》第四条[第一款:"对于涉及食品药品安全、生态环境和资源保护、公共卫生安全等重大公共利益,社会高度关注或者可能引发群体性事件等的案件,人民法院应当通知行政机关负责人出庭。"第二款:"有下列情形之一,需要行政机关负责人出庭的,人民法院可以通知行政机关负责人出庭应诉:(一)被诉行政行为涉及公民、法人或者其他组织重大人身、财产权益的;(二)行政公益诉讼;(三)被诉行政机关的上级机关规范性文件要求行政机关负责人出庭应诉的;(四)人民法院认为需要通知行政机关负责人出庭应诉的其他情形。"]规定的情形,现根据《中华人民共和国行政诉讼法》第三条,《最高人民法院关于适用〈中华人民共和国行政诉讼法〉的解释》第一百二十八、一百二十九条之规定,《最高人民法院关于行政机关负责人出庭应诉若干问题的规定》第二、四条之规定,通知你单位负责人出庭应诉,望准时到庭并于开庭前向法院提交出庭应诉负责人证明。若你单位负责人未依法出庭应诉,根据《最高人民法院关于行政机关负责人出庭应诉若干问题的规定》第十二条的规定,本院将向监察机关、被诉行政机关的上一级行政机关提出司法建议。

**第四条 【独立行使审判权】人民法院依法对行政案件独立行使审判权,不受行政机关、社会团体和个人的干涉。**

**人民法院设行政审判庭,审理行政案件。**

## 条文应用提示

根据《宪法》和《人民法院组织法》,人民法院依法独立行使审判权。独立行使审判权体现在人民法院的审判活动不受行政机关、社会团体和个人的干涉,公平公正地审理案件。与此同时,法院的审判活动仍然受到人民代表大会、人民检察院的监督,并坚持党的领导。

## 关联法律法规

**《国务院关于加强市县政府依法行政的决定》(国发〔2008〕17号 2008年5月12日公布并实施)**

各省、自治区、直辖市人民政府,国务院各部委、各直属机构:

党的十七大把依法治国基本方略深入落实,全社会法制观念进一步增强,法治政府建设取得新成效,作为全面建设小康社会新要求的重要内容。为全面落实依法治国基本方略,加快建设法治政府,现就加强市县两级政府依法行政做出如下决定:

一、充分认识加强市县政府依法行政的重要性和紧迫性

(一)加强市县政府依法行政是建设法治政府的重要基础。市县两级政府在我国政权体系中具有十分重要的地位,处在政府工作的第一线,是国家法律法规和政策的重要执行者。实际工作中,直接涉及人民群众具

体利益的行政行为大多数由市县政府做出，各种社会矛盾和纠纷大多数发生在基层并需要市县政府处理和化解。市县政府能否切实做到依法行政，很大程度上决定着政府依法行政的整体水平和法治政府建设的整体进程。加强市县政府依法行政，事关巩固党的执政基础、深入贯彻落实科学发展观、构建社会主义和谐社会和加强政府自身建设，必须把加强市县政府依法行政作为一项基础性、全局性工作，摆在更加突出的位置。

（二）提高市县政府依法行政的能力和水平是全面推进依法行政的紧迫任务。我国改革开放和社会主义现代化建设已进入新的历史时期，经济社会快速发展，一些深层次的矛盾和问题逐步显现，人民群众的民主法治意识和政治参与积极性日益提高，维护自身合法权益的要求日益强烈，这些都对政府工作提出了新的更高要求，需要进一步提高依法行政水平。经过坚持不懈的努力，近些年来我国市县政府依法行政已经取得了重大进展，但是与形势发展的要求还有不小差距，一些行政机关及其工作人员依法行政的意识有待增强，依法办事的能力和水平有待提高；一些地方有法不依、执法不严、违法不究的状况亟须改变。依法行政重点在基层，难点在基层。各地区、各部门要切实增强责任感和紧迫感，采取有效措施加快推进市县政府依法行政的进程。

二、大力提高市县行政机关工作人员依法行政的意识和能力

（三）健全领导干部学法制度。市县政府领导干部要带头学法，增强依法行政、依法办事意识，自觉运用法律手段解决各种矛盾和问题。市县政府要建立健全政府常务会议学法制度；建立健全专题法制讲座制度，制订年度法制讲座计划并组织实施；建立健全集中培训制度，做到学法的计划、内容、时间、人员、效果“五落实”。

（四）加强对领导干部任职前的法律知识考查和测试。对拟任市县政府及其部门领导职务的干部，在任职前考察时要考查其是否掌握相关法律知识以及依法行政情况，必要时还要对其进行相关法律知识测试，考查和测试结果应当作为任职的依据。

（五）加大公务员录用考试法律知识测查力度。在公务员考试时，应当增加法律知识在相关考试科目中的比重。对从事行政执法、政府法制等工作的公务员，还要进行专门的法律知识考试。

（六）强化对行政执法人员的培训。市县政府及其部门要定期组织对

行政执法人员进行依法行政知识培训,培训情况、学习成绩应当作为考核内容和任职晋升的依据之一。

三、完善市县政府行政决策机制

(七)完善重大行政决策听取意见制度。市县政府及其部门要建立健全公众参与重大行政决策的规则和程序,完善行政决策信息和智力支持系统,增强行政决策透明度和公众参与度。制定与群众切身利益密切相关的公共政策,要向社会公开征求意见。有关突发事件应对的行政决策程序,适用突发事件应对法等有关法律、法规、规章的规定。

(八)推行重大行政决策听证制度。要扩大听证范围,法律、法规、规章规定应当听证以及涉及重大公共利益和群众切身利益的决策事项,都要进行听证。要规范听证程序,科学合理地遴选听证代表,确定、分配听证代表名额要充分考虑听证事项的性质、复杂程度及影响范围。听证代表确定后,应当将名单向社会公布。听证举行10日前,应当告知听证代表拟做出行政决策的内容、理由、依据和背景资料。除涉及国家秘密、商业秘密和个人隐私的外,听证应当公开举行,确保听证参加人对有关事实和法律问题进行平等、充分的质证和辩论。对听证中提出的合理意见和建议要吸收采纳,意见采纳情况及其理由要以书面形式告知听证代表,并以适当形式向社会公布。

(九)建立重大行政决策的合法性审查制度。市县政府及其部门做出重大行政决策前要交由法制机构或者组织有关专家进行合法性审查,未经合法性审查或者经审查不合法的,不得做出决策。

(十)坚持重大行政决策集体决定制度。市县政府及其部门重大行政决策应当在深入调查研究、广泛听取意见和充分论证的基础上,经政府及其部门负责人集体讨论决定,杜绝擅权专断、滥用权力。

(十一)建立重大行政决策实施情况后评价制度。市县政府及其部门做出的重大行政决策实施后,要通过抽样检查、跟踪调查、评估等方式,及时发现并纠正决策存在的问题,减少决策失误造成的损失。

(十二)建立行政决策责任追究制度。要坚决制止和纠正超越法定权限、违反法定程序的决策行为。对应当听证而未听证的、未经合法性审查或者经审查不合法的、未经集体讨论做出决策的,要依照《行政机关公务员处分条例》第十九条第(一)项的规定,对负有领导责任的公务员给予处分。

对依法应当做出决策而不做出决策，玩忽职守、贻误工作的行为，要依照《行政机关公务员处分条例》第二十条的规定，对直接责任人员给予处分。

四、建立健全规范性文件监督管理制度

（十三）严格规范性文件制定权限和发布程序。市县政府及其部门制定规范性文件要严格遵守法定权限和程序，符合法律、法规、规章和国家的方针政策，不得违法创设行政许可、行政处罚、行政强制、行政收费等行政权力，不得违法增加公民、法人或者其他组织的义务。制定作为行政管理依据的规范性文件，应当采取多种形式广泛听取意见，并由制定机关负责人集体讨论决定；未经听取意见、合法性审查并经集体讨论决定的，不得发布施行。对涉及公民、法人或者其他组织合法权益的规范性文件，要通过政府公报、政府网站、新闻媒体等向社会公布；未经公布的规范性文件，不得作为行政管理的依据。

（十四）完善规范性文件备案制度。市县政府发布规范性文件后，应当自发布之日起15日内报上一级政府备案；市县政府部门发布规范性文件后，应当自发布之日起15日内报本级政府备案。备案机关对报备的规范性文件要严格审查，发现与法律、法规、规章和国家方针政策相抵触或者超越法定权限、违反制定程序的，要坚决予以纠正，切实维护法制统一和政令畅通。建立受理、处理公民、法人或者其他组织提出的审查规范性文件建议的制度，认真接受群众监督。

（十五）建立规范性文件定期清理制度。市县政府及其部门每隔两年要进行一次规范性文件清理工作，对不符合法律、法规、规章规定，或者相互抵触、依据缺失以及不适应经济社会发展要求的规范性文件，特别是对含有地方保护、行业保护内容的规范性文件，要予以修改或者废止。清理后要向社会公布继续有效、废止和失效的规范性文件目录；未列入继续有效的文件目录的规范性文件，不得作为行政管理的依据。

五、严格行政执法

（十六）改革行政执法体制。要适当下移行政执法重心，减少行政执法层次。对与人民群众日常生活、生产直接相关的行政执法活动，主要由市、县两级行政执法机关实施。继续推进相对集中行政处罚权和综合行政执法试点工作，建立健全行政执法争议协调机制，从源头上解决多头执法、重复执法、执法缺位问题。

（十七）完善行政执法经费保障机制。市县行政执法机关履行法定职责所需经费，要统一纳入财政预算予以保障。要严格执行罚缴分离和收支两条线管理制度。罚没收入必须全额缴入国库，纳入预算管理。对下达或者变相下达罚没指标、违反罚缴分离的规定以及将行政事业性收费、罚没收入与行政执法机关业务经费、工作人员福利待遇挂钩的，要依照《违反行政事业性收费和罚没收入收支两条线管理规定行政处分暂行规定》第八条、第十一条、第十七条的规定，对直接负责的主管人员和其他直接责任人员给予处分。

（十八）规范行政执法行为。市县政府及其部门要严格执行法律、法规、规章，依法行使权力、履行职责。要完善行政执法程序，根据有关法律、法规、规章的规定，对行政执法环节、步骤进行具体规范，切实做到流程清楚、要求具体、期限明确。要抓紧组织行政执法机关对法律、法规、规章规定的有裁量幅度的行政处罚、行政许可条款进行梳理，根据当地经济社会发展实际，对行政裁量权予以细化，能够量化的予以量化，并将细化、量化的行政裁量标准予以公布、执行。要建立监督检查记录制度，完善行政处罚、行政许可、行政强制、行政征收或者征用等行政执法案卷的评查制度。市县政府及其部门每年要组织一次行政执法案卷评查，促进行政执法机关规范执法。

（十九）加强行政执法队伍建设。实行行政执法主体资格合法性审查制度。健全行政执法人员资格制度，对拟上岗行政执法的人员要进行相关法律知识考试，经考试合格的才能授予其行政执法资格、上岗行政执法。进一步整顿行政执法队伍，严格禁止无行政执法资格的人员履行行政执法职责，对被聘用履行行政执法职责的合同工、临时工，要坚决调离行政执法岗位。健全纪律约束机制，加强行政执法人员思想建设、作风建设，确保严格执法、公正执法、文明执法。

（二十）强化行政执法责任追究。全面落实行政执法责任制，健全民主评议制度，加强对市县行政执法机关及其执法人员行使职权和履行法定义务情况的评议考核，加大责任追究力度。对不依法履行职责或者违反法定权限和程序实施行政行为的，依照《行政机关公务员处分条例》第二十条、第二十一条的规定，对直接责任人员给予处分。

六、强化对行政行为的监督

（二十一）充分发挥社会监督的作用。市县政府要在自觉接受人大监督、政协的民主监督和司法机关依法实施的监督的同时，更加注重接受社会舆论和人民群众的监督。要完善群众举报投诉制度，拓宽群众监督渠道，依法保障人民群众对行政行为实施监督的权利。要认真调查、核实人民群众检举、新闻媒体反映的问题，及时依法做出处理；对社会影响较大的问题，要及时将处理结果向社会公布。对打击、报复检举、曝光违法或者不当行政行为的单位和个人的，要依法追究有关人员的责任。

（二十二）加强行政复议和行政应诉工作。市县政府及其部门要认真贯彻执行行政复议法及其实施条例，充分发挥行政复议在行政监督、解决行政争议、化解人民内部矛盾和维护社会稳定方面的重要作用。要畅通行政复议渠道，坚持便民利民原则，依法应当受理的行政复议案件必须受理。要改进行政复议审理方式，综合运用书面审查、实地调查、听证、和解、调解等手段办案。要依法公正做出行政复议决定，对违法或者不当的行政行为，该撤销的坚决予以撤销，该变更的坚决予以变更。要按照行政复议法实施条例的规定，健全市县政府行政复议机构，充实行政复议工作人员，行政复议机构审理行政复议案件，应当由2名以上行政复议人员参加；推行行政复议人员资格管理制度，切实提高行政复议能力。要认真做好行政应诉工作，鼓励、倡导行政机关负责人出庭应诉。行政机关要自觉履行人民法院做出的判决和裁定。

（二十三）积极推进政府信息公开。市县政府及其部门要加强对政府信息公开条例的学习宣传，切实做好政府信息公开工作。要建立健全本机关政府信息公开工作制度，指定机构负责本机关政府信息公开的日常工作，理顺内部工作机制，明确职责权限。要抓紧清理本机关的政府信息，做好政府信息公开指南和公开目录的编制、修订工作。要健全政府信息公开的发布机制，加快政府网站信息的维护和更新，落实政府信息公开载体。要建立健全政府信息公开工作考核、社会评议、年度报告、责任追究等制度，定期对政府信息公开工作进行考核、评议。要严格按照政府信息公开条例规定的内容、程序和方式，及时、准确地向社会公开政府信息，确保公民的知情权、参与权、表达权、监督权。

七、增强社会自治功能

(二十四)建立政府行政管理与基层群众自治有效衔接和良性互动的机制。市县政府及其部门要全面正确实施村民委员会组织法和城市居民委员会组织法,扩大基层群众自治范围,充分保障基层群众自我管理、自我服务、自我教育、自我监督的各项权利。严禁干预基层群众自治组织自治范围内的事情,不得要求群众自治组织承担依法应当由政府及其部门履行的职责。

(二十五)充分发挥社会组织的作用。市县政府及其部门要加强对社会组织的培育、规范和管理,把社会可以自我调节和管理的职能交给社会组织。实施社会管理、提供公共服务,要积极与社会组织进行合作,鼓励、引导社会组织有序参与。

(二十六)营造依法行政的良好社会氛围。市县政府及其部门要深入开展法制宣传教育,弘扬法治精神,促进自觉学法守法用法社会氛围的形成。

八、加强领导,明确责任,扎扎实实地推进市县政府依法行政

(二十七)省级政府要切实担负起加强市县政府依法行政的领导责任。各省(区、市)人民政府要把加强市县政府依法行政作为当前和今后一个时期建设法治政府的重点任务来抓,加强工作指导和督促检查。要大力培育依法行政的先进典型,及时总结、交流和推广经验,充分发挥典型的示范带动作用。要建立依法行政考核制度,根据建设法治政府的目标和要求,把是否依照法定权限和程序行使权力、履行职责作为衡量市县政府及其部门各项工作好坏的重要标准,把是否依法决策、是否依法制定发布规范性文件、是否依法实施行政管理、是否依法受理和办理行政复议案件、是否依法履行行政应诉职责等作为考核内容,科学设定考核指标,一并纳入市县政府及其工作人员的实绩考核指标体系。依法行政考核结果要与奖励惩处、干部任免挂钩。加快实行以行政机关主要负责人为重点的行政问责和绩效管理制度。要合理分清部门之间的职责权限,在此基础上落实工作责任和考核要求。市县政府不履行对依法行政的领导职责,导致本行政区域一年内发生多起严重违法行政案件、造成严重社会影响的,要严肃追究该市县政府主要负责人的责任。

(二十八)市县政府要狠抓落实。市县政府要在党委的领导下对本行

政区域内的依法行政负总责，统一领导、协调本行政区域内依法行政工作，建立健全领导、监督和协调机制。要把加强依法行政摆上重要位置，主要负责人要切实担负起依法行政第一责任人的责任，加强领导、狠抓落实，确保把加强依法行政的各项要求落实到政府工作的各个方面、各个环节，认真扎实地加以推进。要严格执行依法行政考核制度。对下级政府和政府部门违法行政、造成严重社会影响的，要严肃追究该政府或者政府部门主要负责人的责任。

（二十九）加强市县政府法制机构和队伍建设。健全市县政府法制机构，使机构设置、人员配备与工作任务相适应。要加大对政府法制干部的培养、教育、使用和交流力度，充分调动政府法制干部的积极性、主动性和创造性。要按照中办、国办有关文件的要求，把政治思想好、业务能力强、有较高法律素质的干部充实到基层行政机关领导岗位。政府法制机构及其工作人员要切实增强做好新形势下政府法制工作的责任感和使命感，不断提高自身的政治素质、业务素质和工作能力，努力当好市县政府及其部门领导在依法行政方面的参谋、助手和顾问，在推进本地区依法行政中充分发挥统筹规划、综合协调、督促指导、政策研究和情况交流等作用。

（三十）完善推进市县政府依法行政报告制度。市县政府每年要向本级人大常委会和上一级政府报告本地区推进依法行政的进展情况、主要成效、突出问题和下一步工作安排。省（区、市）人民政府每年要向国务院报告本地区依法行政的情况。

其他行政机关也要按照本决定的有关要求，加强领导，完善制度，强化责任，保证各项制度严格执行，加快推进本地区、本部门的依法行政进程。

上级政府及其部门要带头依法行政，督促和支持市县政府依法行政，并为市县政府依法行政创造条件、排除障碍、解决困难。

**第五条　【以事实为依据，以法律为准绳原则】人民法院审理行政案件，以事实为根据，以法律为准绳。**

## 条文应用提示

以事实为依据,要求人民法院在审判活动中重视证据和调查取证,从双方当事人的陈述和举证中探究客观真相。以法律为准绳,要求人民法院依法行使审判权,审理行政案件应以法律、行政法规、地方性法规为依据。地方性法规适用于本行政区域内发生的行政案件。审理民族自治地方的行政案件,并以该民族自治地方的自治条例和单行条例为依据。对于规章(包括部门规章和地方政府规章),只能参照,可以在裁判文书中引用合法有效的规章。对于原告在行政诉讼中一并提起要求予以审查的规范性文件,人民法院可依据上位法予以审查,合法有效的应当作为认定行政行为合法的依据。

## 关联法律法规

**《最高人民法院关于审理行政案件适用法律规范问题的座谈会纪要》(法〔2004〕96号　2004年5月18日公布)**

行政审判涉及的法律规范层级和门类较多,立法法施行以后有关法律适用规则亦发生了很大变化,在法律适用中经常遇到如何识别法律依据、解决法律规范冲突等各种疑难问题。这些问题能否妥当地加以解决,直接影响行政审判的公正和效率。而且,随着我国法治水平的提高和适应加入世贸组织的需要,行政审判在解决法律规范冲突、维护法制统一中的作用越来越突出。为准确适用法律规范,确保行政案件的公正审理,维护国家法制的统一和尊严,促进依法行政,最高人民法院行政审判庭曾就审理行政案件适用法律规范的突出问题进行专题调研,并征求有关部门意见。2003年10月,最高人民法院在上海召开全国法院行政审判工作座谈会期间,就审理行政案件适用法律规范问题进行了专题座谈。与会人员在总结审判经验的基础上,根据立法法、行政诉讼法及其他有关法律规定,对一些带有普遍性的问题形成了共识。现将有关内容纪要如下:

一、关于行政案件的审判依据

根据行政诉讼法和立法法有关规定,人民法院审理行政案件,依据法律、行政法规、地方性法规、自治条例和单行条例,参照规章。在参照规章时,应当对规章的规定是否合法有效进行判断,对于合法有效的规章应当适用。根据立法法、行政法规制定程序条例和规章制定程序条例关于法律、行政法规和规章的解释的规定,全国人大常委会的法律解释,国务院或者国务院授权的部门公布的行政法规解释,人民法院作为审理行政案件的法律依据;规章制定机关作出的与规章具有同等效力的规章解释,人民法院审理行政案件时参照适用。

考虑建国后我国立法程序的沿革情况,现行有效的行政法规有以下三种类型:一是国务院制定并公布的行政法规;二是立法法施行以前,按照当时有效的行政法规制定程序,经国务院批准、由国务院部门公布的行政法规。但在立法法施行以后,经国务院批准、由国务院部门公布的规范性文件,不再属于行政法规;三是在清理行政法规时由国务院确认的其他行政法规。

行政审判实践中,经常涉及有关部门为指导法律执行或者实施行政措施而作出的具体应用解释和制定的其他规范性文件,主要是:国务院部门以及省、市、自治区和较大的市的人民政府或其主管部门对于具体应用法律、法规或规章作出的解释;县级以上人民政府及其主管部门制定发布的具有普遍约束力的决定、命令或其他规范性文件。行政机关往往将这些具体应用解释和其他规范性文件作为具体行政行为的直接依据。这些具体应用解释和规范性文件不是正式的法律渊源,对人民法院不具有法律规范意义上的约束力。但是,人民法院经审查认为被诉具体行政行为依据的具体应用解释和其他规范性文件合法、有效并合理、适当的,在认定被诉具体行政行为合法性时应承认其效力;人民法院可以在裁判理由中对具体应用解释和其他规范性文件是否合法、有效、合理或适当进行评述。

二、关于法律规范冲突的适用规则

调整同一对象的两个或者两个以上的法律规范因规定不同的法律后果而产生冲突的,一般情况下应当按照立法法规定的上位法优于下位法、后法优于前法以及特别法优于一般法等法律适用规则,判断和选择所应适用的法律规范。冲突规范所涉及的事项比较重大、有关机关对是否存在冲突有不同意见、应当优先适用的法律规范的合法有效性尚有疑问或者按照法律适用规则不能确定如何适用时,依据立法法规定的程序逐级送请有权机关裁决。

（一）下位法不符合上位法的判断和适用

下位法的规定不符合上位法的，人民法院原则上应当适用上位法。当前许多具体行政行为是依据下位法作出的，并未援引和适用上位法。在这种情况下，为维护法制统一，人民法院审查具体行政行为的合法性时，应当对下位法是否符合上位法一并进行判断。经判断下位法与上位法相抵触的，应当依据上位法认定被诉具体行政行为的合法性。从审判实践看，下位法不符合上位法的常见情形有：下位法缩小上位法规定的权利主体范围，或者违反上位法立法目的扩大上位法规定的权利主体范围；下位法限制或者剥夺上位法规定的权利，或者违反上位法立法目的扩大上位法规定的权利范围；下位法扩大行政主体或其职权范围；下位法延长上位法规定的履行法定职责期限；下位法以参照、准用等方式扩大或者限缩上位法规定的义务或者义务主体的范围、性质或者条件；下位法增设或者限缩违反上位法规定的适用条件；下位法扩大或者限缩上位法规定的给予行政处罚的行为、种类和幅度的范围；下位法改变上位法已规定的违法行为的性质；下位法超出上位法规定的强制措施的适用范围、种类和方式，以及增设或者限缩其适用条件；法规、规章或者其他规范文件设定不符合行政许可法规定的行政许可，或者增设违反上位法的行政许可条件；其他相抵触的情形。

法律、行政法规或者地方性法规修改后，其实施性规定未被明文废止的，人民法院在适用时应当区分下列情形：实施性规定与修改后的法律、行政法规或者地方性法规相抵触的，不予适用；因法律、行政法规或者地方性法规的修改，相应的实施性规定丧失依据而不能单独施行的，不予适用；实施性规定与修改后的法律、行政法规或者地方性法规不相抵触的，可以适用。

（二）特别规定与一般规定的适用关系

同一法律、行政法规、地方性法规、自治条例和单行条例、规章内的不同条文对相同事项有一般规定和特别规定的，优先适用特别规定。

法律之间、行政法规之间或者地方性法规之间对同一事项的新的一般规定与旧的特别规定不一致的，人民法院原则上应按照下列情形适用：新的一般规定允许旧的特别规定继续适用的，适用旧的特别规定；新的一般规定废止旧的特别规定的，适用新的一般规定。不能确定新的一般规定是否允许旧的规定继续适用的，人民法院应当中止行政案件的审理，属于法律的,逐级上报最高人民法院送请全国人民代表大会常务委员会裁决;属于行政法规的,逐级上报最高人民法院送请国务院裁决;属于地方性法规的,由高级人民法院送请制定机关裁决。

(三)地方性法规与部门规章冲突的选择适用

地方性法规与部门规章之间对同一事项的规定不一致的,人民法院一般可以按照下列情形适用:(1)法律或者行政法规授权部门规章作出实施性规定的,其规定优先适用;(2)尚未制定法律、行政法规的,部门规章对于国务院决定、命令授权的事项,或者对于中央宏观调控的事项、需要全国统一的市场活动规则及对外贸易和外商投资等需要全国统一规定的事项作出的规定,应当优先适用;(3)地方性法规根据法律或者行政法规的授权,根据本行政区域的实际情况作出的具体规定,应当优先适用;(4)地方性法规对属于地方性事务的事项作出的规定,应当优先适用;(5)尚未制定法律、行政法规的,地方性法规根据本行政区域的具体情况,对需要全国统一规定以外的事项作出的规定,应当优先适用;(6)能够直接适用的其他情形。不能确定如何适用的,应当中止行政案件的审理,逐级上报最高人民法院按照立法法第八十六条第一款第(二)项的规定送请有权机关处理。

(四)规章冲突的选择适用

部门规章与地方政府规章之间对相同事项的规定不一致的,人民法院一般可以按照下列情形适用:(1)法律或者行政法规授权部门规章作出实施性规定的,其规定优先适用;(2)尚未制定法律、行政法规的,部门规章对于国务院决定、命令授权的事项,或者对属于中央宏观调控的事项、需要全国统一的市场活动规则及对外贸易和外商投资等事项作出的规定,应当优先适用;(3)地方政府规章根据法律或者行政法规的授权,根据本行政区域的实际情况作出的具体规定,应当优先适用;(4)地方政府规章对属于本行政区域的具体行政管理事项作出的规定,应当优先适用;(5)能够直接适用的其他情形。不能确定如何适用的,应当中止行政案件的审理,逐级上报最高人民法院送请国务院裁决。

国务院部门之间制定的规章对同一事项的规定不一致的,人民法院一般可以按照下列情形选择适用:(1)适用与上位法不相抵触的部门规章规定;(2)与上位法均不抵触的,优先适用根据专属职权制定的规章规定;

(3)两个以上的国务院部门就涉及其职权范围的事项联合制定的规章规定,优先于其中一个部门单独作出的规定;(4)能够选择适用的其他情形。不能确定如何适用的,应当中止行政案件的审理,逐级上报最高人民法院送请国务院裁决。

国务院部门或者省、市、自治区人民政府制定的其他规范性文件对相同事项的规定不一致的,参照上列精神处理。

三、关于新旧法律规范的适用规则

根据行政审判中的普遍认识和做法,行政相对人的行为发生在新法施行以前,具体行政行为作出在新法施行以后,人民法院审查具体行政行为的合法性时,实体问题适用旧法规定,程序问题适用新法规定,但下列情形除外:

(一)法律、法规或规章另有规定的;

(二)适用新法对保护行政相对人的合法权益更为有利的;

(三)按照具体行政行为的性质应当适用新法的实体规定的。

四、关于法律规范具体应用解释问题

在裁判案件中解释法律规范,是人民法院适用法律的重要组成部分。人民法院对于所适用的法律规范,一般按照其通常语义进行解释;有专业上的特殊涵义的,该涵义优先;语义不清楚或者有歧义的,可以根据上下文和立法宗旨、目的和原则等确定其涵义。

法律规范在列举其适用的典型事项后,又以"等"、"其他"等词语进行表述的,属于不完全列举的例示性规定。以"等"、"其他"等概括性用语表示的事项,均为明文列举的事项以外的事项,且其所概括的情形应为与列举事项类似的事项。

人民法院在解释和适用法律时,应当妥善处理法律效果与社会效果的关系,既要严格适用法律规定和维护法律规定的严肃性,确保法律适用的确定性、统一性和连续性,又要注意与时俱进,注意办案的社会效果,避免刻板僵化地理解和适用法律条文,在法律适用中维护国家利益和社会公共利益。

**第六条　【合法性审查原则】人民法院审理行政案件,对行政行为是否合法进行审查。**

## 条文应用提示

在行政诉讼中,人民法院主要审查涉诉行政行为的合法性。《行政诉讼法》第七十条明确规定:"行政行为有下列情形之一的,人民法院判决撤销或者部分撤销,并可以判决被告重新作出行政行为:(一)主要证据不足的;(二)适用法律、法规错误的;(三)违反法定程序的;(四)超越职权的;(五)滥用职权的;(六)明显不当的。"由此可见,法院在审理行政案件时,对行政行为的合法性审查主要包括以下几点:是否属于职权范围、是否有事实依据、是否有执法依据、是否符合法定程序、是否适当等。

实践中,争议比较大的是法院能否审查行政裁量行为?行政自由裁量权边界在哪里?在学术界的不同观点中,"合法性审查包含合理性审查"的观点采取了一种实质合法的观点,比例原则、信赖保护原则等都可以看作对行政合理性的具体化。我们认为,在具体司法实践中,法院也没有放弃对行政裁量的司法审查,但是司法会对行政裁量给予适当的尊重。例如,《行政诉讼法》第七十七条第一款明确规定,"行政处罚明显不当,或者其他行政行为涉及对款额的确定、认定确有错误的,人民法院可以判决变更"。不合理到一定程度亦构成不合法,所以合法性审查实质上包含了对于明显不当、严重不合理的审查。

当然,这不是一个容易判断的界限,需要在个案中予以具体分析、判决及解决。

## 关联法律法规

**1.《最高人民法院关于审理国际贸易行政案件若干问题的规定》(法释〔2002〕27号 2002年8月27日公布)**

第六条 人民法院审理国际贸易行政案件,应当依照行政诉讼法,并根据案件具体情况,从以下方面对被诉具体行政行为进行合法性审查:

(一)主要依据是否确实、充分;

(二)适用法律、法规是否正确;

(三)是否违反法定程序;

(四)是否超越职权;

(五)是否滥用职权;

(六)行政处罚是否显失公正;

(七)是否不履行或者拖延履行法定职责。

**2.《最高人民法院关于审理反倾销行政案件应用法律问题若干问题的规定》(法释〔2002〕35号 2002年11月21日公布)**

第六条 人民法院依照行政诉讼法及其他有关反倾销的法律、行政法规,参照国务院部门规章,对被诉反倾销行政行为的事实问题和法律问题,进行合法性审查。

**3.《最高人民法院关于审理反补贴行政案件应用法律问题若干问题的规定》(法释〔2002〕36号 2002年11月21日公布)**

第六条 人民法院依照行政诉讼法及其他有关反补贴的法律、行政法规,参照国务院部门规章,对被诉反补贴行政行为的事实问题和法律问题,进行合法性审查。

**4.《最高人民法院关于审理行政协议案件若干问题的规定》(法释〔2019〕17号 自2020年1月1日起施行)**

第十一条 人民法院审理行政协议案件,应当对被告订立、履行、变更、解除行政协议的行为是否具有法定职权、是否滥用职权、适用法律法规是否正确、是否遵守法定程序、是否明显不当、是否履行相应法定职责进行合法性审查。

原告认为被告未依法或者未按照约定履行行政协议的,人民法院应当针对其诉讼请求,对被告是否具有相应义务或者履行相应义务等进行审查。

## 典型案例参考

**李某征与北京市昌平区人民政府等其他再审审查与审判监督行政裁定书**
[(2022)京行申1651号]

本院经审查认为,根据《中华人民共和国行政诉讼法》第六条规定,人民法院审理行政案件,对行政行为是否合法进行审查。根据《行政诉讼法》第四十三条第二款规定,人民法院应当按照法定程序,全面、客观地审查核实证据。结合《行政诉讼法》第七十条规定,人民法院对被诉行政行为合法性审查遵循全面审查原则,一般是指人民法院在行政案件审理中,应当对被诉行政行为的事实根据、法律依据、行政程序、职责权限等各方面进行合法性审查,不受诉讼请求和理由的拘束。本案中,申请人系因不服被诉限期拆除决定及被诉行政复议决定提起的行政诉讼,终审法院应当对上述行政行为的合法性进行全面审查。由于被诉限期拆除决定中认定涉案房屋为违法建设,该认定是否具有事实基础和法律依据是本案的基本法律关系和争议焦点,故终审法院应当对其进行审查。

本案在案证据能够证明,申请人系涉案房屋的实际管理人。涉案房屋未取得建设工程规划许可证或乡村建设规划许可证,违反了原《北京市城市规划条例》及修订前后的《北京市城乡规划条例》中关于建筑物应取得规划许可的规定。申请人主张的《集体土地建设用地使用证》记载的用途亦为"养殖"。基于此,终审判决认为被诉限期拆除决定中关于涉案房屋确系违法建设、责令申请人限期拆除的内容,结论并无不当,符合法律规定。同时,终审法院亦发现被诉限期拆除决定存在事实认定不清及程序违法之处。终审法院据此认为被诉限期拆除决定应予撤销,但鉴于涉案房屋已经被拆除不具有可撤销内容,进而判决确认该决定违法、一并确认被诉行政复议决定违法,并无不当,本院应予支持。申请人的再审理由,缺乏事实及法律依据,其再审请求本院不予支持。

**第七条　【合议、回避、公开审判和两审终审原则】人民法院审理行政案件,依法实行合议、回避、公开审判和两审终审制度。**

**对应司法解释**

**《最高人民法院关于适用〈中华人民共和国行政诉讼法〉的解释》(法释〔2018〕1号　自2018年2月8日起施行)**

第七十四条　当事人申请回避,应当说明理由,在案件开始审理时提出;回避事由在案件开始审理后知道的,应当在法庭辩论终结前提出。

被申请回避的人员,在人民法院作出是否回避的决定前,应当暂停参与本案的工作,但案件需要采取紧急措施的除外。

对当事人提出的回避申请,人民法院应当在三日内以口头或者书面形式作出决定。对当事人提出的明显不属于法定回避事由的申请,法庭可以依法当庭驳回。

申请人对驳回回避申请决定不服的,可以向作出决定的人民法院申请复议一次。复议期间,被申请回避的人员不停止参与本案的工作。

对申请人的复议申请，人民法院应当在三日内作出复议决定，并通知复议申请人。

第七十五条　在一个审判程序中参与过本案审判工作的审判人员，不得再参与该案其他程序的审判。

发回重审的案件，在一审法院作出裁判后又进入第二审程序的，原第二审程序中合议庭组成人员不受前款规定的限制。

## 条文应用提示

本条明确规定了行政诉讼中四大原则所涉及的四个重要制度，具体包括合议制度、回避制度、公开审判制度、两审终审制度。行政诉讼脱胎于民事诉讼，诸多民事诉讼中成熟的学理及制度可为之借鉴。

1. 合议制度

合议制度是人民法院的审判组织形式，由三名以上的审判人员组成合议庭，共同进行审判工作并对承办的案件负责。详述见第七章第六十八条。

2. 回避制度

当事人认为审判人员与本案有利害关系或者有其他关系可能影响公正审判，有权申请审判人员回避。详述见第七章第五十五条。

3. 公开审判制度

人民法院公开审理行政案件，但涉及国家秘密、个人隐私和法律另有规定的除外。详述见第七章第五十四条。

4. 两审终审制度

两审终审制度是指一个案件经过两级人民法院的审理即告终结的法律制度。具体而言，案件经过第一审人民法院审理后，当事人对一审判决、裁定不服的，有权依法提起上诉。案件经第二审人民法院对案件进行审理，所作出的判决和裁定是终审判决和裁定，当事人不服不得再提起上诉依法只能申请再审。详述见第七章第八十八条。

**第八条　【法律地位平等原则】当事人在行政诉讼中的法律地位平等。**

## 条文应用提示

在行政管理法律关系中,行政机关与行政相对人系管理与被管理的关系。然而当案件进入行政诉讼程序,原、被告双方在诉讼中的法律地位是平等的。也可以说,在某种程度上,行政诉讼通过行政机关负责人出庭应诉、举证责任设置等规定,为相对弱势的原告提供了行政诉讼中的“对峙与平衡”。

**第九条 【本民族语言文字原则】各民族公民都有用本民族语言、文字进行行政诉讼的权利。**

**在少数民族聚居或者多民族共同居住的地区,人民法院应当用当地民族通用的语言、文字进行审理和发布法律文书。**

**人民法院应当对不通晓当地民族通用的语言、文字的诉讼参与人提供翻译。**

## 条文应用提示

本条明确使用本民族语言文字进行诉讼的原则,也是《宪法》中规定的重要原则。

**第十条 【辩论原则】当事人在行政诉讼中有权进行辩论。**

## 条文应用提示

“不辩不明”,辩论权的行使是当事人实现诉讼权利的重要途径,贯穿整个诉讼程序。辩论的形式包括口头和书面,除法庭辩论外,当事人递交答辩状代理词等也是行使辩论原则的重要方式。人民法院应当在行政诉讼的各个阶段保障当事人辩论权的行使,并耐心听取当事人的辩论意见以查明案件事实,明确法律适用。

**第十一条 【法律监督原则】人民检察院有权对行政诉讼实行法律监督。**

## 条文应用提示

人民检察院是国家的法律监督机关,各级检察院主要通过提起抗诉、提出检察建议等方式监督行政审判工作。

## 关联法律法规

**1.《人民检察院组织法》(1979年7月1日第五届全国人民代表大会第二次会议通过 2018年10月26日第十三届全国人民代表大会常务委员会第六次会议修订 自2019年1月1日起实施)**

第二条 人民检察院是国家的法律监督机关。

人民检察院通过行使检察权,追诉犯罪,维护国家安全和社会秩序,维护个人和组织的合法权益,维护国家利益和社会公共利益,保障法律正确实施,维护社会公平正义,维护国家法制统一、尊严和权威,保障中国特色社会主义建设的顺利进行。

第二十条 人民检察院行使下列职权:

(一)依照法律规定对有关刑事案件行使侦查权;

(二)对刑事案件进行审查,批准或者决定是否逮捕犯罪嫌疑人;

(三)对刑事案件进行审查,决定是否提起公诉,对决定提起公诉的案件支持公诉;

(四)依照法律规定提起公益诉讼;

(五)对诉讼活动实行法律监督;

(六)对判决、裁定等生效法律文书的执行工作实行法律监督;

(七)对监狱、看守所的执法活动实行法律监督;

(八)法律规定的其他职权。

第二十一条 人民检察院行使本法第二十条规定的法律监督职权,可以进行调查核实,并依法提出抗诉、纠正意见、检察建议。有关单位应当予以配合,并及时将采纳纠正意见、检察建议的情况书面回复人民检察院。

抗诉、纠正意见、检察建议的适用范围及其程序,依照法律有关规定。

**2.《最高人民法院、最高人民检察院关于对民事审判活动与行政诉讼实行法律监督的若干意见(试行)》(高检会〔2011〕1号 2011年3月10日发布并实施)**

第一条 为了完善检察机关对民事审判活动、行政诉讼实行法律监督的范围和程序,维护司法公正,根据宪法和法律,结合司法实践,制定本意见。

第二条　根据《中华人民共和国民事诉讼法》第十四条和《中华人民共和国行政诉讼法》第十条的规定,人民检察院对民事审判活动、行政诉讼实行法律监督。

第三条　人民检察院对于已经发生法律效力的判决、裁定、调解,有下列情形之一的,可以向当事人或者案外人调查核实:

(一)可能损害国家利益、社会公共利益的;

(二)民事诉讼的当事人或者行政诉讼的原告、第三人在原审中因客观原因不能自行收集证据,书面申请人民法院调查收集,人民法院应当调查收集而未调查收集的;

(三)民事审判、行政诉讼活动违反法定程序,可能影响案件正确判决、裁定的。

第四条　当事人在一审判决、裁定生效前向人民检察院申请抗诉的,人民检察院应当告知其依照法律规定提出上诉。当事人对可以上诉的一审判决、裁定在发生法律效力后提出申诉的,应当说明未提出上诉的理由;没有正当理由的,不予受理。

第五条　最高人民检察院对各级人民法院已经发生法律效力的民事判决、裁定,上级人民检察院对下级人民法院已经发生法律效力的民事判决、裁定,经过立案审查,发现有《中华人民共和国民事诉讼法》第一百七十九条规定情形之一,符合抗诉条件的,应当依照《中华人民共和国民事诉讼法》第一百八十七条之规定,向同级人民法院提出抗诉。

人民检察院发现人民法院已经发生法律效力的行政判决和不予受理、驳回起诉、管辖权异议等行政裁定,有《中华人民共和国行政诉讼法》第六十四条规定情形的,应当提出抗诉。

第六条　人民检察院发现人民法院已经发生法律效力的民事调解、行政赔偿调解损害国家利益、社会公共利益的,应当提出抗诉。

第七条　地方各级人民检察院对符合本意见第五条、第六条规定情形的判决、裁定、调解,经检察委员会决定,可以向同级人民法院提出再审检察建议。

人民法院收到再审检察建议后,应当在三个月内进行审查并将审查结果书面回复人民检察院。人民法院认为需要再审的,应当通知当事人。人民检察院认为人民法院不予再审的决定不当的,应当提请上级人民检察院提出抗诉。

第八条　人民法院裁定驳回再审申请后,当事人又向人民检察院申诉的,人民检察院对驳回再审申请的裁定不应当提出抗诉。人民检察院经审查认为原生效判决、裁定、调解符合抗诉条件的,应当提出抗诉。人民法院经审理查明,抗诉事由与被驳回的当事人申请再审事由实质相同的,可以判决维持原判。

第九条　人民法院的审判活动有本意见第五条、第六条以外违反法律规定情形,不适用再审程序的,人民检察院应当向人民法院提出检察建议。

当事人认为人民法院的审判活动存在前款规定情形,经提出异议人民法院未予纠正,向人民检察院申诉的,人民检察院应当受理。

第十条　人民检察院提出检察建议的,人民法院应当在一个月内作出处理并将处理情况书面回复人民检察院。

人民检察院对人民法院的回复意见有异议的,可以通过上一级人民检察院向上一级人民法院提出。上一级人民法院认为人民检察院的意见正确的,应当监督下级人民法院及时纠正。

第十一条　人民检察院办理行政申诉案件,发现行政机关有违反法律规定、可能影响人民法院公正审理的行为,应当向行政机关提出检察建议,并将相关情况告知人民法院。

第十二条　人民检察院办理民事、行政申诉案件,经审查认为人民法院的审判活动合法、裁判正确的,应当及时将审查结果告知相关当事人并说明理由,做好服判息诉工作。

人民检察院办理民事申诉、行政赔偿诉讼申诉案件,当事人双方有和解意愿、符合和解条件的,可以建议当事人自行和解。

第十三条　人民法院审理抗诉案件,应当通知人民检察院派员出席法庭。

检察人员出席再审法庭的任务是:

(一)宣读抗诉书;

(二)对人民检察院依职权调查收集的、包括有利于和不利于申诉人的证据予以出示,并对当事人提出的问题予以说明。

检察人员发现庭审活动违法的,应当待庭审结束或者休庭之后,向检察长报告,以人民检察院的名义提出检察建议。

第十四条　人民检察院办理民事、行政诉讼监督案件,应当依法履行法律监督职责,严格遵守办案规则以及相关检察纪律规范,不得谋取任何私利,不得滥用监督权力。

第十五条　人民法院发现检察监督行为违反法律或者检察纪律的,可以向人民检察院提出书面建议,人民检察院应当在一个月内将处理结果书面回复人民法院;人民法院对于人民检察院的回复意见有异议的,可以通过上一级人民法院向上一级人民检察院提出。上一级人民检察院认为人民法院建议正确的,应当要求下级人民检察院及时纠正。

第十六条　人民检察院和人民法院应当建立相应的沟通协调机制,及时解决实践中出现的相关问题。

# 第二章　受案范围

第十二条　【行政诉讼受案范围】人民法院受理公民、法人或者其他组织提起的下列诉讼：

（一）对行政拘留、暂扣或者吊销许可证和执照、责令停产停业、没收违法所得、没收非法财物、罚款、警告等行政处罚不服的；

（二）对限制人身自由或者对财产的查封、扣押、冻结等行政强制措施和行政强制执行不服的；

（三）申请行政许可，行政机关拒绝或者在法定期限内不予答复，或者对行政机关作出的有关行政许可的其他决定不服的；

（四）对行政机关作出的关于确认土地、矿藏、水流、森林、山岭、草原、荒地、滩涂、海域等自然资源的所有权或者使用权的决定不服的；

（五）对征收、征用决定及其补偿决定不服的；

（六）申请行政机关履行保护人身权、财产权等合法权益的法定职责，行政机关拒绝履行或者不予答复的；

（七）认为行政机关侵犯其经营自主权或者农村土地承包经营权、农村土地经营权的；

（八）认为行政机关滥用行政权力排除或者限制竞争的；

（九）认为行政机关违法集资、摊派费用或者违法要求履行其他义务的；

（十）认为行政机关没有依法支付抚恤金、最低生活保障待遇或者社会保险待遇的；

（十一）认为行政机关不依法履行、未按照约定履行或者违法变更、解除政府特许经营协议、土地房屋征收补偿协议等协议的；

（十二）认为行政机关侵犯其他人身权、财产权等合法权益的。

**除前款规定外，人民法院受理法律、法规规定可以提起诉讼的其他行政案件。**

## 条文应用提示

“受案范围”犹如行政诉讼的大门。符合《行政诉讼法》中所列举的典型行政行为的，才能推开行政诉讼的大门，进入司法审查的通道。具体包括：

1. 行政处罚

行政处罚，是指行政机关依法对违反行政管理秩序的公民、法人或者其他组织，以减损权益或者增加义务的方式予以惩戒的行为。行政处罚的种类包括但不限于该条第1项中所提及的“行政拘留、暂扣或者吊销许可证和执照、责令停产停业、没收违法所得、没收非法财物、罚款、警告等”典型行政处罚行为。

**【相关规定】**《中华人民共和国行政处罚法》

2. 行政强制

行政强制包括行政强制措施和行政强制执行。所谓行政强制措施，是指行政机关在行政管理过程中，为制止违法行为、防止证据损毁、避免危害发生、控制危险扩大等情形，依法对公民的人身自由实施暂时性限制，或者对公民、法人或者其他组织的财物实施暂时性控制的行为。行政强制措施包括：(1)限制公民人身自由；(2)查封场所、设施或者财物；(3)扣押财物；(4)冻结存款、汇款；(5)其他行政强制措施。

所谓行政强制执行，是指行政机关或者行政机关申请人民法院，对不履行行政决定的公民、法人或者其他组织，依法强制履行义务的行为。行政强制执行包括：(1)加处罚款或者滞纳金；(2)划拨存款、汇款；(3)拍卖或者依法处理查封、扣押的场所、设施或者财物；(4)排除妨碍、恢复原状；(5)代履行；(6)其他强制执行方式。

**【相关规定】**《中华人民共和国行政强制法》

3. 行政许可

行政许可，是指行政机关根据公民、法人或者其他组织的申请，经依法审查，准予其从事特定活动的行为。行政许可的设定和实施，应当依照法定的权限、范围、条件和程序，应当遵循公开、公平、公正、非歧视的原则。公民、法人或者其他组织对行政机关实施行政许可，享有陈述权、申辩权；有权依法申请行政复议或者提起行政诉讼；其合法权益因行政机关违法实施行政许可受到损害的，有权依法要求赔偿。

**【相关规定】**《中华人民共和国行政许可法》

4. 行政机关确认自然资源的所有权或使用权

2023 年修订的《行政复议法》第十一条规定："有下列情形之一的，公民、法人或者其他组织可以依照本法申请行政复议：……（四）对行政机关作出的关于确认自然资源的所有权或者使用权的决定不服……"第二十三条规定：有下列情形之一的，申请人应当先向行政复议机关申请行政复议，对行政复议决定不服的，可以再依法向人民法院提起行政诉讼：……（二）对行政机关作出的侵犯其已经依法取得的自然资源的所有权或者使用权的决定不服……"从而明确规定了自然资源确权类案件需要遵循"复议优先"的原则，即公民、法人或者其他组织对行政机关作出的侵犯其已经依法取得的自然资源的所有权或者使用权的决定不服，应当先申请行政复议；对行政复议决定不服的，可以再依法向人民法院提起行政诉讼。

该条规范的具体行政行为为"行政确认行为"，调整的对象、针对的行政事务均为土地、矿藏、水流、森林、山岭、草原、荒地、滩涂、海域等自然资源的所有权或者使用权（以下简称九大自然资源的所有权和使用权），其中涉及行政复议与行政诉讼的选择与衔接问题，理解起来比较复杂。

根据 2023 年修订的《行政复议法》及最高人民法院的相关解释和批复，需注意以下几个要点：

（1）初次颁发九大自然资源的所有权或使用权证书的行为属于行政许可，不是行政确认。对行政许可行为可直接提出行政诉讼，不必"复议必经"。

（2）对涉及自然资源所有权或者使用权的行政处罚、行政强制措施等其他具体行政行为提起行政诉讼的，不适用《行政复议法》中"复议必经"的规定。

（3）对行政机关作出的确认自然资源的所有权或者使用权的决定不服的，可以选择先复议后诉讼，也可以直接提起行政诉讼。但是，对于行政机关作出的侵犯其已经取得的自然资源的所有权或者使用权的决定不服的，必须"复议前置"。

(4)国务院对于调整或者征收土地的决定,涉及九大自然资源的所有权或者使用权所做的行政复议决定为最终裁决,当事人不能在收到这一级别最终裁定后再就此争议提起行政诉讼。

**【相关规定】**《中华人民共和国行政复议法》《中华人民共和国土地管理法》《中华人民共和国矿产资源法》《最高人民法院行政审判庭关于行政机关颁发自然资源所有权或者使用权证的行为是否属于确认的行政行为》《自然资源统一确权登记暂行办法》

5. 征收、征用决定及其补偿

征收是指行政机关为了公共利益的需要,依法将公民、法人或其他组织的财物收归国有的行政行为;征用是指行政机关为了公共利益的需要,依法强制使用公民、法人或其他组织财物的行政行为。无论是征收还是征用,都是对公民权利的重大限制,因此法律为强化对公民权利的保护,规定了征收、征用应当依照法律规定的权限和程序,并且应当按照国家规定给予合理补偿;不属于合法征收、征用的,依法应予以相应的赔偿。

**【相关规定】**《中华人民共和国民法典》《中华人民共和国土地管理法》《国有土地上房屋征收与补偿条例》

6. 不履行法定职责

公民、法人或其他组织认为行政机关有特定作为义务而不作为,从而影响自己的权利义务时,有权向人民法院提起行政诉讼。从法律规定看,不履行法定职责有两种方式:拒绝履行和不予答复。从权利保护内容上讲,主要是人身权、财产权,但不限于这两项权利。如当事人向公安机关报案称其人身安全受到威胁,但公安机关未予立案或未采取有关措施,导致公民人身权益受到损害的,当事人有权就公安机关不履行法定职责提起行政诉讼。此外,本条第10项中公民、法人或其他组织“认为行政机关没有依法支付抚恤金、最低生活保障待遇或者社会保险待遇的”,也可以依法提起行政诉讼,要求行政机关履职。

7. 行政机关侵犯经营自主权

经营自主权是法律赋予企业、个体经营者等市场主体的法定权利。经营自主权是建立社会主义市场经济的内在要求,是深化经济体制改革的重要环节。因此,市场主体的经营自主权受法律保护,行政机关干预市场主体的经营,侵犯企业合法的经营自主权的,市场主体可以提起行政诉讼。例如,当事人对行政机关强行作出的关于全民所有制工业企业分立的决定不服,依法向人民法院提起行政诉讼的,人民法院应作为“侵犯法律规定的经营自主权的”行政案件受理。对于农村土地承包经营权、农村土地经营权问题,也受到本条款的保护。

8. 行政性垄断

行政性垄断,是指行政机关滥用行政权力排除或者限制竞争的行为。例如,通过与经营者签订合作协议、备忘录等方式排除、限制竞争,妨碍商品在地区之间自由流通,排斥或者限制经营者参加招投标等经营活动,排斥或者限制在本地投资或者设立分支机构,强制经营者从事垄断行为,以及制定含有排除、限制竞争内容的规定等《反垄断法》《反不正当竞争法》中规定的违法行为。行政机关违反相关法律法规涉嫌侵犯市场主体公平竞争权的,相关经营者可以向人民法院提起行政诉讼。

**【相关规定】**《中华人民共和国反垄断法》《制止滥用行政权力排除、限制竞争行为规定》

9. 行政机关违法设定义务

根据依法行政的原则,行政机关作出行政行为要求公民、法人或其他组织履行义务,必须有法律法规的依据。行政机关向企业乱集资、乱摊派、乱收费被称为“三乱”,需要通过诉讼途径保护相对人的合法权益。

10. 行政协议

行政机关为了实现行政管理或者公共服务目标,与公民、法人或者其他组织协商订立的具有行政法上权利义务内容的协议,属于该条规定的行政协议。

公民、法人或其他组织认为行政机关不依法履行、未按照约定履行或者违法变更、解除政府特许经营协议、土地房屋征收补偿协议国有自然资源使用权出让协议等协议的,可以提起行政诉讼。

**【相关规定】**《最高人民法院关于审理行政协议案件若干问题的规定》

11. 认为行政机关侵犯其他人身权、财产权等合法权益

该条为兜底条款,该条所说的“合法权益”既包括现行立法所规定的各种权利,也包括立法没有规定但法律予以保护的利益,如人身权、财产权、政治权利、社会权利、救济权利等。

最高人民法院曾向四川省高级人民法院答复:当事人对人民政府或

房地产行政主管部门关于房屋产权争议的确权决定不服而提起诉讼的，人民法院应作为行政案件受理。曾向安徽省高级人民法院答复：医疗事故鉴定委员会已作出不属于医疗事故的最终鉴定，卫生行政部门对医疗争议拒绝作出处理决定，当事人以不履行法定职责为由依法向人民法院提起行政诉讼，人民法院应予受理。对湖北省高级人民法院的答复：有关部门根据人民政府的授权，征收城市排水设施使用费与行政管理相对方发生的争议属于行政争议。

曾有郑州居民因城市里原来的“祭城路”更改为“平安大道”而提起行政诉讼，最高人民法院最后审慎地依据现行法律驳回了申请人的再审申请，未纳入行政诉讼。

综上，诉争行政行为是否属于法律规定的受案范围，是当事人打开行政诉讼大门的“钥匙”。对于不符合受案范围的起诉，人民法院不予受理；已经受理的，应当裁定驳回起诉。

## 关联法律法规

**1.《最高人民法院印发〈关于行政案件案由的暂行规定〉的通知》(2020年12月25日 法发〔2020〕44号)(内容见附录三)**

**2.《最高人民法院关于审理国际贸易行政案件若干问题的规定》(法释〔2002〕27号 2002年8月27日公布)**

为依法公正及时地审理国际贸易行政案件，根据《中华人民共和国行政诉讼法》(以下简称行政诉讼法)、《中华人民共和国立法法》(以下简称立法法)以及其他有关法律的规定，制定本规定。

第一条 下列案件属于本规定所称国际贸易行政案件：

(一)有关国际货物贸易的行政案件；

(二)有关国际服务贸易的行政案件；

(三)与国际贸易有关的知识产权行政案件；

(四)其他国际贸易行政案件。

第二条 人民法院行政审判庭依法审理国际贸易行政案件。

第三条 自然人、法人或者其他组织认为中华人民共和国具有国家行政职权的机关和组织及其工作人员(以下统称行政机关)有关国际贸易的具体行政行为侵犯其合法权益的，可以依照行政诉讼法以及其他有关法律、法规的规定,向人民法院提起行政诉讼。

第四条　当事人的行为发生在新法生效之前,行政机关在新法生效之后对该行为作出行政处理决定的,当事人可以依照新法的规定提起行政诉讼。

**3.《最高人民法院关于审理反倾销行政案件应用法律若干问题的规定》(法释〔2002〕35号　2002年11月21日公布)**

为依法公正地审理反倾销行政案件,根据《中华人民共和国行政诉讼法》及其他有关法律的规定,制定本规定。

第一条　人民法院依法受理对下列反倾销行政行为提起的行政诉讼:

(一)有关倾销及倾销幅度、损害及损害程度的终裁决定;

(二)有关是否征收反倾销税的决定以及追溯征收、退税、对新出口经营者征税的决定;

(三)有关保留、修改或者取消反倾销税以及价格承诺的复审决定;

(四)依照法律、行政法规规定可以起诉的其他反倾销行政行为。

**4.《最高人民法院关于审理反补贴行政案件应用法律若干问题的规定》(法释〔2002〕36号　2002年11月21日公布)**

为依法公正地审理反补贴行政案件,根据《中华人民共和国行政诉讼法》及其他有关法律的规定,制定本规定。

第一条　人民法院依法受理对下列反补贴行政行为提起的行政诉讼:

(一)有关补贴及补贴金额、损害及损害程度的终裁决定;

(二)有关是否征收反补贴税以及追溯征收的决定;

(三)有关保留、修改或者取消反补贴税以及承诺的复审决定;

(四)依照法律、行政法规规定可以起诉的其他反补贴行政行为。

**5.《最高人民法院关于审理行政协议案件若干问题的规定》(法释〔2019〕17号　自2020年1月1日起施行)**

为依法公正、及时审理行政协议案件,根据《中华人民共和国行政诉讼法》等法律的规定,结合行政审判工作实际,制定本规定。

第一条　行政机关为了实现行政管理或者公共服务目标,与公民、法人或者其他组织协商订立的具有行政法上权利义务内容的协议,属于行政诉讼法第十二条第一款第十一项规定的行政协议。

第二条　公民、法人或者其他组织就下列行政协议提起行政诉讼的，人民法院应当依法受理：

（一）政府特许经营协议；

（二）土地、房屋等征收征用补偿协议；

（三）矿业权等国有自然资源使用权出让协议；

（四）政府投资的保障性住房的租赁、买卖等协议；

（五）符合本规定第一条规定的政府与社会资本合作协议；

（六）其他行政协议。

第三条　因行政机关订立的下列协议提起诉讼的，不属于人民法院行政诉讼的受案范围：

（一）行政机关之间因公务协助等事由而订立的协议；

（二）行政机关与其工作人员订立的劳动人事协议。

第四条　因行政协议的订立、履行、变更、终止等发生纠纷，公民、法人或者其他组织作为原告，以行政机关为被告提起行政诉讼的，人民法院应当依法受理。

因行政机关委托的组织订立的行政协议发生纠纷的，委托的行政机关是被告。

第五条　下列与行政协议有利害关系的公民、法人或者其他组织提起行政诉讼的，人民法院应当依法受理：

（一）参与招标、拍卖、挂牌等竞争性活动，认为行政机关应当依法与其订立行政协议但行政机关拒绝订立，或者认为行政机关与他人订立行政协议损害其合法权益的公民、法人或者其他组织；

（二）认为征收征用补偿协议损害其合法权益的被征收征用土地、房屋等不动产的用益物权人、公房承租人；

（三）其他认为行政协议的订立、履行、变更、终止等行为损害其合法权益的公民、法人或者其他组织。

**6.《最高人民法院关于审理政府信息公开行政案件若干问题的规定》（法释〔2011〕17号　自2011年8月13日起施行）**

为正确审理政府信息公开行政案件，根据《中华人民共和国行政诉讼法》、《中华人民共和国政府信息公开条例》等法律、行政法规的规定，结合行政审判实际,制定本规定。

第一条　公民、法人或者其他组织认为下列政府信息公开工作中的具体行政行为侵犯其合法权益,依法提起行政诉讼的,人民法院应当受理:

(一)向行政机关申请获取政府信息,行政机关拒绝提供或者逾期不予答复的;

(二)认为行政机关提供的政府信息不符合其在申请中要求的内容或者法律、法规规定的适当形式的;

(三)认为行政机关主动公开或者依他人申请公开政府信息侵犯其商业秘密、个人隐私的;

(四)认为行政机关提供的与其自身相关的政府信息记录不准确,要求该行政机关予以更正,该行政机关拒绝更正、逾期不予答复或者不予转送有权机关处理的;

(五)认为行政机关在政府信息公开工作中的其他具体行政行为侵犯其合法权益的。

公民、法人或者其他组织认为政府信息公开行政行为侵犯其合法权益造成损害的,可以一并或单独提起行政赔偿诉讼。

第二条　公民、法人或者其他组织对下列行为不服提起行政诉讼的,人民法院不予受理:

(一)因申请内容不明确,行政机关要求申请人作出更改、补充且对申请人权利义务不产生实际影响的告知行为;

(二)要求行政机关提供政府公报、报纸、杂志、书籍等公开出版物,行政机关予以拒绝的;

(三)要求行政机关为其制作、搜集政府信息,或者对若干政府信息进行汇总、分析、加工,行政机关予以拒绝的;

(四)行政程序中的当事人、利害关系人以政府信息公开名义申请查阅案卷材料,行政机关告知其应当按照相关法律、法规的规定办理的。

第三条　公民、法人或者其他组织认为行政机关不依法履行主动公开政府信息义务,直接向人民法院提起诉讼的,应当告知其先向行政机关申请获取相关政府信息。对行政机关的答复或者逾期不予答复不服的,可以向人民法院提起诉讼。

## 典型案例参考

**1. 云南省剑川县人民检察院诉剑川县森林公安局怠于履行法定职责环境行政公益诉讼案**（最高人民法院指导案例137号）

**【裁判要旨】**环境行政公益诉讼中，人民法院应当以相对人的违法行为是否得到有效制止，行政机关是否充分、及时、有效采取法定监管措施，以及国家利益或者社会公共利益是否得到有效保护，作为审查行政机关是否履行法定职责的标准。

**2. 魏某高、陈某志诉来安县人民政府收回土地使用权批复案**（最高人民法院指导案例22号）

**【裁判要旨】**地方人民政府对其所属行政管理部门的请示作出的批复，一般属于内部行政行为，不可对此提起诉讼。但行政管理部门直接将该批复付诸实施并对行政相对人的权利义务产生了实际影响，行政相对人对该批复不服提起诉讼的，人民法院应当依法受理。

**3. 马某某诉某区人民政府行政赔偿案——不予赔偿决定依法属于行政赔偿诉讼受案范围**

**【基本案情】**马某某认为某区人民政府及相关部门对其实施限制人身自由并造成损害，向某区人民政府提交行政赔偿申请书。某区人民政府作出告知书，告知马某某其所提供的材料不能证明该区人民政府存在限制其人身自由的违法行为，故该区人民政府不是行政赔偿义务机关。马某某不服向某市中级人民法院提起诉讼，请求确认某区人民政府在法定时间内未作出赔偿决定违法，并赔偿损失18万余元。

**【裁判结果】**一审法院以本案未经确认违法即要求赔偿不符合法定起诉条件为由裁定驳回起诉，二审法院则以不予作出赔偿决定行为系程序性行为，不对马某某权利义务产生实际影响为由裁定维持一审裁定。马某某不服，向最高人民法院申请再审。

最高人民法院经审理认为，马某某就赔偿问题向某区人民政府请求先行处理并由某区人民政府作出决定不予赔偿的告知书。依据《国家赔偿法》第十四条第二款规定，赔偿请求人对该不予赔偿决定告知书不服的，可以向人民法院提起诉讼。人民法院受理本案后，依法应当对某区人民政府和马某某之间的行政赔偿争议进行审理。

**第十三条　【行政诉讼受案范围的排除】人民法院不受理公民、法人或者其他组织对下列事项提起的诉讼：**

**（一）国防、外交等国家行为；**

（二）行政法规、规章或者行政机关制定、发布的具有普遍约束力的决定、命令；

（三）行政机关对行政机关工作人员的奖惩、任免等决定；

（四）法律规定由行政机关最终裁决的行政行为。

**对应司法解释**

**《最高人民法院关于适用〈中华人民共和国行政诉讼法〉的解释》（法释〔2018〕1号　自2018年2月8日起施行）**

第一条　公民、法人或者其他组织对行政机关及其工作人员的行政行为不服，依法提起诉讼的，属于人民法院行政诉讼的受案范围。

下列行为不属于人民法院行政诉讼的受案范围：

（一）公安、国家安全等机关依照刑事诉讼法的明确授权实施的行为；

（二）调解行为以及法律规定的仲裁行为；

（三）行政指导行为；

（四）驳回当事人对行政行为提起申诉的重复处理行为；

（五）行政机关作出的不产生外部法律效力的行为；

（六）行政机关为作出行政行为而实施的准备、论证、研究、层报、咨询等过程性行为；

（七）行政机关根据人民法院的生效裁判、协助执行通知书作出的执行行为，但行政机关扩大执行范围或者采取违法方式实施的除外；

（八）上级行政机关基于内部层级监督关系对下级行政机关作出的听取报告、执法检查、督促履责等行为；

（九）行政机关针对信访事项作出的登记、受理、交办、转送、复查、复核意见等行为；

（十）对公民、法人或者其他组织权利义务不产生实际影响的行为。

第二条　行政诉讼法第十三条第一项规定的“国家行为”，是指国务院、中央军事委员会、国防部、外交部等根据宪法和法律的授权，以国家的名义实施的有关国防和外交事务的行为，以及经宪法和法律授权的国家机关宣布紧急状态等行为。

行政诉讼法第十三条第二项规定的"具有普遍约束力的决定、命令",是指行政机关针对不特定对象发布的能反复适用的规范性文件。

行政诉讼法第十三条第三项规定的"对行政机关工作人员的奖惩、任免等决定",是指行政机关作出的涉及行政机关工作人员公务员权利义务的决定。

行政诉讼法第十三条第四项规定的"法律规定由行政机关最终裁决的行政行为"中的"法律",是指全国人民代表大会及其常务委员会制定、通过的规范性文件。

## 条文应用提示

各级人民法院属于我国司法机关,除此之外,我国还有立法机关、行政机关等。各司其职,使国家机器得以顺畅运行。法院也不能解决所有问题,有些属于政治问题,有些属于行政机关内部问题,这些均不属于行政诉讼受案范围。具体包括:

1. 国家行为

本条所规定的"国家行为",是指国务院、中央军事委员会、国防部、外交部等根据宪法和法律的授权,以国家的名义实施的有关国防和外交事务的行为,以及经宪法和法律授权的国家机关宣布紧急状态等行为。公民、法人或者其他组织就国家行为提起诉讼的,人民法院不予受理。

2. 抽象行政行为

本条所规定的"具有普遍约束力的决定、命令",是指行政机关针对不特定对象发布的能反复适用的规范性文件,即学理上所称的"抽象行政行为"。相较于具体行政行为,抽象行政行为是指行政机关在行政管理中,针对不特定的人和事制定可以反复适用的规范性文件的活动。抽象行政行为并不直接对具体人或事作出处理,因此不能针对其提起单个的行政诉讼。如果抽象行为行为属于立法层级较低的规范性文件(俗称"红头文件"),那么可以在针对某一具体行政行为提起行政诉讼的同时,要求法院对它依据的规范性文件予以一并审查。

3. 内部行为

行政机关作出的涉及行政机关工作人员公务员权利义务的决定属于行政机关内部行为,例如,对公务员的奖惩、处分等。该类内部行为由行政机关内部制定的规则进行规范,公务员就内部行为提起行政诉讼的,人民法院不予受理。

4. 复议终局的案件

公民、法人或者其他组织对行政复议决定不服的,可以依照行政诉讼法的规定向人民法院提起行政诉讼,但是法律规定行政复议决定为最终裁决的除外。

## 关联法律法规

**1.《中华人民共和国出境入境管理法》(2012年6月30日第十一届全国人民代表大会常务委员会第二十七次会议通过 2012年6月30日公布 2013年7月1日起施行)**

第三十六条 公安机关出入境管理机构作出的不予办理普通签证延期、换发、补发,不予办理外国人停留居留证件、不予延长居留期限的决定为最终决定。

第六十四条 外国人对依照本法规定对其实施的继续盘问、拘留审查、限制活动范围、遣送出境措施不服的,可以依法申请行政复议,该行政复议决定为最终决定。

其他境外人员对依照本法规定对其实施的遣送出境措施不服,申请行政复议的,适用前款规定。

第八十一条 外国人从事与停留居留事由不相符的活动,或者有其他违反中国法律、法规规定,不适宜在中国境内继续停留居留情形的,可以处限期出境。

外国人违反本法规定,情节严重,尚不构成犯罪的,公安部可以处驱逐出境。公安部的处罚决定为最终决定。

被驱逐出境的外国人,自被驱逐出境之日起十年内不准入境。

**2.《中华人民共和国行政复议法》(1999年4月29日第九届全国人民代表大会常务委员会第九次会议通过　根据2009年8月27日第十一届全国人民代表大会常务委员会第十次会议《关于修改部分法律的决定》第一次修正　根据2017年9月1日第十二届全国人民代表大会常务委员会第二十九次会议《关于修改〈中华人民共和国法官法〉等八部法律的决定》第二次修正　2023年9月1日第十四届全国人民代表大会常务委员会第五次会议修订)**

第十二条　下列事项不属于行政复议范围:

(一)国防、外交等国家行为;

(二)行政法规、规章或者行政机关制定、发布的具有普遍约束力的决定、命令等规范性文件;

(三)行政机关对行政机关工作人员的奖惩、任免等决定;

(四)行政机关对民事纠纷作出的调解。

第十三条　公民、法人或者其他组织认为行政机关的行政行为所依据的下列规范性文件不合法,在对行政行为申请行政复议时,可以一并向行政复议机关提出对该规范性文件的附带审查申请:

(一)国务院部门的规范性文件;

(二)县级以上地方各级人民政府及其工作部门的规范性文件;

(三)乡、镇人民政府的规范性文件;

(四)法律、法规、规章授权的组织的规范性文件。

前款所列规范性文件不含规章。规章的审查依照法律、行政法规办理。

## 典型案例参考

**湛江喜强工业气体有限公司诉遂溪县人民政府、遂溪县住房和城乡规划建设局一案**[《最高人民法院公报》2022年第3期　(2019)最高法行申10407号)]

**【案情简述】**再审申请人湛江喜强工业气体有限公司拥有某地的用地许可、规划及建设许可。2012年,遂溪县人民政府、遂溪县住房和城乡规划建设局颁布了《遂溪县岭北镇(2012—2030)总体规划》,变更了包括湛江喜强公司厂区范围在内的周边用地规划,并先后向第三人颁发了《建设用地规划许可证》《建设工程规划许可证》。申请人认为此举侵害其合法权益,经一审、二审后,向最高人民法院申请再审。

最高人民法院经审查认为:本案再审审查的焦点问题为岭北镇人民政府

编制、遂溪县人民政府审批《遂溪县岭北镇(2012—2030)总体规划》行为是否属于行政诉讼受案范围。

**【争议焦点】**城市总体规划编制属于公共政策和规范制定范畴,具有抽象性和实施中的不确定性,其法律意义在于对下一层次的规划权力进行限制,而不是对具体的建设项目进行直接约束。就总体规划可诉性而言,总体规划内容实施尚有不确定性,且需借助详细规划尤其是修建性详细规划才能实施,更需要通过"一书两证"才能得以具体化。当事人认为总体规划内容侵犯其合法权益的,应当通过对实施总体规划的详细规划尤其是修建性详细规划的异议程序以及对颁发或不颁发"一书两证"行政行为的司法审查程序寻求救济。对总体规划的监督既可以通过《城乡规划法》第十六条等规定的民主审议程序进行,也可以通过专业判断和公众参与等程序进行,但不宜通过司法审查程序监督。

编制和修改详细规划,的确可能影响土地权利人对土地的开发和利用,甚至是减损权利人已经依法取得的土地利用权和开发权。但与仅设定特定行政管理相对人权利义务的传统行政行为不同,详细规划涉及局部地区建设用地中可大批量开发地块总体空间安排且具有高度政策性和公众参与性,司法机关对详细规划行为受理和合法性审查应当审慎。特定地块权利人一般并不宜对详细规划的整体内容提起诉讼。只有在详细规划已经直接限制当事人权利且无须通过"一书两证"行为即能得出明确限制结论的情况下,才宜考虑承认修建性详细规划中有关特定地块规划限制内容的可诉性。

根据《中华人民共和国行政诉讼法》第十三条以及《最高人民法院关于适用〈中华人民共和国行政诉讼法〉的解释》第二条第二款规定,人民法院不受理公民、法人或者其他组织对行政机关制定、发布的具有普遍约束力的决定、命令提起的诉讼,城市总体规划和镇总体规划,不应纳入行政诉讼受案范围,以避免现行法律制度框架下原告资格、起诉期限、合法性审查标准和审查强度、既判力范围等方面的冲突。

湛江喜强公司对岭北镇人民政府编制、遂溪县人民政府审批《遂溪县岭北镇(2012—2030)总体规划》行为的起诉,不属于行政诉讼受案范围。一审、二审人民法院分别裁定驳回其起诉和上诉,符合法律规定。湛江喜强公司认为规划行政主管部门向广东北部湾公司颁发地字第440823201400012号《建设用地规划许可证》《建设工程规划许可证》等侵犯其合法权益的,可以直接以颁证机关为被告、以相关规划行政许可为审查对象,依法申请行政复议或提起行政诉讼。

# 第三章　管　　辖

**第十四条　【基层人民法院管辖的第一审行政案件】基层人民法院管辖第一审行政案件。**

## 条文应用提示

打官司必然涉及当事人到哪个具体法院去起诉，这时候就必须弄清楚哪个法院有权管辖。法院管辖问题，主要分为级别管辖和地域管辖，级别管辖主要解决“由哪一级法院来管辖第一审案件”，地域管辖主要解决“由本级具体哪个法院来管辖”的问题。本章第十四条至第十七条具体规定了行政诉讼的级别管辖问题。

在我国，基层人民法院承接了绝大部分一审行政案件，基层人民法院包括：(1)县、自治县人民法院；(2)不设区的市人民法院；(3)市辖区人民法院。我国基层法院数量有3000多个，分布在全国各地。

**第十五条　【中级人民法院管辖的第一审行政案件】中级人民法院管辖下列第一审行政案件：**

**(一)对国务院部门或者县级以上地方人民政府所作的行政行为提起诉讼的案件；**

**(二)海关处理的案件；**

**(三)本辖区内重大、复杂的案件；**

**(四)其他法律规定由中级人民法院管辖的案件。**

**对应司法解释**

**《最高人民法院关于适用〈中华人民共和国行政诉讼法〉的解释》（法释〔2018〕1号　自2018年2月8日起施行）**

第三条　各级人民法院行政审判庭审理行政案件和审查行政机关申请执行其行政行为的案件。

专门人民法院、人民法庭不审理行政案件，也不审查和执行行政机关申请执行其行政行为的案件。铁路运输法院等专门人民法院审理行政案件，应当执行行政诉讼法第十八条第二款的规定。

第四条　立案后，受诉人民法院的管辖权不受当事人住所地改变、追加被告等事实和法律状态变更的影响。

第五条　有下列情形之一的，属于行政诉讼法第十五条第三项规定的“本辖区内重大、复杂的案件”：

（一）社会影响重大的共同诉讼案件；

（二）涉外或者涉及香港特别行政区、澳门特别行政区、台湾地区的案件；

（三）其他重大、复杂案件。

第六条　当事人以案件重大复杂为由，认为有管辖权的基层人民法院不宜行使管辖权或者根据行政诉讼法第五十二条的规定，向中级人民法院起诉，中级人民法院应当根据不同情况在七日内分别作出以下处理：

（一）决定自行审理；

（二）指定本辖区其他基层人民法院管辖；

（三）书面告知当事人向有管辖权的基层人民法院起诉。

第七条　基层人民法院对其管辖的第一审行政案件，认为需要由中级人民法院审理或者指定管辖的，可以报请中级人民法院决定。中级人民法院应当根据不同情况在七日内分别作出以下处理：

（一）决定自行审理；

（二）指定本辖区其他基层人民法院管辖；

（三）决定由报请的人民法院审理。

第八条 行政诉讼法第十九条规定的“原告所在地”,包括原告的户籍所在地、经常居住地和被限制人身自由地。

对行政机关基于同一事实,既采取限制公民人身自由的行政强制措施,又采取其他行政强制措施或者行政处罚不服的,由被告所在地或者原告所在地的人民法院管辖。

第九条 行政诉讼法第二十条规定的“因不动产提起的行政诉讼”是指因行政行为导致不动产物权变动而提起的诉讼。

不动产已登记的,以不动产登记簿记载的所在地为不动产所在地;不动产未登记的,以不动产实际所在地为不动产所在地。

第十条 人民法院受理案件后,被告提出管辖异议的,应当在收到起诉状副本之日起十五日内提出。

对当事人提出的管辖异议,人民法院应当进行审查。异议成立的,裁定将案件移送有管辖权的人民法院;异议不成立的,裁定驳回。

人民法院对管辖异议审查后确定有管辖权的,不因当事人增加或者变更诉讼请求等改变管辖,但违反级别管辖、专属管辖规定的除外。

第十一条 有下列情形之一的,人民法院不予审查:

(一)人民法院发回重审或者按第一审程序再审的案件,当事人提出管辖异议的;

(二)当事人在第一审程序中未按照法律规定的期限和形式提出管辖异议,在第二审程序中提出的。

## 条文应用提示

国家曾计划通过修法把部分原来中级人民法院管辖的案件下沉到基层人民法院管辖,在该条中增加一款:以县级、地市级人民政府为被告的案件中,政府信息公开案件、不履行法定职责案件、行政复议机关不予受理或者程序性驳回复议申请案件,以及土地山林等自然资源权属争议行政裁决案件,由基层人民法院管辖。后最高人民法院认为四级法院审级职能定位改革试点实践还不能为修改法律提供充分依据,修改民事诉讼法、行政诉讼法相关条文的时机尚不成熟。2023 年 8 月 21 日,十四届全国人大常委会第十次委员长会议审议通过了全国人大宪法和法律委员会关于终止审议行政诉讼法修正草案的报告,罕见地终止了行政诉讼法修正进度,故而最终本条未予修改。

根据现行法律规定,中级人民法院管辖的第一审行政案件具体包括:

1. 被告是国务院部门或县级以上人民政府。

本条第一项所称的“国务院部门”,除国务院组成部门外,还包括国务院直属机构、直属事业单位、部管国家局等。“县级以上人民政府”具体包括省、自治区、直辖市、自治州、设区的市、县、自治县、不设区的市、市辖区的人民政府。

2. 海关处理的案件。

公民、法人或其他组织对海关作出的行政行为不服,向中级人民法院提起行政诉讼。我国还设有海事法院,海事法院主要审理海事侵权纠纷案件、海商合同纠纷案件、海洋及通海可航水域开发利用与环境保护相关纠纷案件等民事案件也可审理第一审海事行政案件。

3. 本辖区内重大、复杂的案件。

有下列情形之一的,属于本条第三项规定的“本辖区内重大、复杂的案件”:(1)社会影响重大的共同诉讼案件;(2)涉外或涉及香港特别行政区、澳门特别行政区、台湾地区的案件;(3)其他重大、复杂案件。当事人以案件重大复杂为由,认为有管辖权的基层人民法院不宜行使管辖权或者根据《行政诉讼法》第五十二条的规定,向中级人民法院起诉,中级人民法院应当根据不同情况在七日内分别作出以下处理:(1)决定自行审理;(2)指定本辖区其他基层人民法院管辖;(3)书面告知当事人向有管辖权的基层人民法院起诉。

4. 其他法律规定由中级人民法院管辖的案件。

本条第四项为兜底规定。

## 关联法律法规

**1.《最高人民法院关于审理国际贸易行政案件若干问题的规定》(法释〔2002〕27号 2002年8月27日公布)**

第五条 第一审国际贸易行政案件由具有管辖权的中级以上人民法院管辖。

**2.《最高人民法院关于海事诉讼管辖问题的规定》(法释〔2016〕2号自2016年3月1日起施行)**

为推进"一带一路"建设、海洋强国战略、京津冀一体化、长江经济带发展规划的实施,促进海洋经济发展,及时化解海事纠纷,保证海事法院正确行使海事诉讼管辖权,依法审理海事案件,根据《中华人民共和国民事诉讼法》《中华人民共和国海事诉讼特别程序法》《中华人民共和国行政诉讼法》以及全国人民代表大会常务委员会《关于在沿海港口城市设立海事法院的决定》等法律规定,现将海事诉讼管辖的几个问题规定如下:

一、关于管辖区域调整

1. 根据航运经济发展和海事审判工作的需要,对大连、武汉海事法院的管辖区域作出如下调整:

(1)大连海事法院管辖下列区域:南自辽宁省与河北省的交界处、东至鸭绿江口的延伸海域和鸭绿江水域,其中包括黄海一部分、渤海一部分、海上岛屿;吉林省的松花江、图们江等通海可航水域及港口;黑龙江省的黑龙江、松花江、乌苏里江等通海可航水域及港口。

(2)武汉海事法院管辖下列区域:自四川省宜宾市合江门至江苏省浏河口之间长江干线及支线水域,包括宜宾、泸州、重庆、涪陵、万州、宜昌、荆州、城陵矶、武汉、九江、安庆、芜湖、马鞍山、南京、扬州、镇江、江阴、张家港、南通等主要港口。

2. 其他各海事法院依据此前最高人民法院发布的决定或通知确定的管辖区域对海事案件行使管辖权。

二、关于海事行政案件管辖

1. 海事法院审理第一审海事行政案件。海事法院所在地的高级人民法院审理海事行政上诉案件,由行政审判庭负责审理。

2. 海事行政案件由最初作出行政行为的行政机关所在地海事法院管辖。经复议的案件,由复议机关所在地海事法院管辖。

对限制人身自由的行政强制措施不服提起的诉讼,由被告所在地或者原告所在地海事法院管辖。

前述行政机关所在地或者原告所在地不在海事法院管辖区域内的,由行政执法行为实施地海事法院管辖。

三、关于海事海商纠纷管辖权异议案件的审理

1. 当事人不服管辖权异议裁定的上诉案件由海事法院所在地的高级人民法院负责海事海商案件的审判庭审理。

2. 发生法律效力的管辖权异议裁定违反海事案件专门管辖确需纠正的，人民法院可依照《中华人民共和国民事诉讼法》第一百九十八条规定再审。

四、其他规定

本规定自2016年3月1日起施行。最高人民法院以前作出的有关规定与本规定不一致的，以本规定为准。

**3.《最高人民法院关于对与证券交易所监管职能相关的诉讼案件管辖与受理问题的规定》(法释〔2020〕20号修正)**

为正确及时地管辖、受理与证券交易所监管职能相关的诉讼案件，特作出以下规定：

一、根据《中华人民共和国民事诉讼法》第三十七条和《中华人民共和国行政诉讼法》第二十三条的有关规定，指定上海证券交易所和深圳证券交易所所在地的中级人民法院分别管辖以上海证券交易所和深圳证券交易所为被告或第三人的与证券交易所监管职能相关的第一审民事和行政案件。

二、与证券交易所监管职能相关的诉讼案件包括：

(一)证券交易所根据《中华人民共和国公司法》《中华人民共和国证券法》《中华人民共和国证券投资基金法》《证券交易所管理办法》等法律、法规、规章的规定，对证券发行人及其相关人员、证券交易所会员及其相关人员、证券上市和交易活动做出处理决定引发的诉讼；

(二)证券交易所根据国务院证券监督管理机构的依法授权，对证券发行人及其相关人员、证券交易所会员及其相关人员、证券上市和交易活动做出处理决定引发的诉讼；

(三)证券交易所根据其章程、业务规则、业务合同的规定，对证券发行人及其相关人员、证券交易所会员及其相关人员、证券上市和交易活动做出处理决定引发的诉讼；

(四)证券交易所在履行监管职能过程中引发的其他诉讼。

三、投资者对证券交易所履行监管职责过程中对证券发行人及其相

关人员、证券交易所会员及其相关人员、证券上市和交易活动做出的不直接涉及投资者利益的行为提起的诉讼,人民法院不予受理。

四、本规定自发布之日起施行。

**第十六条 【高级人民法院管辖的第一审行政案件】高级人民法院管辖本辖区内重大、复杂的第一审行政案件。**

**第十七条 【最高人民法院管辖的第一审行政案件】最高人民法院管辖全国范围内重大、复杂的第一审行政案件。**

## 条文应用提示

所谓重大、复杂的案件,主要是指省级行政单位或全国范围内案情重大、涉及面广,具有重大影响的案件。而是否属于"重大、复杂的案件",主要由各省高级人民法院和最高人民法院自行判断,考虑因素包括案件标的、重大疑难复杂程度、涉及面、社会影响等因素。

## 关联法律法规

**《最高人民法院关于审理反倾销行政案件应用法律若干问题的规定》(法释〔2002〕35号 2002年11月21日公布)**

第五条 第一审反倾销行政案件由下列人民法院管辖:

(一)被告所在地高级人民法院指定的中级人民法院;

(二)被告所在地高级人民法院。

**第十八条 【一般地域管辖和法院跨行政区域管辖】行政案件由最初作出行政行为的行政机关所在地人民法院管辖。经复议的案件,也可以由复议机关所在地人民法院管辖。**

**经最高人民法院批准,高级人民法院可以根据审判工作的实际情况,确定若干人民法院跨行政区域管辖行政案件。**

## 条文应用提示

本条包含两款规定,第一款规定了一般地域管辖的原则。根据“原告就被告”的原则,行政诉讼案件原则上由最初作出行政行为的行政机关所在地,即被告所在地人民法院管辖。经过行政复议的案件,复议机关为被告的,既可以由作出原行政行为的行政机关所在地的人民法院管辖,也可以由复议机关所在地的人民法院管辖。

第二款规定了法院跨行政区域管辖,但是跨行政区域管辖有两个条件,一是由各省高级人民法院具体调配,二是经最高人民法院批准。此外,还要注意的是,此款为跨行政区域管辖而不是跨级别管辖。

**第十九条 【限制人身自由行政案件的管辖】对限制人身自由的行政强制措施不服提起的诉讼,由被告所在地或者原告所在地人民法院管辖。**

**对应司法解释**

**《最高人民法院关于适用〈中华人民共和国行政诉讼法〉的解释》(法释〔2018〕1号 自2018年2月8日起施行)**

第八条 行政诉讼法第十九条规定的“原告所在地”,包括原告的户籍所在地、经常居住地和被限制人身自由地。

对行政机关基于同一事实,既采取限制公民人身自由的行政强制措施,又采取其他行政强制措施或者行政处罚不服的,由被告所在地或者原告所在地的人民法院管辖。

## 条文应用提示

本条所规定的可以由“原告所在地”人民法院管辖是对“原告就被告”原则的突破,其目的是保障公民的人身权、诉讼权等权利。但其适用的前提是对限制人身自由的行政强制措施不服提起的诉讼,例如,对留置盘问、行政传唤、强制隔离等约束人身自由的措施不服提起的诉讼。“原告所在地”包括原告的户籍所在地、经常居住地和被限制人身自由地。

需要明确的是行政拘留不属于本条所称的“限制人身自由的行政强制措施”,而是一种行政处罚措施,所以无法适用本条关于管辖的规定,应依据本法第十八条的规定，由最初作出行政行为的行政机关所在地人民法院管辖，如果是申请过复议的，也可以由复议机关所在地人民法院管辖。

**第二十条　【不动产行政案件的管辖】因不动产提起的行政诉讼，由不动产所在地人民法院管辖。**

**对应司法解释**

**《最高人民法院关于适用〈中华人民共和国行政诉讼法〉的解释》（法释〔2018〕1号　自2018年2月8日起施行）**

第九条　行政诉讼法第二十条规定的“因不动产提起的行政诉讼”是指因行政行为导致不动产物权变动而提起的诉讼。

不动产已登记的，以不动产登记簿记载的所在地为不动产所在地；不动产未登记的，以不动产实际所在地为不动产所在地。

## 条文应用提示

本条属于专属管辖的规定，专属管辖优先于地域管辖，并且不能为当事人协议所排除。“因不动产提起的行政诉讼”是指因行政行为导致不动产物权变动而提起的诉讼，如土地确权案件、房屋拆迁案件等。不动产已登记的，以不动产登记簿记载的所在地为不动产所在地；不动产未登记的，以不动产实际所在地为不动产所在地。这样规定有利于查明事实，也利于判后执行。

对房屋登记行为提起的行政诉讼，原则上由房屋所在地法院管辖，但存在下列情况之一的，也可以由被告所在地法院管辖：（1）请求房屋登记机构履行房屋转移登记、查询、复制登记资料等职责的；（2）对房屋登记机构收缴房产证行为提起行政诉讼的；（3）对行政复议改变房屋登记行为提起行政诉讼的。

## 关联法律法规

**1.《最高人民法院关于国有资产产权管理行政案件管辖问题的解释》（法释〔2001〕6号　自2001年2月21日起施行）**

为了正确适用《中华人民共和国行政诉讼法》第十七条、第十九条的

规定,现对国有资产产权管理行政案件的管辖问题作出如下解释:

当事人因国有资产产权界定行为提起行政诉讼的,应当根据不同情况确定管辖法院。产权界定行为直接针对不动产作出的,由不动产所在地人民法院管辖。产权界定行为针对包含不动产在内的整体产权作出的,由最初作出产权界定的行政机关所在地人民法院管辖;经过复议的案件,复议机关改变原产权界定行为的,也可以由复议机关所在地人民法院管辖。

**2.《最高人民法院关于审理房屋登记案件若干问题的规定》(法释〔2010〕15号　自2010年11月18日起施行)**

为正确审理房屋登记案件,根据《中华人民共和国物权法》、《中华人民共和国城市房地产管理法》、《中华人民共和国行政诉讼法》等有关法律规定,结合行政审判实际,制定本规定。

第一条　公民、法人或者其他组织对房屋登记机构的房屋登记行为以及与查询、复制登记资料等事项相关的行政行为或者相应的不作为不服,提起行政诉讼的,人民法院应当依法受理。

第二条　房屋登记机构根据人民法院、仲裁委员会的法律文书或者有权机关的协助执行通知书以及人民政府的征收决定办理的房屋登记行为,公民、法人或者其他组织不服提起行政诉讼的,人民法院不予受理,但公民、法人或者其他组织认为登记与有关文书内容不一致的除外。

房屋登记机构作出未改变登记内容的换发、补发权属证书、登记证明或者更新登记簿的行为,公民、法人或者其他组织不服提起行政诉讼的,人民法院不予受理。

房屋登记机构在行政诉讼法施行前作出的房屋登记行为,公民、法人或者其他组织不服提起行政诉讼的,人民法院不予受理。

第三条　公民、法人或者其他组织对房屋登记行为不服提起行政诉讼的,不受下列情形的影响:

(一)房屋灭失;

(二)房屋登记行为已被登记机构改变;

(三)生效法律文书将房屋权属证书、房屋登记簿或者房屋登记证明作为定案证据采用。

第四条　房屋登记机构为债务人办理房屋转移登记,债权人不服提

起诉讼,符合下列情形之一的,人民法院应当依法受理:

(一)以房屋为标的物的债权已办理预告登记的;

(二)债权人为抵押权人且房屋转让未经其同意的;

(三)人民法院依债权人申请对房屋采取强制执行措施并已通知房屋登记机构的;

(四)房屋登记机构工作人员与债务人恶意串通的。

第五条 同一房屋多次转移登记,原房屋权利人、原利害关系人对首次转移登记行为提起行政诉讼的,人民法院应当依法受理。

原房屋权利人、原利害关系人对首次转移登记行为及后续转移登记行为一并提起行政诉讼的,人民法院应当依法受理;人民法院判决驳回原告就在先转移登记行为提出的诉讼请求,或者因保护善意第三人确认在先房屋登记行为违法的,应当裁定驳回原告对后续转移登记行为的起诉。

原房屋权利人、原利害关系人未就首次转移登记行为提起行政诉讼,对后续转移登记行为提起行政诉讼的,人民法院不予受理。

第六条 人民法院受理房屋登记行政案件后,应当通知没有起诉的下列利害关系人作为第三人参加行政诉讼:

(一)房屋登记簿上载明的权利人;

(二)被诉异议登记、更正登记、预告登记的权利人;

(三)人民法院能够确认的其他利害关系人。

第七条 房屋登记行政案件由房屋所在地人民法院管辖,但有下列情形之一的也可由被告所在地人民法院管辖:

(一)请求房屋登记机构履行房屋转移登记、查询、复制登记资料等职责的;

(二)对房屋登记机构收缴房产证行为提起行政诉讼的;

(三)对行政复议改变房屋登记行为提起行政诉讼的。

第八条 当事人以作为房屋登记行为基础的买卖、共有、赠与、抵押、婚姻、继承等民事法律关系无效或者应当撤销为由,对房屋登记行为提起行政诉讼的,人民法院应当告知当事人先行解决民事争议,民事争议处理期间不计算在行政诉讼起诉期限内;已经受理的,裁定中止诉讼。

第九条 被告对被诉房屋登记行为的合法性负举证责任。被告保管证据原件的,应当在法庭上出示。被告不保管原件的,应当提交与原件核对一致的复印件、复制件并作出说明。当事人对被告提交的上述证据提出异议的，应当提供相应的证据。

第十条　被诉房屋登记行为合法的，人民法院应当判决驳回原告的诉讼请求。

第十一条　被诉房屋登记行为涉及多个权利主体或者房屋可分，其中部分主体或者房屋的登记违法应予撤销的，可以判决部分撤销。

被诉房屋登记行为违法，但该行为已被登记机构改变的，判决确认被诉行为违法。

被诉房屋登记行为违法，但判决撤销将给公共利益造成重大损失或者房屋已为第三人善意取得的，判决确认被诉行为违法，不撤销登记行为。

第十二条　申请人提供虚假材料办理房屋登记，给原告造成损害，房屋登记机构未尽合理审慎职责的，应当根据其过错程度及其在损害发生中所起作用承担相应的赔偿责任。

第十三条　房屋登记机构工作人员与第三人恶意串通违法登记，侵犯原告合法权益的，房屋登记机构与第三人承担连带赔偿责任。

第十四条　最高人民法院以前所作的相关的司法解释，凡与本规定不一致的，以本规定为准。

农村集体土地上的房屋登记行政案件参照本规定。

**3.《最高人民法院关于办理申请人民法院强制执行国有土地上房屋征收补偿决定案件若干问题的规定》(法释〔2012〕4号　自2012年4月10日起施行)**

为依法正确办理市、县级人民政府申请人民法院强制执行国有土地上房屋征收补偿决定(以下简称征收补偿决定)案件，维护公共利益，保障被征收房屋所有权人的合法权益，根据《中华人民共和国行政诉讼法》、《中华人民共和国行政强制法》、《国有土地上房屋征收与补偿条例》(以下简称《条例》)等有关法律、行政法规规定，结合审判实际，制定本规定。

第一条　申请人民法院强制执行征收补偿决定案件，由房屋所在地基层人民法院管辖，高级人民法院可以根据本地实际情况决定管辖法院。

第二条　申请机关向人民法院申请强制执行，除提供《条例》第二十八条规定的强制执行申请书及附具材料外，还应当提供下列材料：

(一)征收补偿决定及相关证据和所依据的规范性文件;

(二)征收补偿决定送达凭证、催告情况及房屋被征收人、直接利害关系人的意见;

(三)社会稳定风险评估材料;

(四)申请强制执行的房屋状况;

(五)被执行人的姓名或者名称、住址及与强制执行相关的财产状况等具体情况;

(六)法律、行政法规规定应当提交的其他材料。

强制执行申请书应当由申请机关负责人签名,加盖申请机关印章,并注明日期。

强制执行的申请应当自被执行人的法定起诉期限届满之日起三个月内提出;逾期申请的,除有正当理由外,人民法院不予受理。

第三条　人民法院认为强制执行的申请符合形式要件且材料齐全的,应当在接到申请后五日内立案受理,并通知申请机关;不符合形式要件或者材料不全的应当限期补正,并在最终补正的材料提供后五日内立案受理;不符合形式要件或者逾期无正当理由不补正材料的,裁定不予受理。

申请机关对不予受理的裁定有异议的,可以自收到裁定之日起十五日内向上一级人民法院申请复议,上一级人民法院应当自收到复议申请之日起十五日内作出裁定。

第四条　人民法院应当自立案之日起三十日内作出是否准予执行的裁定;有特殊情况需要延长审查期限的,由高级人民法院批准。

第五条　人民法院在审查期间,可以根据需要调取相关证据、询问当事人、组织听证或者进行现场调查。

第六条　征收补偿决定存在下列情形之一的,人民法院应当裁定不准予执行:

(一)明显缺乏事实根据;

(二)明显缺乏法律、法规依据;

(三)明显不符合公平补偿原则,严重损害被执行人合法权益,或者使被执行人基本生活、生产经营条件没有保障;

(四)明显违反行政目的,严重损害公共利益;

(五)严重违反法定程序或者正当程序;

(六)超越职权;

(七)法律、法规、规章等规定的其他不宜强制执行的情形。

人民法院裁定不准予执行的,应当说明理由,并在五日内将裁定送达申请机关。

第七条 申请机关对不准予执行的裁定有异议的,可以自收到裁定之日起十五日内向上一级人民法院申请复议,上一级人民法院应当自收到复议申请之日起三十日内作出裁定。

第八条 人民法院裁定准予执行的,应当在五日内将裁定送达申请机关和被执行人,并可以根据实际情况建议申请机关依法采取必要措施,保障征收与补偿活动顺利实施。

第九条 人民法院裁定准予执行的,一般由作出征收补偿决定的市、县级人民政府组织实施,也可以由人民法院执行。

第十条 《条例》施行前已依法取得房屋拆迁许可证的项目,人民法院裁定准予执行房屋拆迁裁决的,参照本规定第九条精神办理。

第十一条 最高人民法院以前所作的司法解释与本规定不一致的,按本规定执行。

**第二十一条 【选择管辖】两个以上人民法院都有管辖权的案件,原告可以选择其中一个人民法院提起诉讼。原告向两个以上有管辖权的人民法院提起诉讼的,由最先立案的人民法院管辖。**

## 条文应用提示

实践中,可能存在多个法院对同一案件都具有管辖权的情况。对此,原告可以选择其中一个法院提起行政诉讼。如果原告同时向两个以上有管辖权的人民法院提起诉讼的,则由最先立案的人民法院管辖,从而避免抢夺管辖权的现象。

**第二十二条 【移送管辖】人民法院发现受理的案件不属于本院管辖的,应当移送有管辖权的人民法院,受移送的人民法院应当受理。受移送的人民法院认为受移送的案件按照规定不属于本院管辖的,应当报请上级人民法院指定管辖,不得再自行移送。**

**对应司法解释**

**《最高人民法院关于适用〈中华人民共和国行政诉讼法〉的解释》（法释〔2018〕1号　自2018年2月8日起施行）**

第十条　人民法院受理案件后，被告提出管辖异议的，应当在收到起诉状副本之日起十五日内提出。

对当事人提出的管辖异议，人民法院应当进行审查。异议成立的，裁定将案件移送有管辖权的人民法院；异议不成立的，裁定驳回。

人民法院对管辖异议审查后确定有管辖权的，不因当事人增加或者变更诉讼请求等改变管辖，但违反级别管辖、专属管辖规定的除外。

第十一条　有下列情形之一的，人民法院不予审查：

（一）人民法院发回重审或者按第一审程序再审的案件，当事人提出管辖异议的；

（二）当事人在第一审程序中未按照法律规定的期限和形式提出管辖异议，在第二审程序中提出的。

## 条文应用提示

移送管辖是指人民法院在受理民事案件后，发现本院对案件并无管辖权，依法将案件移送给有管辖权的法院审理。移送管辖本质上是法院系统内部发现管辖权错误的一种自我纠错，通常发生在同级法院之间纠正地域管辖的错误，偶尔也发生在上下级法院之间。但是移送管辖只能发生一次，如果受移送的法院认为这个案子不该自己管，则必须报请上级法院指定，不能再移来移去了，从而避免管辖上的互相推诿。

## 典型案例参考

**夏某诉徐州市建设局行政证明纠纷案**（《最高人民法院公报》2006年第9期）

**【裁判要旨】**移送管辖是指某一人民法院受理原告起诉后，发现自己对该行政案件没有管辖权时，将该案件移送到自己认为有管辖权的法院，但受移送的人民法院认为自己没有管辖权，此时不能再自行移送，必须报他们的共同上级人民法院指定管辖。本案中，云龙区人民法院认为本院没有管辖权而依据《行政诉讼法》第二十一条将案件移送至徐州市泉山区人民法院，最终由泉山区人民法院进行一审。

**第二十三条 【指定管辖】有管辖权的人民法院由于特殊原因不能行使管辖权的,由上级人民法院指定管辖。**

**人民法院对管辖权发生争议,由争议双方协商解决。协商不成的,报它们的共同上级人民法院指定管辖。**

## 条文应用提示

指定管辖是指上级法院以裁定方式指定其下级法院对某一案件行使管辖权,主要适用于三种情形:受移送的法院认为自己对移送来的案件没有管辖权的、有管辖权的法院由于特殊原因不能行使管辖权的(如全体法官均需要回避)、法院之间经协商未能解决管辖权争议的。

**第二十四条 【管辖权移转】上级人民法院有权审理下级人民法院管辖的第一审行政案件。**

**下级人民法院对其管辖的第一审行政案件,认为需要由上级人民法院审理或者指定管辖的,可以报请上级人民法院决定。**

## 条文应用提示

管辖权转移发生在上下级法院之间,一种是上级人民法院主动提级审理下级人民法院管辖的第一审案件,另一种是主动报审,下级人民法院请上级人民法院亲自审理自己有管辖权的第一审案件,或者请上级人民法院指定辖区内其他人民法院来管辖自己有管辖权的第一审案件。管辖权移转属于对级别管辖的变通及个别调整。

# 第四章　诉讼参加人

第二十五条　【原告资格】行政行为的相对人以及其他与行政行为有利害关系的公民、法人或者其他组织，有权提起诉讼。

有权提起诉讼的公民死亡，其近亲属可以提起诉讼。

有权提起诉讼的法人或者其他组织终止，承受其权利的法人或者其他组织可以提起诉讼。

人民检察院在履行职责中发现生态环境和资源保护、食品药品安全、国有财产保护、国有土地使用权出让等领域负有监督管理职责的行政机关违法行使职权或者不作为，致使国家利益或者社会公共利益受到侵害的，应当向行政机关提出检察建议，督促其依法履行职责。行政机关不依法履行职责的，人民检察院依法向人民法院提起诉讼。

**对应司法解释**

**《最高人民法院关于适用〈中华人民共和国行政诉讼法〉的解释》（法释〔2018〕1号　自2018年2月8日起施行）**

第十二条　有下列情形之一的，属于行政诉讼法第二十五条第一款规定的“与行政行为有利害关系”：

（一）被诉的行政行为涉及其相邻权或者公平竞争权的；

（二）在行政复议等行政程序中被追加为第三人的；

（三）要求行政机关依法追究加害人法律责任的；

（四）撤销或者变更行政行为涉及其合法权益的；

（五）为维护自身合法权益向行政机关投诉，具有处理投诉职责的行政机关作出或者未作出处理的；

（六）其他与行政行为有利害关系的情形。

第十三条 债权人以行政机关对债务人所作的行政行为损害债权实现为由提起行政诉讼的,人民法院应当告知其就民事争议提起民事诉讼,但行政机关作出行政行为时依法应予保护或者应予考虑的除外。

第十四条 行政诉讼法第二十五条第二款规定的"近亲属",包括配偶、父母、子女、兄弟姐妹、祖父母、外祖父母、孙子女、外孙子女和其他具有扶养、赡养关系的亲属。

公民因被限制人身自由而不能提起诉讼的,其近亲属可以依其口头或者书面委托以该公民的名义提起诉讼。近亲属起诉时无法与被限制人身自由的公民取得联系,近亲属可以先行起诉,并在诉讼中补充提交委托证明。

第十五条 合伙企业向人民法院提起诉讼的,应当以核准登记的字号为原告。未依法登记领取营业执照的个人合伙的全体合伙人为共同原告;全体合伙人可以推选代表人,被推选的代表人,应当由全体合伙人出具推选书。

个体工商户向人民法院提起诉讼的,以营业执照上登记的经营者为原告。有字号的,以营业执照上登记的字号为原告,并应当注明该字号经营者的基本信息。

第十六条 股份制企业的股东大会、股东会、董事会等认为行政机关作出的行政行为侵犯企业经营自主权的,可以企业名义提起诉讼。

联营企业、中外合资或者合作企业的联营、合资、合作各方,认为联营、合资、合作企业权益或者自己一方合法权益受行政行为侵害的,可以自己的名义提起诉讼。

非国有企业被行政机关注销、撤销、合并、强令兼并、出售、分立或者改变企业隶属关系的,该企业或者其法定代表人可以提起诉讼。

第十七条 事业单位、社会团体、基金会、社会服务机构等非营利法人的出资人、设立人认为行政行为损害法人合法权益的,可以自己的名义提起诉讼。

第十八条　业主委员会对于行政机关作出的涉及业主共有利益的行政行为,可以自己的名义提起诉讼。

业主委员会不起诉的,专有部分占建筑物总面积过半数或者占总户数过半数的业主可以提起诉讼。

## 条文应用提示

本条主要是关于原告资格的规定,即谁有资格提起行政诉讼?其中最核心的一点就是“与行政行为有利害关系”,通俗地讲,因被诉行政行为影响到了自己的利益的公民、法人或者其他组织,可以作为原告提起行政诉讼。

1. 与行政行为有利害关系

存在以下列情形之一的,属于本条规定的“与行政行为有利害关系”:(1)被诉的行政行为涉及其相邻权或者公平竞争权的;(2)在行政复议等行政程序中被追加为第三人的;(3)要求行政机关依法追究加害人法律责任的;(4)撤销或者变更行政行为涉及其合法权益的;(5)为维护自身合法权益向行政机关投诉,具有处理投诉职责的行政机关作出或者未作出处理的;(6)其他与行政行为有利害关系的情形。

2. 诉讼资格的继承或者继受

有权诉讼的公民死亡的,其近亲属可以提起诉讼。本条所称的“近亲属”包括配偶、父母、子女、兄弟姐妹、祖父母、外祖父母、孙子女、外孙子女和其他具有扶养、赡养关系的亲属。有权提起诉讼的法人或者其他组织终止,承受其权利的法人或者其他组织可以提起诉讼。

3. 公益诉讼

本条第四款专门规定了公益行政诉讼的制度,这也是2017年修法的主要内容。对生态环境和资源保护等领域负有监督管理职责的行政机关违法行使职权或者不作为,致使国家利益或者社会公共利益受到侵害的行为,人民检察院可以以自己的名义向人民法院提起行政诉讼。但与此同时,法律也给检察院的公益诉讼设置了“缓冲区”,即检察院应当先向行政机关提出检察建议,督促其依法履行职责。行政机关不依法履行职责的,人民检察院才能依法向人民法院提起公益行政诉讼。

## 关联法律法规

**1.《人民检察院公益诉讼办案规则》(2020年9月28日最高人民检察院第十三届检察委员会第五十二次会议通过 自2021年7月1日起施行)**

第四条 人民检察院通过提出检察建议、提起诉讼和支持起诉等方式履行公益诉讼检察职责。

第九条 人民检察院提起诉讼或者支持起诉的民事、行政公益诉讼案件,由负责民事、行政检察的部门或者办案组织分别履行诉讼监督的职责。

第二十四条 公益诉讼案件线索的来源包括:

(一)自然人、法人和非法人组织向人民检察院控告、举报的;

(二)人民检察院在办案中发现的;

(三)行政执法信息共享平台上发现的;

(四)国家机关、社会团体和人大代表、政协委员等转交的;

(五)新闻媒体、社会舆论等反映的;

(六)其他在履行职责中发现的。

第六十七条 人民检察院经过对行政公益诉讼案件线索进行评估,认为同时存在以下情形的,应当立案:

(一)国家利益或者社会公共利益受到侵害;

(二)生态环境和资源保护、食品药品安全、国有财产保护、国有土地使用权出让、未成年人保护等领域对保护国家利益或者社会公共利益负有监督管理职责的行政机关可能违法行使职权或者不作为。

第六十八条 人民检察院对于符合本规则第六十七条规定的下列情形,应当立案:

(一)对于行政机关作出的行政决定,行政机关有强制执行权而怠于强制执行,或者没有强制执行权而怠于申请人民法院强制执行的;

(二)在人民法院强制执行过程中,行政机关违法处分执行标的的;

(三)根据地方裁执分离规定,人民法院将行政强制执行案件交由有强制执行权的行政机关执行,行政机关不依法履职的;

(四)其他行政强制执行中行政机关违法行使职权或者不作为的情形。

第六十九条 对于同一侵害国家利益或者社会公共利益的损害后果，数个负有不同监督管理职责的行政机关均可能存在不依法履行职责情形的，人民检察院可以对数个行政机关分别立案。

人民检察院在立案前发现同一行政机关对多个同一性质的违法行为可能存在不依法履行职责情形的，应当作为一个案件立案。在发出检察建议前发现其他同一性质的违法行为的，应当与已立案案件一并处理。

第七十条 人民检察院决定立案的，应当在七日内将《立案决定书》送达行政机关，并可以就其是否存在违法行使职权或者不作为、国家利益或者社会公共利益受到侵害的后果、整改方案等事项进行磋商。

磋商可以采取召开磋商座谈会、向行政机关发送事实确认书等方式进行，并形成会议记录或者纪要等书面材料。

第七十一条 人民检察院办理行政公益诉讼案件，围绕以下事项进行调查：

（一）国家利益或者社会公共利益受到侵害的事实；

（二）行政机关的监督管理职责；

（三）行政机关不依法履行职责的行为；

（四）行政机关不依法履行职责的行为与国家利益或者社会公共利益受到侵害的关联性；

（五）其他需要查明的事项。

第七十二条 人民检察院认定行政机关监督管理职责的依据为法律法规规章，可以参考行政机关的"三定"方案、权力清单和责任清单等。

第七十三条 调查结束，检察官应当制作《调查终结报告》，区分情况提出以下处理意见：

（一）终结案件；

（二）提出检察建议。

第七十四条 经调查，人民检察院认为存在下列情形之一的，应当作出终结案件决定：

（一）行政机关未违法行使职权或者不作为的；

（二）国家利益或者社会公共利益已经得到有效保护的；

（三）行政机关已经全面采取整改措施依法履行职责的；

（四）其他应当终结案件的情形。

终结案件的，应当报检察长决定，并制作《终结案件决定书》送达行政机关。

第七十五条　经调查，人民检察院认为行政机关不依法履行职责，致使国家利益或者社会公共利益受到侵害的，应当报检察长决定向行政机关提出检察建议，并于《检察建议书》送达之日起五日内向上一级人民检察院备案。

《检察建议书》应当包括以下内容：

（一）行政机关的名称；

（二）案件来源；

（三）国家利益或者社会公共利益受到侵害的事实；

（四）认定行政机关不依法履行职责的事实和理由；

（五）提出检察建议的法律依据；

（六）建议的具体内容；

（七）行政机关整改期限；

（八）其他需要说明的事项。

《检察建议书》的建议内容应当与可能提起的行政公益诉讼请求相衔接。

第七十六条　人民检察院决定提出检察建议的，应当在三日内将《检察建议书》送达行政机关。

行政机关拒绝签收的，应当在送达回证上记录，把《检察建议书》留在其住所地，并可以采用拍照、录像等方式记录送达过程。

人民检察院可以采取宣告方式向行政机关送达《检察建议书》，必要时，可以邀请人大代表、政协委员、人民监督员等参加。

第七十七条　提出检察建议后，人民检察院应当对行政机关履行职责的情况和国家利益或者社会公共利益受到侵害的情况跟进调查，收集相关证据材料。

第七十八条　行政机关在法律、司法解释规定的整改期限内已依法作出行政决定或者制定整改方案，但因突发事件等客观原因不能全部整改到位，且没有怠于履行监督管理职责情形的，人民检察院可以中止审查。

中止审查的，应当经检察长批准，制作《中止审查决定书》，并报送上一级人民检察院备案。中止审查的原因消除后，应当恢复审查并制作《恢复审查决定书》。

第七十九条 经过跟进调查,检察官应当制作《审查终结报告》,区分情况提出以下处理意见:

(一)终结案件;

(二)提起行政公益诉讼;

(三)移送其他人民检察院处理。

第八十条 经审查,人民检察院发现有本规则第七十四条第一款规定情形之一的,应当终结案件。

第八十一条 行政机关经检察建议督促仍然没有依法履行职责,国家利益或者社会公共利益处于受侵害状态的,人民检察院应当依法提起行政公益诉讼。

第八十二条 有下列情形之一的,人民检察院可以认定行政机关未依法履行职责:

(一)逾期不回复检察建议,也没有采取有效整改措施的;

(二)已经制定整改措施,但没有实质性执行的;

(三)虽按期回复,但未采取整改措施或者仅采取部分整改措施的;

(四)违法行为人已经被追究刑事责任或者案件已经移送刑事司法机关处理,但行政机关仍应当继续依法履行职责的;

(五)因客观障碍导致整改方案难以按期执行,但客观障碍消除后未及时恢复整改的;

(六)整改措施违反法律法规规定的;

(七)其他没有依法履行职责的情形。

第八十三条 人民检察院可以根据行政机关的不同违法情形,向人民法院提出确认行政行为违法或者无效、撤销或者部分撤销违法行政行为、依法履行法定职责、变更行政行为等诉讼请求。

依法履行法定职责的诉讼请求中不予载明行政相对人承担具体义务或者减损具体权益的事项。

第八十四条 在行政公益诉讼案件审理过程中,行政机关已经依法履行职责而全部实现诉讼请求的,人民检察院可以撤回起诉。确有必要的,人民检察院可以变更诉讼请求,请求判决确认行政行为违法。

人民检察院决定撤回起诉或者变更诉讼请求的,应当经检察长决定后制作《撤回起诉决定书》或者《变更诉讼请求决定书》,并在三日内提交人民法院。

**2.《最高人民法院关于审理反倾销行政案件应用法律若干问题的规定》(法释〔2002〕35号 2002年11月21日公布)**

第二条 与反倾销行政行为具有法律上利害关系的个人或者组织为利害关系人,可以依照行政诉讼法及其他有关法律、行政法规的规定,向人民法院提起行政诉讼。

前款所称利害关系人,是指向国务院主管部门提出反倾销调查书面申请的申请人,有关出口经营者和进口经营者及其他具有法律上利害关系的自然人、法人或者其他组织。

第三条 反倾销行政案件的被告,应当是作出相应被诉反倾销行政行为的国务院主管部门。

第四条 与被诉反倾销行政行为具有法律上利害关系的其他国务院主管部门,可以作为第三人参加诉讼。

**3.《最高人民法院关于审理反补贴行政案件应用法律若干问题的规定》(法释〔2002〕36号 2002年11月21日公布)**

第二条 与反补贴行政行为具有法律上利害关系的个人或者组织为利害关系人,可以依照行政诉讼法及其他有关法律、行政法规的规定,向人民法院提起行政诉讼。

前款所称利害关系人,是指向国务院主管机关提出反补贴调查书面申请的申请人,有关出口经营者和进口经营者及其他具有法律上利害关系的自然人、法人或者其他组织。

第三条 反补贴行政案件的被告,应当是作出相应被诉反补贴行政行为的国务院主管部门。

第四条 与被诉反补贴行政行为具有法律上利害关系的其他国务院主管部门,可以作为第三人参加诉讼。

第五条 第一审反补贴行政案件由下列人民法院管辖:

(一)被告所在地高级人民法院指定的中级人民法院;

(二)被告所在地高级人民法院。

**4.《最高人民法院关于审理涉及农村集体土地行政案件若干问题的规定》(法释〔2011〕20号 2011年8月7日公布)**

为正确审理涉及农村集体土地的行政案件,根据《中华人民共和国物权法》、《中华人民共和国土地管理法》和《中华人民共和国行政诉讼法》等有关法律规定,结合行政审判实际,制定本规定。

第一条 农村集体土地的权利人或者利害关系人(以下简称土地权利人)认为行政机关作出的涉及农村集体土地的行政行为侵犯其合法权益,提起诉讼的,属于人民法院行政诉讼的受案范围。

第二条 土地登记机构根据人民法院生效裁判文书、协助执行通知书或者仲裁机构的法律文书办理的土地权属登记行为,土地权利人不服提起诉讼的,人民法院不予受理,但土地权利人认为登记内容与有关文书内容不一致的除外。

第三条 村民委员会或者农村集体经济组织对涉及农村集体土地的行政行为不起诉的,过半数的村民可以以集体经济组织名义提起诉讼。

农村集体经济组织成员全部转为城镇居民后,对涉及农村集体土地的行政行为不服的,过半数的原集体经济组织成员可以提起诉讼。

第四条 土地使用权人或者实际使用人对行政机关作出涉及其使用或实际使用的集体土地的行政行为不服的,可以以自己的名义提起诉讼。

第五条 土地权利人认为土地储备机构作出的行为侵犯其依法享有的农村集体土地所有权或使用权的,向人民法院提起诉讼的,应当以土地储备机构所隶属的土地管理部门为被告。

第六条 土地权利人认为乡级以上人民政府作出的土地确权决定侵犯其依法享有的农村集体土地所有权或者使用权,经复议后向人民法院提起诉讼的,人民法院应当依法受理。

法律、法规规定应当先申请行政复议的土地行政案件,复议机关作出不受理复议申请的决定或者以不符合受理条件为由驳回复议申请,复议申请人不服的,应当以复议机关为被告向人民法院提起诉讼。

第七条 土地权利人认为行政机关作出的行政处罚、行政强制措施等行政行为侵犯其依法享有的农村集体土地所有权或者使用权,直接向人民法院提起诉讼的,人民法院应当依法受理。

第八条 土地权属登记(包括土地权属证书)在生效裁判和仲裁裁决中作为定案证据,利害关系人对该登记行为提起诉讼的,人民法院应当依法受理。

第九条 涉及农村集体土地的行政决定以公告方式送达的,起诉期限自公告确定的期限届满之日起计算。

第十条　土地权利人对土地管理部门组织实施过程中确定的土地补偿有异议,直接向人民法院提起诉讼的,人民法院不予受理,但应当告知土地权利人先申请行政机关裁决。

第十一条　土地权利人以土地管理部门超过两年对非法占地行为进行处罚违法,向人民法院起诉的,人民法院应当按照行政处罚法第二十九条第二款的规定处理。

第十二条　征收农村集体土地时涉及被征收土地上的房屋及其他不动产,土地权利人可以请求依照物权法第四十二条第二款的规定给予补偿的。

征收农村集体土地时未就被征收土地上的房屋及其他不动产进行安置补偿,补偿安置时房屋所在地已纳入城市规划区,土地权利人请求参照执行国有土地上房屋征收补偿标准的,人民法院一般应予支持,但应当扣除已经取得的土地补偿费。

第十三条　在审理土地行政案件中,人民法院经当事人同意进行协调的期间,不计算在审理期限内。当事人不同意继续协商的,人民法院应当及时审理,并恢复计算审理期限。

第十四条　县级以上人民政府土地管理部门根据土地管理法实施条例第四十五条的规定,申请人民法院执行其作出的责令交出土地决定的,应当符合下列条件:

(一)征收土地方案已经有权机关依法批准;

(二)市、县人民政府和土地管理部门已经依照土地管理法和土地管理法实施条例规定的程序实施征地行为;

(三)被征收土地所有权人、使用人已经依法得到安置补偿或者无正当理由拒绝接受安置补偿,且拒不交出土地,已经影响到征收工作的正常进行;

(四)符合最高人民法院《关于执行〈中华人民共和国行政诉讼法〉若干问题的解释》第八十六条规定的条件。

人民法院对符合条件的申请,应当裁定予以受理,并通知申请人;对不符合条件的申请,应当裁定不予受理。

第十五条　最高人民法院以前所作的司法解释与本规定不一致的,

以本规定为准。

**第二十六条　【被告资格】公民、法人或者其他组织直接向人民法院提起诉讼的,作出行政行为的行政机关是被告。**

**经复议的案件,复议机关决定维持原行政行为的,作出原行政行为的行政机关和复议机关是共同被告;复议机关改变原行政行为的,复议机关是被告。**

**复议机关在法定期限内未作出复议决定,公民、法人或者其他组织起诉原行政行为的,作出原行政行为的行政机关是被告;起诉复议机关不作为的,复议机关是被告。**

**两个以上行政机关作出同一行政行为的,共同作出行政行为的行政机关是共同被告。**

**行政机关委托的组织所作的行政行为,委托的行政机关是被告。**

**行政机关被撤销或者职权变更的,继续行使其职权的行政机关是被告。**

**对应司法解释**

**《最高人民法院关于适用〈中华人民共和国行政诉讼法〉的解释》(法释〔2018〕1号　自2018年2月8日起施行)**

第十九条　当事人不服经上级行政机关批准的行政行为,向人民法院提起诉讼的,以在对外发生法律效力的文书上署名的机关为被告。

第二十条　行政机关组建并赋予行政管理职能但不具有独立承担法律责任能力的机构,以自己的名义作出行政行为,当事人不服提起诉讼的,应当以组建该机构的行政机关为被告。

法律、法规或者规章授权行使行政职权的行政机关内设机构、派出机构或者其他组织,超出法定授权范围实施行政行为,当事人不服提起诉讼的,应当以实施该行为的机构或者组织为被告。

没有法律、法规或者规章规定,行政机关授权其内设机构、派出机构或者其他组织行使行政职权的,属于行政诉讼法第二十六条规定的委托。当事人不服提起诉讼的,应当以该行政机关为被告。

第二十一条 当事人对由国务院、省级人民政府批准设立的开发区管理机构作出的行政行为不服提起诉讼的，以该开发区管理机构为被告；对由国务院、省级人民政府批准设立的开发区管理机构所属职能部门作出的行政行为不服提起诉讼的，以其职能部门为被告；对其他开发区管理机构所属职能部门作出的行政行为不服提起诉讼的，以开发区管理机构为被告；开发区管理机构没有行政主体资格的，以设立该机构的地方人民政府为被告。

第二十二条 行政诉讼法第二十六条第二款规定的“复议机关改变原行政行为”，是指复议机关改变原行政行为的处理结果。复议机关改变原行政行为所认定的主要事实和证据、改变原行政行为所适用的规范依据，但未改变原行政行为处理结果的，视为复议机关维持原行政行为。

复议机关确认原行政行为无效，属于改变原行政行为。

复议机关确认原行政行为违法，属于改变原行政行为，但复议机关以违反法定程序为由确认原行政行为违法的除外。

第二十三条 行政机关被撤销或者职权变更，没有继续行使其职权的行政机关的，以其所属的人民政府为被告；实行垂直领导的，以垂直领导的上一级行政机关为被告。

第二十四条 当事人对村民委员会或者居民委员会依据法律、法规、规章的授权履行行政管理职责的行为不服提起诉讼的，以村民委员会或者居民委员会为被告。

当事人对村民委员会、居民委员会受行政机关委托作出的行为不服提起诉讼的，以委托的行政机关为被告。

当事人对高等学校等事业单位以及律师协会、注册会计师协会等行业协会依据法律、法规、规章的授权实施的行政行为不服提起诉讼的，以该事业单位、行业协会为被告。

当事人对高等学校等事业单位以及律师协会、注册会计师协会等行业协会受行政机关委托作出的行为不服提起诉讼的，以委托的行政机关为被告。

第二十五条　市、县级人民政府确定的房屋征收部门组织实施房屋征收与补偿工作过程中作出行政行为，被征收人不服提起诉讼的，以房屋征收部门为被告。

征收实施单位受房屋征收部门委托，在委托范围内从事的行为，被征收人不服提起诉讼的，应当以房屋征收部门为被告。

第二十六条　原告所起诉的被告不适格，人民法院应当告知原告变更被告；原告不同意变更的，裁定驳回起诉。

应当追加被告而原告不同意追加的，人民法院应当通知其以第三人的身份参加诉讼，但行政复议机关作共同被告的除外。

## 条文应用提示

本条是关于行政诉讼中谁为被告的相关规定，即“该告谁”？列表总结如下：

1. 经复议的案件

| 复议结果 | 行政诉讼被告 |
| --- | --- |
| 复议维持 | 原机关和复议机关（双被告） |
| 复议改变 | 复议机关 |
| 不作为 | 起诉原行政行为，被告是原机关<br>起诉复议机关不作为，被告是复议机关 |

2. 涉及授权、委托的组织

| 作出行政行为的机关 | 行政诉讼被告 |
| --- | --- |
| 两个以上行政机关作出同一行政行为 | 共同作出行政行为的行政机关 |
| 行政机关组建并赋予行政管理职能但不具有独立承担法律责任能力的机构 | 组建该机构的行政机关 |
| 法律、法规、规章授权的组织 | 法律、法规、规章授权的组织 |
| 行政机关委托的组织 | 委托的行政机关 |
| 行政机关被撤销或者职权变更的 | 继续履职的行政机关 |

如果复议机关没有改变原处罚决定,只改变了处罚的依据,行政诉讼的被告是作出原行政行为的行政机关还是复议机关?我们认为,《行政诉讼法》第二十六条第二款规定的“复议机关改变原行政行为”,是指复议机关改变原行政行为的处理结果。复议机关改变原行政行为所认定的主要事实和证据、改变原行政行为所适用的规范依据,但未改变原行政行为处理结果的,仍视为复议机关维持原行政行为。因此,复议机关没有实质性改变原处罚决定,只改变了处罚依据的,行政诉讼的被告是作出原行政行为的行政机关和复议机关。

## 关联法律法规

**1.《最高人民法院关于正确确定县级以上地方人民政府行政诉讼被告资格若干问题的规定》(法释〔2021〕5号 自2021年4月1日起施行)**

为准确适用《中华人民共和国行政诉讼法》,依法正确确定县级以上地方人民政府的行政诉讼被告资格,结合人民法院行政审判工作实际,制定本解释。

第一条 法律、法规、规章规定属于县级以上地方人民政府职能部门的行政职权,县级以上地方人民政府通过听取报告、召开会议、组织研究、下发文件等方式进行指导,公民、法人或者其他组织不服县级以上地方人民政府的指导行为提起诉讼的,人民法院应当释明,告知其以具体实施行政行为的职能部门为被告。

第二条 县级以上地方人民政府根据城乡规划法的规定,责成有关职能部门对违法建筑实施强制拆除,公民、法人或者其他组织不服强制拆除行为提起诉讼,人民法院应当根据行政诉讼法第二十六条第一款的规定,以作出强制拆除决定的行政机关为被告;没有强制拆除决定书的,以具体实施强制拆除行为的职能部门为被告。

第三条 公民、法人或者其他组织对集体土地征收中强制拆除房屋等行为不服提起诉讼的,除有证据证明系县级以上地方人民政府具体实施外,人民法院应当根据行政诉讼法第二十六条第一款的规定,以作出强制拆除决定的行政机关为被告;没有强制拆除决定书的,以具体实施强制拆除等行为的行政机关为被告。

县级以上地方人民政府已经作出国有土地上房屋征收与补偿决定,

公民、法人或者其他组织不服具体实施房屋征收与补偿工作中的强制拆除房屋等行为提起诉讼的,人民法院应当根据行政诉讼法第二十六条第一款的规定,以作出强制拆除决定的行政机关为被告;没有强制拆除决定书的,以县级以上地方人民政府确定的房屋征收部门为被告。

第四条 公民、法人或者其他组织向县级以上地方人民政府申请履行法定职责或者给付义务,法律、法规、规章规定该职责或者义务属于下级人民政府或者相应职能部门的行政职权,县级以上地方人民政府已经转送下级人民政府或者相应职能部门处理并告知申请人,申请人起诉要求履行法定职责或者给付义务的,以下级人民政府或者相应职能部门为被告。

第五条 县级以上地方人民政府确定的不动产登记机构或者其他实际履行该职责的职能部门按照《不动产登记暂行条例》的规定办理不动产登记,公民、法人或者其他组织不服提起诉讼的,以不动产登记机构或者实际履行该职责的职能部门为被告。

公民、法人或者其他组织对《不动产登记暂行条例》实施之前由县级以上地方人民政府作出的不动产登记行为不服提起诉讼的,以继续行使其职权的不动产登记机构或者实际履行该职责的职能部门为被告。

第六条 县级以上地方人民政府根据《中华人民共和国政府信息公开条例》的规定,指定具体机构负责政府信息公开日常工作,公民、法人或者其他组织对该指定机构以自己名义所作的政府信息公开行为不服提起诉讼的,以该指定机构为被告。

第七条 被诉行政行为不是县级以上地方人民政府作出,公民、法人或者其他组织以县级以上地方人民政府作为被告的,人民法院应当予以指导和释明,告知其向有管辖权的人民法院起诉;公民、法人或者其他组织经人民法院释明仍不变更的,人民法院可以裁定不予立案,也可以将案件移送有管辖权的人民法院。

第八条 本解释自2021年4月1日起施行。本解释施行后,最高人民法院此前作出的相关司法解释与本解释相抵触的,以本解释为准。

**2.《最高人民法院关于审理政府信息公开行政案件若干问题的规定》(法释〔2011〕17号 自2011年8月13日起施行)**

第四条 公民、法人或者其他组织对国务院部门、地方各级人民政府及县级以上地方人民政府部门依申请公开政府信息行政行为不服提起诉讼的，以作出答复的机关为被告；逾期未作出答复的，以受理申请的机关为被告。

公民、法人或者其他组织对主动公开政府信息行政行为不服提起诉讼的，以公开该政府信息的机关为被告。

公民、法人或者其他组织对法律、法规授权的具有管理公共事务职能的组织公开政府信息的行为不服提起诉讼的，以该组织为被告。

有下列情形之一的，应当以在对外发生法律效力的文书上署名的机关为被告：

（一）政府信息公开与否的答复依法报经有权机关批准的；

（二）政府信息是否可以公开系由国家保密行政管理部门或者省、自治区、直辖市保密行政管理部门确定的；

（三）行政机关在公开政府信息前与有关行政机关进行沟通、确认的。

## 典型案例参考

**1. 田某诉北京科技大学拒绝颁发毕业证、学位证案**（最高人民法院指导案例第38号）

**【裁判主旨】**受教育者不服高等学校对其因违反校规、校纪而作出的不予颁发学位证书、学历证书甚至退学处理的决定，有权通过提起行政诉讼来救济。高等学校所作出的决定依据为校规、校纪，但是司法审查后认为该校规、校纪违反了法律、行政法规等规定的，人民法院不予支持。此外，学校在作出类似开除学籍、责令退学等影响受教育者基本权利的决定时，应当允许其申辩并在作出决定后及时送达，否则视为违反正当程序。

**2. 何某诉某大学履行法定职责案**（《最高人民法院公报》2012年第2期）

**【裁判要旨】**根据有关行政法规、规章及民办高校办学相关政策、规范性文件的规定，大学作为独立学院的挂名高校，具有授予独立学院符合条件毕业生学士学位的法定职责。学生以独立学院无根据未授予学士学位为由起诉的，大学应为适格被告。因独立学院作出具有终局性的初审行为，对学生的利益有直接利害关系，亦应作为被告。学生坚持起诉大学，而不起诉独立学院的，法院应将独立学院列为第三人。

**第二十七条　【共同诉讼】当事人一方或者双方为二人以上，因同一行政行为发生的行政案件，或者因同类行政行为发生的行政案件、人民法院认为可以合并审理并经当事人同意的，为共同诉讼。**

**对应司法解释**

**《最高人民法院关于适用〈中华人民共和国行政诉讼法〉的解释》（法释〔2018〕1号　自2018年2月8日起施行）**

第二十七条　必须共同进行诉讼的当事人没有参加诉讼的，人民法院应当依法通知其参加；当事人也可以向人民法院申请参加。

人民法院应当对当事人提出的申请进行审查，申请理由不成立的，裁定驳回；申请理由成立的，书面通知其参加诉讼。

前款所称的必须共同进行诉讼，是指按照行政诉讼法第二十七条的规定，当事人一方或者双方为两人以上，因同一行政行为发生行政争议，人民法院必须合并审理的诉讼。

第二十八条　人民法院追加共同诉讼的当事人时，应当通知其他当事人。应当追加的原告，已明确表示放弃实体权利的，可不予追加；既不愿意参加诉讼，又不放弃实体权利的，应追加为第三人，其不参加诉讼，不能阻碍人民法院对案件的审理和裁判。

第七十三条　根据行政诉讼法第二十七条的规定，有下列情形之一的，人民法院可以决定合并审理：

（一）两个以上行政机关分别对同一事实作出行政行为，公民、法人或者其他组织不服向同一人民法院起诉的；

（二）行政机关就同一事实对若干公民、法人或者其他组织分别作出行政行为，公民、法人或者其他组织不服分别向同一人民法院起诉的；

（三）在诉讼过程中，被告对原告作出新的行政行为，原告不服向同一人民法院起诉的；

（四）人民法院认为可以合并审理的其他情形。

## 条文应用提示

本条是关于共同诉讼的相关规定，具体分为必要公共诉讼和普通共同诉讼。

1. 必要共同诉讼

当事人一方或者双方为二人以上，因同一行政行为发生的行政案件为必要共同诉讼。必要共同诉讼中，涉诉行政行为只有一个，但影响了不特定多的主体，人民法院必须合并审理。必须共同进行诉讼的当事人没有参加诉讼的，人民法院应当依法通知其参加；当事人也可以向人民法院申请参加。

2. 普通共同诉讼

当事人一方或者双方为二人以上，因同类行政行为发生的行政案件、人民法院认为可以合并审理并经当事人同意的，为普通共同诉讼。普通共同诉讼中，涉诉的行政行为有多个，即行政机关就同一事实对若干公民、法人或者其他组织分别作出行政行为，公民、法人或者其他组织不服分别向同一人民法院起诉的，人民法院认为可以合并审理并经当事人同意的，可以合并审理。

## 典型案例参考

**1. 宣某等18人诉衢州市国土资源局收回土地使用权案**(《最高人民法院公报》2004年第4期)

**【裁判要旨】**本案18位原告之间的权利义务是各自独立的，其中一人的诉讼行为，无须得到其他人的承认，对其他人也不发生法律效力。因此，如果不合并审理的话，本案可以分解为18个独立的诉讼。但为了简化诉讼程序，节省诉讼时间和费用，并避免人民法院在同一或同类案件上作出相互矛盾的判决，本案可按普通共同诉讼将18名原告的诉讼请求合并审理。

**2. 秦某与上海市杨浦区住房保障和房屋管理局征收或征用房屋行政一审案件行政裁定书**[(2022)沪0106行初343号]

原告秦某诉被告上海市杨浦区住房保障和房屋管理局房屋征收补偿协议一案，向法院提起行政诉讼。法院经审查后认为，该案与法院已受理(2022)沪0106行初342号原告刘某诉被告上海市杨浦区住房保障和房屋管理局房屋征收补偿协议一案，均系对征收编号J—11-626上海市国有土地上房屋征收补偿协议提起的行政诉讼，刘某先于秦某向本院提交起诉材料。根据《中华人民共和国行政诉讼法》第二十七条的规定，当事人一方或者双方为二人以上，因同一行政行为发生的行政案件为共同诉讼。由于该行政行为不能分割，法院予以合并审理，故裁定将本案并入(2022)沪0106行初342号案件审理。

**第二十八条　【代表人诉讼】当事人一方人数众多的共同诉讼，可以由当事人推选代表人进行诉讼。代表人的诉讼行为对其所代表的当事人发生效力，但代表人变更、放弃诉讼请求或者承认对方当事人的诉讼请求，应当经被代表的当事人同意。**

**对应司法解释**

**《最高人民法院关于适用〈中华人民共和国行政诉讼法〉的解释》（法释〔2018〕1号　自2018年2月8日起施行）**

第二十九条　行政诉讼法第二十八条规定的“人数众多”，一般指十人以上。

根据行政诉讼法第二十八条的规定，当事人一方人数众多的，由当事人推选代表人。当事人推选不出的，可以由人民法院在起诉的当事人中指定代表人。

行政诉讼法第二十八条规定的代表人为二至五人。代表人可以委托一至二人作为诉讼代理人。

## 条文应用提示

本条为“代表人诉讼”的相关规定，实践中大多是某个或某类行政行为影响到很多人，这个时候众多原告推选出若干代表出来进行诉讼。

本条规定的“人数众多”，一般指十人以上。当事人一方人数众多的，由当事人推选代表人二人至五人；当事人推选不出的，可以由人民法院在起诉的当事人中指定代表人。

**第二十九条　【诉讼第三人】公民、法人或者其他组织同被诉行政行为有利害关系但没有提起诉讼，或者同案件处理结果有利害关系的，可以作为第三人申请参加诉讼，或者由人民法院通知参加诉讼。**

**人民法院判决第三人承担义务或者减损第三人权益的，第三人有权依法提起上诉。**

**对应司法解释**

**《最高人民法院关于适用〈中华人民共和国行政诉讼法〉的解释》(法释〔2018〕1号　自2018年2月8日起施行)**

第三十条　行政机关的同一行政行为涉及两个以上利害关系人，其中一部分利害关系人对行政行为不服提起诉讼，人民法院应当通知没有起诉的其他利害关系人作为第三人参加诉讼。

与行政案件处理结果有利害关系的第三人，可以申请参加诉讼，或者由人民法院通知其参加诉讼。人民法院判决其承担义务或者减损其权益的第三人，有权提出上诉或者申请再审。

行政诉讼法第二十九条规定的第三人，因不能归责于本人的事由未参加诉讼，但有证据证明发生法律效力的判决、裁定、调解书损害其合法权益的，可以依照行政诉讼法第九十条的规定，自知道或者应当知道其合法权益受到损害之日起六个月内，向上一级人民法院申请再审。

## 条文应用提示

行政机关的同一行政行为涉及两个以上利害关系人，其中一部分利害关系人对行政行为不服提起诉讼，人民法院应当通知没有起诉的其他利害关系人作为第三人参加诉讼。

与行政案件处理结果有利害关系的第三人，可以申请参加诉讼，或者由人民法院通知其参加诉讼。人民法院判决其承担义务或者减损其权益的第三人，有权提出上诉或者申请再审。

本条规定的第三人，因不能归责于本人的事由未参加诉讼，但有证据证明发生法律效力的判决、裁定、调解书损害其合法权益的，可以依照《行政诉讼法》第九十条的规定，自知道或者应当知道其合法权益受到损害之日起六个月内，向上一级人民法院申请再审。

## 典型案例参考

**李某某诉某县人民政府及县林业局林业行政赔偿案**(最高人民法院2022年3月21日发布行政赔偿案件参考案例)

**【裁判要旨】**由于第三人提供虚假材料，导致行政机关作出的行政行为违法，造成公民、法人或者其他组织损害的，人民法院应当根据违法行政行为在损害发生和结果中的作用大小，确定行政机关承担相应的行政赔偿责任。

**【基本案情】**李某某与袁某结婚后与村民干某等人签订《土地承包合同》并办理公证，承包干某等人山地共82亩并种植了杉树。之后，李某某与袁某协议离婚，82亩杉树归李某某所有。2010年6月23日，袁某将82亩种植杉树出售给范某和黄某。2010年7月12日，范某以他人名义提交砍伐申请，某县林业局向范某发放了81号《林木采伐许可证》。2011年11月22日，李某某以颁发林木采伐许可证的行政行为违法为由，向某县人民政府提交《国家赔偿违法确认申请书》，请求撤销81号《林木采伐许可证》，并要求某县林业局赔偿损失共计120万元。某县人民政府作出复议决定：(1)撤销81号《林木采伐许可证》。(2)范某未经李某某等人的授权，私自进行砍伐，属于个人行为，不属于国家赔偿范畴。李某某诉至法院，请求判令某县林业局赔偿其经济损失120万元；某县人民政府与某县林业局承担连带赔偿责任。

**【裁判结果】**一审、二审法院认为，某县林业局履行了必要的审查义务，该行政行为并无不妥。虽然81号《林木采伐许可证》后被某县人民政府撤销，但撤销的原因系范某冒用权利人名义申请所为，而非某县林业局违法审查所致。故判决驳回李某某的诉讼请求。李某某不服，向最高人民法院申请再审。最高人民法院经审查认为，某县林业局在颁发涉诉林木采伐许可证时未依照法定程序尽到审慎合理的审查义务，颁证行为违法。某县林业局的违法颁证行为与范某提供虚假材料申办林木采伐许可证及其私自砍伐林木的民事侵权行为共同致使李某某财产损失，某县林业局应根据其违法行为在损害过程和结果中所起作用承担相应的赔偿责任。

**第三十条 【法定代理人】没有诉讼行为能力的公民，由其法定代理人代为诉讼。法定代理人互相推诿代理责任的，由人民法院指定其中一人代为诉讼。**

## 条文应用提示

诉讼行为能力的认定，原则上应当参照民法上对于民事行为能力的规定。未成年人、精神病人、不能辨认自己行为的成年人等，是不具备诉讼能力的。无民事行为能力人、限制民事行为能力人的监护人是其法定代理人。

## 关联法律法规

**《中华人民共和国民法典》(2020年5月28日第十三届全国人民代表大会第三次会议通过　自2021年1月1日起实施)**

第二十条　不满八周岁的未成年人为无民事行为能力人，由其法定代理人代理实施民事法律行为。

第二十一条　不能辨认自己行为的成年人为无民事行为能力人，由其法定代理人代理实施民事法律行为。

八周岁以上的未成年人不能辨认自己行为的，适用前款规定。

第二十二条　不能完全辨认自己行为的成年人为限制民事行为能力人，实施民事法律行为由其法定代理人代理或者经其法定代理人同意、追认；但是，可以独立实施纯获利益的民事法律行为或者与其智力、精神健康状况相适应的民事法律行为。

第二十三条　无民事行为能力人、限制民事行为能力人的监护人是其法定代理人。

**第三十一条　【委托代理人】当事人、法定代理人，可以委托一至二人作为诉讼代理人。**

**下列人员可以被委托为诉讼代理人：**

**（一）律师、基层法律服务工作者；**

**（二）当事人的近亲属或者工作人员；**

**（三）当事人所在社区、单位以及有关社会团体推荐的公民。**

**对应司法解释**

**《最高人民法院关于适用〈中华人民共和国行政诉讼法〉的解释》(法释〔2018〕1号　自2018年2月8日起施行)**

第三十一条　当事人委托诉讼代理人，应当向人民法院提交由委托人签名或者盖章的授权委托书。委托书应当载明委托事项和具体权限。公民在特殊情况下无法书面委托的，也可以由他人代书，并由自己捺印等方式确认，人民法院应当核实并记录在卷；被诉行政机关或者其他有义务协助的机关拒绝人民法院向被限制人身自由的公民核实的,视为委托成立。当事人解除或者变更委托的,应当书面报告人民法院。

第三十二条　依照行政诉讼法第三十一条第二款第二项规定,与当事人有合法劳动人事关系的职工,可以当事人工作人员的名义作为诉讼代理人。以当事人的工作人员身份参加诉讼活动,应当提交以下证据之一加以证明:

(一)缴纳社会保险记录凭证;

(二)领取工资凭证;

(三)其他能够证明其为当事人工作人员身份的证据。

第三十三条　根据行政诉讼法第三十一条第二款第三项规定,有关社会团体推荐公民担任诉讼代理人的,应当符合下列条件:

(一)社会团体属于依法登记设立或者依法免予登记设立的非营利性法人组织;

(二)被代理人属于该社会团体的成员,或者当事人一方住所地位于该社会团体的活动地域;

(三)代理事务属于该社会团体章程载明的业务范围;

(四)被推荐的公民是该社会团体的负责人或者与该社会团体有合法劳动人事关系的工作人员。

专利代理人经中华全国专利代理人协会推荐,可以在专利行政案件中担任诉讼代理人。

## 条文应用提示

当事人虽然对案件事实足够了解,但可能因为缺乏相关法律知识而陷入被动局面。实践中,越来越多的当事人选择委托律师或者基层法律服务工作者作为其诉讼代理人参与诉讼。

律师、基层法律服务工作者作为提供专业法律服务的人,具备专业法律知识,了解诉讼流程,可以帮助当事人制定正确的诉讼策略,进行举证,并代表当事人在庭审中有理有序地展开代理工作。

除律师和基层法律服务工作者外,我国对公民代理有一定的限制。其他人要参加到诉讼中,必须是(1)当事人的近亲属或者工作人员,或者是(2)当事人所在社区、单位以及有关社会团体推荐的公民,而并非任何人都可以接受当事人或者其法定代理人的委托成为诉讼代理人。

对于有关社会团体推荐的公民担任诉讼代理人的，应当符合下列条件：

(1)社会团体属于依法登记设立或者依法免予登记设立的非营利性法人组织；(2)被代理人属于该社会团体的成员，或者当事人一方住所地位于该社会团体的活动地域；(3)代理事务属于该社会团体章程载明的业务范围；(4)被推荐的公民是该社会团体的负责人或者与该社会团体有合法劳动人事关系的工作人员。比如，专利代理人经中华全国专利代理人协会推荐，可以在专利行政案件中担任诉讼代理人。

**第三十二条　【当事人及诉讼代理人权利】代理诉讼的律师，有权按照规定查阅、复制本案有关材料，有权向有关组织和公民调查，收集与本案有关的证据。对涉及国家秘密、商业秘密和个人隐私的材料，应当依照法律规定保密。**

**当事人和其他诉讼代理人有权按照规定查阅、复制本案庭审材料，但涉及国家秘密、商业秘密和个人隐私的内容除外。**

## 条文应用提示

本条是关于当事人及其诉讼代理人相关权利的规定，其中主要包括查阅、复制相关材料的权利，向有关组织和公民调查收集证据的权利。在诉讼中，调查取证的权利是一项非常重要的权利。作为代理律师，一定要善用调查取证权。

需要强调的是，《行政诉讼法》规定人民法院有权调取证据，而调取证据的启动方式有两种，即依职权主动调取和经当事人申请调取。在行政诉讼中调取证据的基本取向是限制主动调取，一般情况下是由当事人申请调取；在申请调取证据上尽量控制调取的范围，只有确有必要时才准予调取。因为被诉行政行为应该是在“先取证、后裁决”的情况下作出的，行政机关负有证明自己行政行为合法性的举证责任，行政诉讼主要是审查作出具体行政行为的证据和依据，通常无须调取更多的证据；行政诉讼也是以被告举证为原则，以原告及第三人调取证据为辅助，以法院调取证据为例外，不宜扩张调取证据的范围。

此外,当事人及其代理人有权查阅、复制的相关材料包括但不限于证据材料、庭审记录、起诉状、答辩状等。当事人及其代理人有权依照法律规定查阅、复制相关材料。

# 第五章　证　　据

第三十三条　【证据种类】证据包括：

（一）书证；

（二）物证；

（三）视听资料；

（四）电子数据；

（五）证人证言；

（六）当事人的陈述；

（七）鉴定意见；

（八）勘验笔录、现场笔录。

以上证据经法庭审查属实，才能作为认定案件事实的根据。

## 条文应用提示

本条是关于行政诉讼中证据种类的相关规定。我们常说，打官司就是打证据，所以一定要注意收集证据、展示证据，以及对对方证据的质证，用证据来呈现案件事实。

行政诉讼证据跟民事诉讼证据一样，分为八大类。具体包括：

1. 书证，是指以文字、符号所记录或者表达的思想内容来证明案件事实的文书，如行政处罚决定书、罚款单据等。书证是重要的案件证据，往往能够直接证明案件的主要事实。

2. 物证，是指用外形、特征、质量等说明案件事实的部分或者全部的物品。物证是独立于人们主观意志以外的客观事物，具有较强的客观性、特定性和不可替代性。

3. 视听资料，是指运用录音、录像等科学技术手段记录下来的有关案件事实和材料，如用录音机录制的当事人的谈话、用摄像机拍摄的当事人影像及其活动等。

4. 电子数据,是指以数字化形式存储、处理、传输的数据。现在电子数据运用非常广泛,务必要引起重视。

5. 证人证言,是指证人以口头或者书面方式向人民法院所作的对案件事实的陈述。

6. 当事人的陈述,是指当事人就自己所经历的案件事实,向人民法院所作的叙述、承认和陈词。

7. 鉴定意见,是指鉴定机构或者人民法院指定具有专门知识或者技能的人,对行政案件中出现的专门性问题,通过分析、检验、鉴别等方式作出的书面意见。这里要强调的是,之前“鉴定意见”被称为“鉴定结论”,在诉讼中出现一些“以鉴代审”的情况,所以从名称上将“结论”变为“意见”,也是强调它只是证据的一种形式,一样要经过质证才能作为定案证据进而被采纳。

8. 勘验笔录、现场笔录。勘验笔录,是指人民法院对能够证明案件事实的现场或者不能、不便拿到人民法院的物证,就地进行分析、检验、勘查后作出的记录。现场笔录,是指行政机关对行政违法行为当场处理而制作的文字记载材料。

诉讼中,我们经常遇到对微信聊天记录的举证。那么微信聊天记录属于什么证据类型?《最高人民法院关于民事诉讼证据的若干规定》中明确规定,即时通信、微博、电子邮件、电子交易记录等,均属于电子数据;当事人以电子数据作为证据的,应当提供原件。微信聊天记录属于即时通信,故微信聊天记录为电子证据。原始载体包括储存有电子数据的手机、计算机或者其他电子设备等。当事人在提交微信聊天记录时,要提供使用终端设备登录本方微信账户的过程演示,聊天双方的个人信息界面,以及完整的聊天记录。

电子证据作为新型的证据形式,相对传统的证据来说可篡改性比较大,因此,如果想将微信聊天记录作为证据使用,在无其他证据佐证的情况下,要注意以下三点:第一,一定要提供原始载体;第二,要证实微信聊天的对方就是案件对方当事人,即要证明对方当事人是该微信号的使用者;第三,原始载体上的聊天记录应当保持完整性,不能随意选择删除,否则完整性将被质疑,可能导致证据不被采信。

行政诉讼中,行政执法机关提供视听资料是比较常见的,比如,公安机关在执法过程中,必须使用执法记录仪器。我们认为,公安机关执法记录仪的视频录像系报案出警过程中形成的材料,属于视听资料。公安机关接处警行为属于行政行为,警察使用执法记录仪记录现场情况属于采集固定证据。执法记录仪具有同步录音录像功能,对一些瞬间灭失的违法事实可以及时取证固定,在现场执法中至关重要,既可以监督规范执法人员执法行为,保障执法人员合法权益,同时也对执法相对人以及一些违法分子产生震慑作用。执法记录仪所记录的能证明案件违法事实的录音、录像、照片、图片等证据,显然就是证据种类中的视听资料。

## 关联法律法规

**《最高人民法院关于行政诉讼证据若干问题的规定》(法释〔2002〕21号 自2002年10月1日起施行)**

为准确认定案件事实,公正、及时地审理行政案件,根据《中华人民共和国行政诉讼法》(以下简称行政诉讼法)等有关法律规定,结合行政审判实际,制定本规定。

**一、举证责任分配和举证期限**

第一条 根据行政诉讼法第三十二条和第四十三条的规定,被告对作出的具体行政行为负有举证责任,应当在收到起诉状副本之日起十日内,提供据以作出被诉具体行政行为的全部证据和所依据的规范性文件。被告不提供或者无正当理由逾期提供证据的,视为被诉具体行政行为没有相应的证据。

被告因不可抗力或者客观上不能控制的其他正当事由,不能在前款规定的期限内提供证据的,应当在收到起诉状副本之日起十日内向人民法院提出延期提供证据的书面申请。人民法院准许延期提供的,被告应当在正当事由消除后十日内提供证据。逾期提供的,视为被诉具体行政行为没有相应的证据。

第二条 原告或者第三人提出其在行政程序中没有提出的反驳理由或者证据的,经人民法院准许,被告可以在第一审程序中补充相应的证据。

第三条 根据行政诉讼法第三十三条的规定,在诉讼过程中,被告及其诉讼代理人不得自行向原告和证人收集证据。

第四条 公民、法人或者其他组织向人民法院起诉时,应当提供其符合起诉条件的相应的证据材料。

在起诉被告不作为的案件中,原告应当提供其在行政程序中曾经提出申请的证据材料。但有下列情形的除外:

(一)被告应当依职权主动履行法定职责的;

(二)原告因被告受理申请的登记制度不完备等正当事由不能提供相关证据材料并能够作出合理说明的。

被告认为原告起诉超过法定期限的,由被告承担举证责任。

第五条 在行政赔偿诉讼中,原告应当对被诉具体行政行为造成损害的事实提供证据。

第六条 原告可以提供证明被诉具体行政行为违法的证据。原告提供的证据不成立的,不免除被告对被诉具体行政行为合法性的举证责任。

第七条 原告或者第三人应当在开庭审理前或者人民法院指定的交换证据之日提供证据。因正当事由申请延期提供证据的,经人民法院准许,可以在法庭调查中提供。逾期提供证据的,视为放弃举证权利。

原告或者第三人在第一审程序中无正当事由未提供而在第二审程序中提供的证据,人民法院不予接纳。

第八条 人民法院向当事人送达受理案件通知书或者应诉通知书时,应当告知其举证范围、举证期限和逾期提供证据的法律后果,并告知因正当事由不能按期提供证据时应当提出延期提供证据的申请。

第九条 根据行政诉讼法第三十四条第一款的规定,人民法院有权要求当事人提供或者补充证据。

对当事人无争议,但涉及国家利益、公共利益或者他人合法权益的事实,人民法院可以责令当事人提供或者补充有关证据。

## 二、提供证据的要求

第十条 根据行政诉讼法第三十一条第一款第(一)项的规定,当事人向人民法院提供书证的,应当符合下列要求:

(一)提供书证的原件,原本、正本和副本均属于书证的原件。提供原件确有困难的,可以提供与原件核对无误的复印件、照片、节录本;

(二)提供由有关部门保管的书证原件的复制件、影印件或者抄录件

的,应当注明出处,经该部门核对无异后加盖其印章;

(三)提供报表、图纸、会计帐册、专业技术资料、科技文献等书证的,应当附有说明材料;

(四)被告提供的被诉具体行政行为所依据的询问、陈述、谈话类笔录,应当有行政执法人员、被询问人、陈述人、谈话人签名或者盖章。

法律、法规、司法解释和规章对书证的制作形式另有规定的,从其规定。

第十一条　根据行政诉讼法第三十一条第一款第(二)项的规定,当事人向人民法院提供物证的,应当符合下列要求:

(一)提供原物。提供原物确有困难的,可以提供与原物核对无误的复制件或者证明该物证的照片、录像等其他证据;

(二)原物为数量较多的种类物的,提供其中的一部分。

第十二条　根据行政诉讼法第三十一条第一款第(三)项的规定,当事人向人民法院提供计算机数据或者录音、录像等视听资料的,应当符合下列要求:

(一)提供有关资料的原始载体。提供原始载体确有困难的,可以提供复制件;

(二)注明制作方法、制作时间、制作人和证明对象等;

(三)声音资料应当附有该声音内容的文字记录。

第十三条　根据行政诉讼法第三十一条第一款第(四)项的规定,当事人向人民法院提供证人证言的,应当符合下列要求:

(一)写明证人的姓名、年龄、性别、职业、住址等基本情况;

(二)有证人的签名,不能签名的,应当以盖章等方式证明;

(三)注明出具日期;

(四)附有居民身份证复印件等证明证人身份的文件。

第十四条　根据行政诉讼法第三十一条第一款第(六)项的规定,被告向人民法院提供的在行政程序中采用的鉴定结论,应当载明委托人和委托鉴定的事项、向鉴定部门提交的相关材料、鉴定的依据和使用的科学技术手段、鉴定部门和鉴定人鉴定资格的说明,并应有鉴定人的签名和鉴定部门的盖章。通过分析获得的鉴定结论,应当说明分析过程。

第十五条　根据行政诉讼法第三十一条第一款第(七)项的规定,被告向人民法院提供的现场笔录,应当载明时间、地点和事件等内容,并由执法人员和当事人签名。当事人拒绝签名或者不能签名的,应当注明原因。有其他人在现场的,可由其他人签名。

法律、法规和规章对现场笔录的制作形式另有规定的,从其规定。

第十六条 当事人向人民法院提供的在中华人民共和国领域外形成的证据,应当说明来源,经所在国公证机关证明,并经中华人民共和国驻该国使领馆认证,或者履行中华人民共和国与证据所在国订立的有关条约中规定的证明手续。

当事人提供的在中华人民共和国香港特别行政区、澳门特别行政区和台湾地区内形成的证据,应当具有按照有关规定办理的证明手续。

第十七条 当事人向人民法院提供外文书证或者外国语视听资料的,应当附有由具有翻译资质的机构翻译的或者其他翻译准确的中文译本,由翻译机构盖章或者翻译人员签名。

第十八条 证据涉及国家秘密、商业秘密或者个人隐私的,提供人应当作出明确标注,并向法庭说明,法庭予以审查确认。

第十九条 当事人应当对其提交的证据材料分类编号,对证据材料的来源、证明对象和内容作简要说明,签名或者盖章,注明提交日期。

第二十条 人民法院收到当事人提交的证据材料,应当出具收据,注明证据的名称、份数、页数、件数、种类等以及收到的时间,由经办人员签名或者盖章。

第二十一条 对于案情比较复杂或者证据数量较多的案件,人民法院可以组织当事人在开庭前向对方出示或者交换证据,并将交换证据的情况记录在卷。

## 三、调取和保全证据

第二十二条 根据行政诉讼法第三十四条第二款的规定,有下列情形之一的,人民法院有权向有关行政机关以及其他组织、公民调取证据:

(一)涉及国家利益、公共利益或者他人合法权益的事实认定的;

(二)涉及依职权追加当事人、中止诉讼、终结诉讼、回避等程序性事项的。

第二十三条 原告或者第三人不能自行收集,但能够提供确切线索的,可以申请人民法院调取下列证据材料:

(一)由国家有关部门保存而须由人民法院调取的证据材料;

(二)涉及国家秘密、商业秘密、个人隐私的证据材料;

(三)确因客观原因不能自行收集的其他证据材料。

人民法院不得为证明被诉具体行政行为的合法性,调取被告在作出具体行政行为时未收集的证据。

第二十四条　当事人申请人民法院调取证据的,应当在举证期限内提交调取证据申请书。

调取证据申请书应当写明下列内容:

(一)证据持有人的姓名或者名称、住址等基本情况;

(二)拟调取证据的内容;

(三)申请调取证据的原因及其要证明的案件事实。

第二十五条　人民法院对当事人调取证据的申请,经审查符合调取证据条件的,应当及时决定调取;不符合调取证据条件的,应当向当事人或者其诉讼代理人送达通知书,说明不准许调取的理由。当事人及其诉讼代理人可以在收到通知书之日起三日内向受理申请的人民法院书面申请复议一次。

人民法院应当在收到复议申请之日起五日内作出答复。人民法院根据当事人申请,经调取未能取得相应证据的,应当告知申请人并说明原因。

第二十六条　人民法院需要调取的证据在异地的,可以书面委托证据所在地人民法院调取。受托人民法院应当在收到委托书后,按照委托要求及时完成调取证据工作,送交委托人民法院。受托人民法院不能完成委托内容的,应当告知委托的人民法院并说明原因。

第二十七条　当事人根据行政诉讼法第三十六条的规定向人民法院申请保全证据的,应当在举证期限届满前以书面形式提出,并说明证据的名称和地点、保全的内容和范围、申请保全的理由等事项。

当事人申请保全证据的,人民法院可以要求其提供相应的担保。

法律、司法解释规定诉前保全证据的,依照其规定办理。

第二十八条　人民法院依照行政诉讼法第三十六条规定保全证据的,可以根据具体情况,采取查封、扣押、拍照、录音、录像、复制、鉴定、勘验、制作询问笔录等保全措施。

人民法院保全证据时,可以要求当事人或者其诉讼代理人到场。

第二十九条　原告或者第三人有证据或者有正当理由表明被告据以认定案件事实的鉴定结论可能有错误,在举证期限内书面申请重新鉴定的,人民法院应予准许。

第三十条　当事人对人民法院委托的鉴定部门作出的鉴定结论有异议申请重新鉴定,提出证据证明存在下列情形之一的,人民法院应予准许:

(一)鉴定部门或者鉴定人不具有相应的鉴定资格的;

(二)鉴定程序严重违法的;

(三)鉴定结论明显依据不足的;

(四)经过质证不能作为证据使用的其他情形。

对有缺陷的鉴定结论,可以通过补充鉴定、重新质证或者补充质证等方式解决。

第三十一条　对需要鉴定的事项负有举证责任的当事人,在举证期限内无正当理由不提出鉴定申请、不预交鉴定费用或者拒不提供相关材料,致使对案件争议的事实无法通过鉴定结论予以认定的,应当对该事实承担举证不能的法律后果。

第三十二条　人民法院对委托或者指定的鉴定部门出具的鉴定书,应当审查是否具有下列内容:

(一)鉴定的内容;

(二)鉴定时提交的相关材料;

(三)鉴定的依据和使用的科学技术手段;

(四)鉴定的过程;

(五)明确的鉴定结论;

(六)鉴定部门和鉴定人鉴定资格的说明;

(七)鉴定人及鉴定部门签名盖章。

前款内容欠缺或者鉴定结论不明确的,人民法院可以要求鉴定部门予以说明、补充鉴定或者重新鉴定。

第三十三条　人民法院可以依当事人申请或者依职权勘验现场。

勘验现场时,勘验人必须出示人民法院的证件,并邀请当地基层组织或者当事人所在单位派人参加。当事人或其成年亲属应当到场,拒不到场的,不影响勘验的进行,但应当在勘验笔录中说明情况。

第三十四条　审判人员应当制作勘验笔录,记载勘验的时间、地点、勘验人、在场人、勘验的经过和结果,由勘验人、当事人、在场人签名。

勘验现场时绘制的现场图,应当注明绘制的时间、方位、绘制人姓名和身份等内容。

当事人对勘验结论有异议的,可以在举证期限内申请重新勘验,是否准许由人民法院决定。

## 四、证据的对质辨认和核实

第三十五条　证据应当在法庭上出示,并经庭审质证。未经庭审质证的证据,不能作为定案的依据。

当事人在庭前证据交换过程中没有争议并记录在卷的证据,经审判人员在庭审中说明后,可以作为认定案件事实的依据。

第三十六条　经合法传唤,因被告无正当理由拒不到庭而需要依法缺席判决的,被告提供的证据不能作为定案的依据,但当事人在庭前交换证据中没有争议的证据除外。

第三十七条　涉及国家秘密、商业秘密和个人隐私或者法律规定的其他应当保密的证据,不得在开庭时公开质证。

第三十八条　当事人申请人民法院调取的证据,由申请调取证据的当事人在庭审中出示,并由当事人质证。

人民法院依职权调取的证据,由法庭出示,并可就调取该证据的情况进行说明,听取当事人意见。

第三十九条　当事人应当围绕证据的关联性、合法性和真实性,针对证据有无证明效力以及证明效力大小,进行质证。

经法庭准许,当事人及其代理人可以就证据问题相互发问,也可以向证人、鉴定人或者勘验人发问。

当事人及其代理人相互发问,或者向证人、鉴定人、勘验人发问时,发问的内容应当与案件事实有关联,不得采用引诱、威胁、侮辱等语言或者方式。

第四十条　对书证、物证和视听资料进行质证时,当事人应当出示证据的原件或者原物。但有下列情况之一的除外:

(一)出示原件或者原物确有困难并经法庭准许可以出示复制件或者

复制品；

（二）原件或者原物已不存在，可以出示证明复制件、复制品与原件、原物一致的其他证据。

视听资料应当当庭播放或者显示，并由当事人进行质证。

第四十一条 凡是知道案件事实的人，都有出庭作证的义务。有下列情形之一的，经人民法院准许，当事人可以提交书面证言：

（一）当事人在行政程序或者庭前证据交换中对证人证言无异议的；

（二）证人因年迈体弱或者行动不便无法出庭的；

（三）证人因路途遥远、交通不便无法出庭的；

（四）证人因自然灾害等不可抗力或者其他意外事件无法出庭的；

（五）证人因其他特殊原因确实无法出庭的。

第四十二条 不能正确表达意志的人不能作证。

根据当事人申请，人民法院可以就证人能否正确表达意志进行审查或者交由有关部门鉴定。必要时，人民法院也可以依职权交由有关部门鉴定。

第四十三条 当事人申请证人出庭作证的，应当在举证期限届满前提出，并经人民法院许可。人民法院准许证人出庭作证的，应当在开庭审理前通知证人出庭作证。

当事人在庭审过程中要求证人出庭作证的，法庭可以根据审理案件的具体情况，决定是否准许以及是否延期审理。

第四十四条 有下列情形之一，原告或者第三人可以要求相关行政执法人员作为证人出庭作证：

（一）对现场笔录的合法性或者真实性有异议的；

（二）对扣押财产的品种或者数量有异议的；

（三）对检验的物品取样或者保管有异议的；

（四）对行政执法人员的身份的合法性有异议的；

（五）需要出庭作证的其他情形。

第四十五条 证人出庭作证时，应当出示证明其身份的证件。法庭应当告知其诚实作证的法律义务和作伪证的法律责任。

出庭作证的证人不得旁听案件的审理。法庭询问证人时，其他证人不得在场，但组织证人对质的除外。

第四十六条 证人应当陈述其亲历的具体事实。证人根据其经历所作的判断、推测或者评论,不能作为定案的依据。

第四十七条 当事人要求鉴定人出庭接受询问的,鉴定人应当出庭。鉴定人因正当事由不能出庭的,经法庭准许,可以不出庭,由当事人对其书面鉴定结论进行质证。

鉴定人不能出庭的正当事由,参照本规定第四十一条的规定。

对于出庭接受询问的鉴定人,法庭应当核实其身份、与当事人及案件的关系,并告知鉴定人如实说明鉴定情况的法律义务和故意作虚假说明的法律责任。

第四十八条 对被诉具体行政行为涉及的专门性问题,当事人可以向法庭申请由专业人员出庭进行说明,法庭也可以通知专业人员出庭说明。必要时,法庭可以组织专业人员进行对质。

当事人对出庭的专业人员是否具备相应专业知识、学历、资历等专业资格等有异议的,可以进行询问。由法庭决定其是否可以作为专业人员出庭。

专业人员可以对鉴定人进行询问。

第四十九条 法庭在质证过程中,对与案件没有关联的证据材料,应予排除并说明理由。

法庭在质证过程中,准许当事人补充证据的,对补充的证据仍应进行质证。

法庭对经过庭审质证的证据,除确有必要外,一般不再进行质证。

第五十条 在第二审程序中,对当事人依法提供的新的证据,法庭应当进行质证;当事人对第一审认定的证据仍有争议的,法庭也应当进行质证。

第五十一条 按照审判监督程序审理的案件,对当事人依法提供的新的证据,法庭应当进行质证;因原判决、裁定认定事实的证据不足而提起再审所涉及的主要证据,法庭也应当进行质证。

第五十二条 本规定第五十条和第五十一条中的“新的证据”是指以下证据:

(一)在一审程序中应当准予延期提供而未获准许的证据;

(二)当事人在一审程序中依法申请调取而未获准许或者未取得,人民法院在第二审程序中调取的证据；

（三）原告或者第三人提供的在举证期限届满后发现的证据。

## 五、证据的审核认定

第五十三条 人民法院裁判行政案件，应当以证据证明的案件事实为依据。

第五十四条 法庭应当对经过庭审质证的证据和无需质证的证据进行逐一审查和对全部证据综合审查，遵循法官职业道德，运用逻辑推理和生活经验，进行全面、客观和公正地分析判断，确定证据材料与案件事实之间的证明关系，排除不具有关联性的证据材料，准确认定案件事实。

第五十五条 法庭应当根据案件的具体情况，从以下方面审查证据的合法性：

（一）证据是否符合法定形式；

（二）证据的取得是否符合法律、法规、司法解释和规章的要求；

（三）是否有影响证据效力的其他违法情形。

第五十六条 法庭应当根据案件的具体情况，从以下方面审查证据的真实性：

（一）证据形成的原因；

（二）发现证据时的客观环境；

（三）证据是否为原件、原物，复制件、复制品与原件、原物是否相符；

（四）提供证据的人或者证人与当事人是否具有利害关系；

（五）影响证据真实性的其他因素。

第五十七条 下列证据材料不能作为定案依据：

（一）严重违反法定程序收集的证据材料；

（二）以偷拍、偷录、窃听等手段获取侵害他人合法权益的证据材料；

（三）以利诱、欺诈、胁迫、暴力等不正当手段获取的证据材料；

（四）当事人无正当事由超出举证期限提供的证据材料；

（五）在中华人民共和国领域以外或者在中华人民共和国香港特别行政区、澳门特别行政区和台湾地区形成的未办理法定证明手续的证据材料；

（六）当事人无正当理由拒不提供原件、原物，又无其他证据印证，且对方当事人不予认可的证据的复制件或者复制品；

(七)被当事人或者他人进行技术处理而无法辨明真伪的证据材料;

(八)不能正确表达意志的证人提供的证言;

(九)不具备合法性和真实性的其他证据材料。

第五十八条 以违反法律禁止性规定或者侵犯他人合法权益的方法取得的证据,不能作为认定案件事实的依据。

第五十九条 被告在行政程序中依照法定程序要求原告提供证据,原告依法应当提供而拒不提供,在诉讼程序中提供的证据,人民法院一般不予采纳。

第六十条 下列证据不能作为认定被诉具体行政行为合法的依据:

(一)被告及其诉讼代理人在作出具体行政行为后或者在诉讼程序中自行收集的证据;

(二)被告在行政程序中非法剥夺公民、法人或者其他组织依法享有的陈述、申辩或者听证权利所采用的证据;

(三)原告或者第三人在诉讼程序中提供的、被告在行政程序中未作为具体行政行为依据的证据。

第六十一条 复议机关在复议程序中收集和补充的证据,或者作出原具体行政行为的行政机关在复议程序中未向复议机关提交的证据,不能作为人民法院认定原具体行政行为合法的依据。

第六十二条 对被告在行政程序中采纳的鉴定结论,原告或者第三人提出证据证明有下列情形之一的,人民法院不予采纳:

(一)鉴定人不具备鉴定资格;

(二)鉴定程序严重违法;

(三)鉴定结论错误、不明确或者内容不完整。

第六十三条 证明同一事实的数个证据,其证明效力一般可以按照下列情形分别认定:

(一)国家机关以及其他职能部门依职权制作的公文文书优于其他书证;

(二)鉴定结论、现场笔录、勘验笔录、档案材料以及经过公证或者登记的书证优于其他书证、视听资料和证人证言;

(三)原件、原物优于复制件、复制品;

(四)法定鉴定部门的鉴定结论优于其他鉴定部门的鉴定结论;

（五）法庭主持勘验所制作的勘验笔录优于其他部门主持勘验所制作的勘验笔录；

（六）原始证据优于传来证据；

（七）其他证人证言优于与当事人有亲属关系或者其他密切关系的证人提供的对该当事人有利的证言；

（八）出庭作证的证人证言优于未出庭作证的证人证言；

（九）数个种类不同、内容一致的证据优于一个孤立的证据。

第六十四条　以有形载体固定或者显示的电子数据交换、电子邮件以及其他数据资料，其制作情况和真实性经对方当事人确认，或者以公证等其他有效方式予以证明的，与原件具有同等的证明效力。

第六十五条　在庭审中一方当事人或者其代理人在代理权限范围内对另一方当事人陈述的案件事实明确表示认可的，人民法院可以对该事实予以认定。但有相反证据足以推翻的除外。

第六十六条　在行政赔偿诉讼中，人民法院主持调解时当事人为达成调解协议而对案件事实的认可，不得在其后的诉讼中作为对其不利的证据。

第六十七条　在不受外力影响的情况下，一方当事人提供的证据，对方当事人明确表示认可的，可以认定该证据的证明效力；对方当事人予以否认，但不能提供充分的证据进行反驳的，可以综合全案情况审查认定该证据的证明效力。

第六十八条　下列事实法庭可以直接认定：

（一）众所周知的事实；

（二）自然规律及定理；

（三）按照法律规定推定的事实；

（四）已经依法证明的事实；

（五）根据日常生活经验法则推定的事实。

前款（一）、（三）、（四）、（五）项，当事人有相反证据足以推翻的除外。

第六十九条　原告确有证据证明被告持有的证据对原告有利，被告无正当事由拒不提供的，可以推定原告的主张成立。

第七十条　生效的人民法院裁判文书或者仲裁机构裁决文书确认的事实，可以作为定案依据。但是如果发现裁判文书或者裁决文书认定的事实有重大问题的,应当中止诉讼,通过法定程序予以纠正后恢复诉讼。

第七十一条 下列证据不能单独作为定案依据:

(一)未成年人所作的与其年龄和智力状况不相适应的证言;

(二)与一方当事人有亲属关系或者其他密切关系的证人所作的对该当事人有利的证言,或者与一方当事人有不利关系的证人所作的对该当事人不利的证言;

(三)应当出庭作证而无正当理由不出庭作证的证人证言;

(四)难以识别是否经过修改的视听资料;

(五)无法与原件、原物核对的复制件或者复制品;

(六)经一方当事人或者他人改动,对方当事人不予认可的证据材料;

(七)其他不能单独作为定案依据的证据材料。

第七十二条 庭审中经过质证的证据,能够当庭认定的,应当当庭认定;不能当庭认定的,应当在合议庭合议时认定。

人民法院应当在裁判文书中阐明证据是否采纳的理由。

第七十三条 法庭发现当庭认定的证据有误,可以按照下列方式纠正:

(一)庭审结束前发现错误的,应当重新进行认定;

(二)庭审结束后宣判前发现错误的,在裁判文书中予以更正并说明理由,也可以再次开庭予以认定;

(三)有新的证据材料可能推翻已认定的证据的,应当再次开庭予以认定。

## 六、附　　则

第七十四条 证人、鉴定人及其近亲属的人身和财产安全受法律保护。

人民法院应当对证人、鉴定人的住址和联系方式予以保密。

第七十五条 证人、鉴定人因出庭作证或者接受询问而支出的合理费用,由提供证人、鉴定人的一方当事人先行支付,由败诉一方当事人承担。

第七十六条 证人、鉴定人作伪证的,依照行政诉讼法第四十九条第一款第(二)项的规定追究其法律责任。

第七十七条 诉讼参与人或者其他人有对审判人员或者证人、鉴定人、勘验人及其近亲属实施威胁、侮辱、殴打、骚扰或者打击报复等妨碍行政诉讼行为的,依照行政诉讼法第四十九条第一款第(三)项、第(五)项或者第(六)项的规定追究其法律责任。

第七十八条 对应当协助调取证据的单位和个人,无正当理由拒不履行协助义务的,依照行政诉讼法第四十九条第一款第(五)项的规定追究其法律责任。

第七十九条 本院以前有关行政诉讼的司法解释与本规定不一致的,以本规定为准。

第八十条 本规定自2002年10月1日起施行。

**第三十四条 【被告举证责任】被告对作出的行政行为负有举证责任,应当提供作出该行政行为的证据和所依据的规范性文件。**

**被告不提供或者无正当理由逾期提供证据,视为没有相应证据。但是,被诉行政行为涉及第三人合法权益,第三人提供证据的除外。**

**对应司法解释**

**《最高人民法院关于适用〈中华人民共和国行政诉讼法〉的解释》(法释〔2018〕1号 自2018年2月8日起施行)**

第四十六条 原告或者第三人确有证据证明被告持有的证据对原告或者第三人有利的,可以在开庭审理前书面申请人民法院责令行政机关提交。

申请理由成立的,人民法院应当责令行政机关提交,因提交证据所产生的费用,由申请人预付。行政机关无正当理由拒不提交的,人民法院可以推定原告或者第三人基于该证据主张的事实成立。

持有证据的当事人以妨碍对方当事人使用为目的,毁灭有关证据或者实施其他致使证据不能使用行为的,人民法院可以推定对方当事人基于该证据主张的事实成立,并可依照行政诉讼法第五十九条规定处理。

## 条文应用提示

行政诉讼中,原告多为普通百姓或小企业主体,被告则是行政机关,所以俗称"民告官"。基于平衡双方权利义务的考虑,在举证问题上,相较于民事领域的"谁主张,谁举证",行政诉讼专门设计了"举证责任倒置"

的原则,要求由被告对自己作出的行政行为承担举证责任,具体包括提供:(1)作出该行政行为所依据的事实基础;(2)作出该行政行为的法律依据。

在行政诉讼中,作为被告的行政机关对具体行政行为的合法性负举证责任。举证责任包括提供证据责任、说服责任和不利后果承担责任。被告不提供或者无正当理由逾期提供证据的,视为被诉具体行政行为没有相应的证据。

## 关联法律法规

**1.《最高人民法院关于行政诉讼证据若干问题的规定》(法释〔2002〕21号　自2002年10月1日起施行)**

第六十条　下列证据不能作为认定被诉具体行政行为合法的依据:

(一)被告及其诉讼代理人在作出具体行政行为后或者在诉讼程序中自行收集的证据;

(二)被告在行政程序中非法剥夺公民、法人或者其他组织依法享有的陈述、申辩或者听证权利所采用的证据;

(三)原告或者第三人在诉讼程序中提供的、被告在行政程序中未作为具体行政行为依据的证据。

第六十一条　复议机关在复议程序中收集和补充的证据,或者作出原具体行政行为的行政机关在复议程序中未向复议机关提交的证据,不能作为人民法院认定原具体行政行为合法的依据。

**2.《最高人民法院关于审理政府信息公开行政案件若干问题的规定》(法释〔2011〕17号　自2011年8月13日起施行)**

第五条　被告拒绝向原告提供政府信息的,应当对拒绝的根据以及履行法定告知和说明理由义务的情况举证。

因公共利益决定公开涉及商业秘密、个人隐私政府信息的,被告应当对认定公共利益以及不公开可能对公共利益造成重大影响的理由进行举证和说明。

被告拒绝更正与原告相关的政府信息记录的,应当对拒绝的理由进行举证和说明。

被告能够证明政府信息涉及国家秘密,请求在诉讼中不予提交的,人民法院应当准许。

被告主张政府信息不存在,原告能够提供该政府信息系由被告制作或者保存的相关线索的,可以申请人民法院调取证据。

被告以政府信息与申请人自身生产、生活、科研等特殊需要无关为由不予提供的,人民法院可以要求原告对特殊需要事由作出说明。

原告起诉被告拒绝更正政府信息记录的,应当提供其向被告提出过更正申请以及政府信息与其自身相关且记录不准确的事实根据。

**3.《最高人民法院印发〈关于审理证券行政处罚案件证据若干问题的座谈会纪要〉的通知》(法〔2011〕225号 自2011年7月13日起施行)**

为进一步完善证券行政处罚案件的证据规则,推动证券监管机构依法行政,保护广大投资者合法权益,促进资本市场健康发展,最高人民法院对证券行政处罚案件证据运用中存在的突出问题进行了专题调研,在充分听取有关法院和部门意见并反复论证的基础上,根据《中华人民共和国行政诉讼法》、《中华人民共和国行政处罚法》和《中华人民共和国证券法》等法律规定,起草了证券行政处罚案件中有关证据问题的意见。2011年6月23日,最高人民法院会同有关部门在北京召开专题座谈会,对证券行政处罚案件中有关证据审查认定等问题形成共识。现将有关内容纪要如下:

一、关于证券行政处罚案件的举证问题

会议认为,监管机构根据行政诉讼法第三十二条、最高人民法院《关于行政诉讼证据若干问题的规定》第一条的规定,对作出的被诉行政处罚决定承担举证责任。人民法院在审理证券行政处罚案件时,也应当考虑到部分类型的证券违法行为的特殊性,由监管机构承担主要违法事实的证明责任,通过推定的方式适当向原告、第三人转移部分特定事实的证明责任。

监管机构在听证程序中书面明确告知行政相对人享有提供排除其涉嫌违法行为证据的权利,行政相对人能够提供但无正当理由拒不提供,后又在诉讼中提供的,人民法院一般不予采纳。行政处罚相对人在行政程序中未提供但有正当理由,在诉讼中依照最高人民法院《关于行政诉讼证据若干问题的规定》提供的证据,人民法院应当采纳。

监管机构除依法向人民法院提供据以作出被诉行政处罚决定的证据

和依据外，还应当提交原告、第三人在行政程序中提供的证据材料。

**第三十五条　【行政机关收集证据的限制】在诉讼过程中，被告及其诉讼代理人不得自行向原告、第三人和证人收集证据。**

**对应司法解释**

**《最高人民法院关于适用〈中华人民共和国行政诉讼法〉的解释》(法释〔2018〕1号　自2018年2月8日起施行)**

第四十五条　被告有证据证明其在行政程序中依照法定程序要求原告或者第三人提供证据，原告或者第三人依法应当提供而没有提供，在诉讼程序中提供的证据，人民法院一般不予采纳。

## 条文应用提示

行政机关在作出行政行为时，就应该具备基本事实基础与相应的法律依据。进入行政诉讼之后，只是要求被告，即行政机关再次把这些决策依据拿出来，由司法机关予以审查，所以不应允许被告（包括其诉讼代理人）在诉讼阶段再调查取证，包括在诉讼过程中自行向原告、第三人和证人收集证据。

## 关联法律法规

**《最高人民法院关于行政诉讼证据若干问题的规定》(法释〔2002〕21号　自2002年10月1日起施行)**

第六十条　下列证据不能作为认定被诉具体行政行为合法的依据：

（一）被告及其诉讼代理人在作出具体行政行为后或者在诉讼程序中自行收集的证据；

（二）被告在行政程序中非法剥夺公民、法人或者其他组织依法享有的陈述、申辩或者听证权利所采用的证据；

（三）原告或者第三人在诉讼程序中提供的、被告在行政程序中未作为具体行政行为依据的证据。

**第三十六条　【被告延期提供证据和补充证据】被告在作出行政行为时已经收集了证据，但因不可抗力等正当事由不能提供的，经人民法院准许，可以延期提供。**

**原告或者第三人提出了其在行政处理程序中没有提出的理由或者证据的，经人民法院准许，被告可以补充证据。**

**对应司法解释**

**《最高人民法院关于适用〈中华人民共和国行政诉讼法〉的解释》（法释〔2018〕1号　自2018年2月8日起施行）**

第三十四条　根据行政诉讼法第三十六条第一款的规定，被告申请延期提供证据的，应当在收到起诉状副本之日起十五日内以书面方式向人民法院提出。人民法院准许延期提供的，被告应当在正当事由消除后十五日内提供证据。逾期提供的，视为被诉行政行为没有相应的证据。

第三十五条　原告或者第三人应当在开庭审理前或者人民法院指定的交换证据清单之日提供证据。因正当事由申请延期提供证据的，经人民法院准许，可以在法庭调查中提供。逾期提供证据的，人民法院应当责令其说明理由；拒不说明理由或者理由不成立的，视为放弃举证权利。

原告或者第三人在第一审程序中无正当事由未提供而在第二审程序中提供的证据，人民法院不予接纳。

第三十六条　当事人申请延长举证期限，应当在举证期限届满前向人民法院提出书面申请。

申请理由成立的，人民法院应当准许，适当延长举证期限，并通知其他当事人。申请理由不成立的，人民法院不予准许，并通知申请人。

## 条文应用提示

在行政诉讼中，被告不得自行向原告和证人收集证据。这是因为：根据实施行政行为的程序，行政机关应当先取证、后裁决。所以被告在作出行政行为时应当已经具备作出裁决的依据，否则其在程序上已经违法。如果允许被告在诉讼中可以取证，则不利于督促行政机关遵循先取证、后裁决的规则。

但当存在以下两种情况,人民法院要求当事人提供或者补充证据时,被告的取证行为是合法的:(1)被告在作出具体行政行为时已经收集证据,但因不可抗力等正当事由不能提供的;(2)原告或者第三人在诉讼过程中,提出了其在被告实施行政行为过程中没有提出的反驳理由或者证据的。

就第一种情况而言,被告因不可抗力或者客观上不能控制的其他正当事由,不能在规定的期限内提供证据的,应当在收到起诉状副本之日起十五日内向人民法院提出延期提供证据的书面申请。人民法院准许延期提供的,被告应当在正当事由消除后十五日内提供证据。逾期提供的,视为被诉具体行政行为没有相应的证据。

就第二种情况而言,属于原告或者第三人在诉讼中又提出了新的理由或者证据,这种情况下必须经人民法院准许,被告才可以补充证据。

对被告延期举证和补充证据予以限制,目的就是要求行政机关在作出行政行为的时候,就要有充分的证据基础,而不能等到诉讼阶段再重新收集证据。

**第三十七条　【原告可以提供证据】原告可以提供证明行政行为违法的证据。原告提供的证据不成立的,不免除被告的举证责任。**

## 条文应用提示

行政诉讼中被告负有举证责任,并不意味着原告就不可以举证。本法第三十八条规定了原告在部分情况下也负有举证责任。本条的立法宗旨是原告也可以提供证明行政行为违法的证据,从而强有力地佐证被诉行政行为不合法、不合理,让法院作出支持自己诉讼请求的有利判决。

**第三十八条　【原告举证责任】在起诉被告不履行法定职责的案件中,原告应当提供其向被告提出申请的证据。但有下列情形之一的除外:**

**(一)被告应当依职权主动履行法定职责的;**

**(二)原告因正当理由不能提供证据的。**

**在行政赔偿、补偿的案件中,原告应当对行政行为造成的损害提供证据。因被告的原因导致原告无法举证的,由被告承担举证责任。**

**对应司法解释**

**《最高人民法院关于适用〈中华人民共和国行政诉讼法〉的解释》(法释〔2018〕1号 自2018年2月8日起施行)**

第四十七条 根据行政诉讼法第三十八条第二款的规定,在行政赔偿、补偿案件中,因被告的原因导致原告无法就损害情况举证的,应当由被告就该损害情况承担举证责任。

对于各方主张损失的价值无法认定的,应当由负有举证责任的一方当事人申请鉴定,但法律、法规、规章规定行政机关在作出行政行为时依法应当评估或者鉴定的除外;负有举证责任的当事人拒绝申请鉴定的,由其承担不利的法律后果。

当事人的损失因客观原因无法鉴定的,人民法院应当结合当事人的主张和在案证据,遵循法官职业道德,运用逻辑推理和生活经验、生活常识等,酌情确定赔偿数额。

## 条文应用提示

本条规定了某些特定情况下原告的举证责任问题。

公民、法人或其他组织在提起行政诉讼时,应当提供其符合起诉前提和起诉条件的相应证据材料(参见本法第二条和第四十九条)。依申请的行政不作为案件,应当提供其向被告提出申请的证据。但被告应当主动履行法定职责或原告因正当理由不能提供的除外。

在行政赔偿、补偿案件中,因被告的原因导致原告无法就损害情况举证的,应由被告就该损害情况承担举证责任。对于各方主张损失的价值无法认定的,应由负有举证责任的一方当事人申请鉴定,但法律、法规、规章规定行政机关在作出行政行为时依法应当评估或者鉴定的除外;负有举证责任的当事人拒绝申请鉴定的,由其承担不利的法律后果。当事人的损失因客观原因无法鉴定的,人民法院应当结合当事人的主张和在案证据,遵循职业道德,运用逻辑推理和生活经验、生活常识等,酌情确定赔偿数额。

**第三十九条　【法院要求当事人提供或者补充证据】人民法院有权要求当事人提供或者补充证据。**

**对应司法解释**

**《最高人民法院关于适用〈中华人民共和国行政诉讼法〉的解释》(法释〔2018〕1号　自2018年2月8日起施行)**

第四十六条　原告或者第三人确有证据证明被告持有的证据对原告或者第三人有利的,可以在开庭审理前书面申请人民法院责令行政机关提交。

申请理由成立的,人民法院应当责令行政机关提交,因提交证据所产生的费用,由申请人预付。行政机关无正当理由拒不提交的,人民法院可以推定原告或者第三人基于该证据主张的事实成立。

持有证据的当事人以妨碍对方当事人使用为目的,毁灭有关证据或者实施其他致使证据不能使用行为的,人民法院可以推定对方当事人基于该证据主张的事实成立,并可依照行政诉讼法第五十九条规定处理。

## 条文应用提示

在行政诉讼中,原告、被告都会举证,被告的举证责任更重。法院会依据双方的举证以查明事实,予以裁判。诉讼中,人民法院有权要求任何一方当事人进一步提供或者补充证据,一旦发生这种情况,当事人一定要引起重视,及时补充提供,否则可能承担不利后果。

**第四十条　【法院调取证据】人民法院有权向有关行政机关以及其他组织、公民调取证据。但是,不得为证明行政行为的合法性调取被告作出行政行为时未收集的证据。**

## 条文应用提示

本条规定的是法院主动予以调查取证的权力。行政诉讼要以事实为基础,以法律为准绳。事实建立在双方举证、质证的基础上,但有时候当事人双方的举证可能不完善或者互相矛盾,此时法院为了查清事实,可以依职权主动调取证据。

但是,必须强调的一点是,法院作为居中裁判机关,不能去帮助被告调取其在作出行政行为时未收集的证据,也就是不能“事后取证”。

## 关联法律法规

**《最高人民法院关于行政诉讼证据若干问题的规定》(法释〔2002〕21号　自2002年10月1日起施行)**

第二十二条　根据行政诉讼法第三十四条第二款的规定,有下列情形之一的,人民法院有权向有关行政机关以及其他组织、公民调取证据:

(一)涉及国家利益、公共利益或者他人合法权益的事实认定的;

(二)涉及依职权追加当事人、中止诉讼、终结诉讼、回避等程序性事项的。

第二十六条　人民法院需要调取的证据在异地的,可以书面委托证据所在地人民法院调取。受托人民法院应当在收到委托书后,按照委托要求及时完成调取证据工作,送交委托人民法院。受托人民法院不能完成委托内容的,应当告知委托的人民法院并说明原因。

**第四十一条　【申请法院调取证据】与本案有关的下列证据,原告或者第三人不能自行收集的,可以申请人民法院调取:**

**(一)由国家机关保存而须由人民法院调取的证据;**

**(二)涉及国家秘密、商业秘密和个人隐私的证据;**

**(三)确因客观原因不能自行收集的其他证据。**

## 条文应用提示

当事人申请人民法院调取证据的,应当在举证期限内提交调取证据申请书。调取证据申请书应当写明下列内容:(1)证据持有人的姓名或者名称、住址等基本情况;(2)拟调取证据的内容;(3)申请调取证据的原因及其要证明的案件事实。申请法院调查取证是一项非常重要的权利,原告及其诉讼代理人一定要善加利用。

人民法院对当事人调取证据的申请,经审查符合调取证据条件的,应当及时决定调取;不符合调取证据条件的,应当向当事人或者其诉讼代理人送达通知书,说明不准许调取的理由。当事人及其诉讼代理人可以在收到通知书之日起三日内向受理申请的人民法院书面申请复议一次。人民法院应当在收到复议申请之日起五日内作出答复。人民法院根据当事人申请,经调取未能取得相应证据的,应当告知申请人并说明原因。

## 关联法律法规

**《最高人民法院关于行政诉讼证据若干问题的规定》(法释〔2002〕21号 自2002年10月1日起施行)**

第二十三条 原告或者第三人不能自行收集,但能够提供确切线索的,可以申请人民法院调取下列证据材料:

(一)由国家有关部门保存而须由人民法院调取的证据材料;

(二)涉及国家秘密、商业秘密、个人隐私的证据材料;

(三)确因客观原因不能自行收集的其他证据材料。

人民法院不得为证明被诉具体行政行为的合法性,调取被告在作出具体行政行为时未收集的证据。

第二十四条 当事人申请人民法院调取证据的,应当在举证期限内提交调取证据申请书。

调取证据申请书应当写明下列内容:

(一)证据持有人的姓名或者名称、住址等基本情况;

(二)拟调取证据的内容;

(三)申请调取证据的原因及其要证明的案件事实。

第二十五条 人民法院对当事人调取证据的申请,经审查符合调取证据条件的,应当及时决定调取;不符合调取证据条件的,应当向当事人或者其诉讼代理人送达通知书,说明不准许调取的理由。当事人及其诉讼代理人可以在收到通知书之日起三日内向受理申请的人民法院书面申请复议一次。

人民法院应当在收到复议申请之日起五日内作出答复。人民法院根据当事人申请,经调取未能取得相应证据的,应当告知申请人并说明原因。

**第四十二条 【证据保全】在证据可能灭失或者以后难以取得的情况下,诉讼参加人可以向人民法院申请保全证据,人民法院也可以主动采取保全措施。**

## 条文应用提示

当事人根据《行政诉讼法》的规定向人民法院申请保全证据的，应当在举证期限届满前以书面形式提出，并说明证据的名称和地点、保全的内容和范围、申请保全的理由等事项。当事人申请保全证据的，人民法院可以要求其提供相应的担保。

人民法院依照《行政诉讼法》的规定保全证据，可以根据具体情况，采取查封、扣押、拍照、录音、录像、复制、鉴定、勘验、制作询问笔录等保全措施。人民法院保全证据时，可以要求当事人或者其诉讼代理人到场。

## 关联法律法规

**《最高人民法院关于行政诉讼证据若干问题的规定》(法释〔2002〕21号 自2002年10月1日起施行)**

第二十七条 当事人根据行政诉讼法第三十六条的规定向人民法院申请保全证据的，应当在举证期限届满前以书面形式提出，并说明证据的名称和地点、保全的内容和范围、申请保全的理由等事项。

当事人申请保全证据的，人民法院可以要求其提供相应的担保。

法律、司法解释规定诉前保全证据的，依照其规定办理。

第二十八条 人民法院依照行政诉讼法第三十六条规定保全证据的，可以根据具体情况，采取查封、扣押、拍照、录音、录像、复制、鉴定、勘验、制作询问笔录等保全措施。

人民法院保全证据时，可以要求当事人或者其诉讼代理人到场。

**第四十三条 【证据适用规则】证据应当在法庭上出示，并由当事人互相质证。对涉及国家秘密、商业秘密和个人隐私的证据，不得在公开开庭时出示。**

**人民法院应当按照法定程序，全面、客观地审查核实证据。对未采纳的证据应当在裁判文书中说明理由。**

**以非法手段取得的证据，不得作为认定案件事实的根据。**

**对应司法解释**

**《最高人民法院关于适用〈中华人民共和国行政诉讼法〉的解释》(法释〔2018〕1号 自2018年2月8日起施行)**

第四十二条 能够反映案件真实情况、与待证事实相关联、来源和形式符合法律规定的证据,应当作为认定案件事实的根据。

第四十三条 有下列情形之一的,属于行政诉讼法第四十三条第三款规定的"以非法手段取得的证据":

(一)严重违反法定程序收集的证据材料;

(二)以违反法律强制性规定的手段获取且侵害他人合法权益的证据材料;

(三)以利诱、欺诈、胁迫、暴力等手段获取的证据材料。

## 条文应用提示

本条主要规定了证据的出示、质证规则以及证据核实、说明理由制度、非法证据排除制度等。

1. 质证规则

证据应当在法庭上出示,并经庭审质证。未经庭审质证的证据,不能作为定案的依据。当事人在庭前证据交换过程中没有争议并记录在卷的证据,经审判人员在庭审中说明后,可以作为认定案件事实的依据。经合法传唤,因被告无正当理由拒不到庭而需要依法缺席判决的,被告提供的证据不能作为定案的依据,但当事人在庭前交换证据中没有争议的证据除外。涉及国家秘密、商业秘密和个人隐私或者法律规定的其他应当保密的证据,不得在开庭时公开质证。

2. 非法证据排除规则

以非法手段取得的证据,不得作为认定案件事实的根据。有下列情形之一的,属于《行政诉讼法》第四十三条第三款规定的"以非法手段取得的证据":(1)严重违反法定程序收集的证据材料;(2)以违反法律强制性规定的手段获取且侵害他人合法权益的证据材料;(3)以利诱、欺诈、胁迫、暴力等手段获取的证据材料。

诉讼中要务必重视庭审质证环节,因为证据应当在法庭上出示,并经庭审质证。未经庭审质证的证据,不能作为定案的依据。此外,非法证据排除制度对于维护原告的合法权益也是非常重要的,非法证据被排除后就无法作为定案依据。

## 关联法律法规

**《最高人民法院关于行政诉讼证据若干问题的规定》(法释〔2002〕21号　自2002年10月1日起施行)**

第三十五条　证据应当在法庭上出示,并经庭审质证。未经庭审质证的证据,不能作为定案的依据。

当事人在庭前证据交换过程中没有争议并记录在卷的证据,经审判人员在庭审中说明后,可以作为认定案件事实的依据。

第三十六条　经合法传唤,因被告无正当理由拒不到庭而需要依法缺席判决的,被告提供的证据不能作为定案的依据,但当事人在庭前交换证据中没有争议的证据除外。

第三十七条　涉及国家秘密、商业秘密和个人隐私或者法律规定的其他应当保密的证据,不得在开庭时公开质证。

第三十八条　当事人申请人民法院调取的证据,由申请调取证据的当事人在庭审中出示,并由当事人质证。

人民法院依职权调取的证据,由法庭出示,并可就调取该证据的情况进行说明,听取当事人意见。

第三十九条　当事人应当围绕证据的关联性、合法性和真实性,针对证据有无证明效力以及证明效力大小,进行质证。

经法庭准许,当事人及其代理人可以就证据问题相互发问,也可以向证人、鉴定人或者勘验人发问。

当事人及其代理人相互发问,或者向证人、鉴定人、勘验人发问时,发问的内容应当与案件事实有关联,不得采用引诱、威胁、侮辱等语言或者方式。

第四十条　对书证、物证和视听资料进行质证时,当事人应当出示证据的原件或者原物。但有下列情况之一的除外:

(一)出示原件或者原物确有困难并经法庭准许可以出示复制件或者复制品;

(二)原件或者原物已不存在,可以出示证明复制件、复制品与原件、原物一致的其他证据。

视听资料应当当庭播放或者显示,并由当事人进行质证。

第四十九条　法庭在质证过程中,对与案件没有关联的证据材料,应予排除并说明理由。

法庭在质证过程中,准许当事人补充证据的,对补充的证据仍应进行质证。

法庭对经过庭审质证的证据,除确有必要外,一般不再进行质证。

第五十条　在第二审程序中,对当事人依法提供的新的证据,法庭应当进行质证;当事人对第一审认定的证据仍有争议的,法庭也应当进行质证。

第五十一条　按照审判监督程序审理的案件,对当事人依法提供的新的证据,法庭应当进行质证;因原判决、裁定认定事实的证据不足而提起再审所涉及的主要证据,法庭也应当进行质证。

第五十二条　本规定第五十条和第五十一条中的"新的证据"是指以下证据:

(一)在一审程序中应当准予延期提供而未获准许的证据;

(二)当事人在一审程序中依法申请调取而未获准许或者未取得,人民法院在第二审程序中调取的证据;

(三)原告或者第三人提供的在举证期限届满后发现的证据。

五、证据的审核认定

第五十三条　人民法院裁判行政案件,应当以证据证明的案件事实为依据。

第五十四条　法庭应当对经过庭审质证的证据和无需质证的证据进行逐一审查和对全部证据综合审查,遵循法官职业道德,运用逻辑推理和生活经验,进行全面、客观和公正地分析判断,确定证据材料与案件事实之间的证明关系,排除不具有关联性的证据材料,准确认定案件事实。

第五十五条　法庭应当根据案件的具体情况,从以下方面审查证据的合法性:

(一)证据是否符合法定形式;

(二)证据的取得是否符合法律、法规、司法解释和规章的要求;

（三）是否有影响证据效力的其他违法情形。

第五十六条 法庭应当根据案件的具体情况，从以下方面审查证据的真实性：

（一）证据形成的原因；

（二）发现证据时的客观环境；

（三）证据是否为原件、原物，复制件、复制品与原件、原物是否相符；

（四）提供证据的人或者证人与当事人是否具有利害关系；

（五）影响证据真实性的其他因素。

第五十七条 下列证据材料不能作为定案依据：

（一）严重违反法定程序收集的证据材料；

（二）以偷拍、偷录、窃听等手段获取侵害他人合法权益的证据材料；

（三）以利诱、欺诈、胁迫、暴力等不正当手段获取的证据材料；

（四）当事人无正当事由超出举证期限提供的证据材料；

（五）在中华人民共和国领域以外或者在中华人民共和国香港特别行政区、澳门特别行政区和台湾地区形成的未办理法定证明手续的证据材料；

（六）当事人无正当理由拒不提供原件、原物，又无其他证据印证，且对方当事人不予认可的证据的复制件或者复制品；

（七）被当事人或者他人进行技术处理而无法辨明真伪的证据材料；

（八）不能正确表达意志的证人提供的证言；

（九）不具备合法性和真实性的其他证据材料。

第五十八条 以违反法律禁止性规定或者侵犯他人合法权益的方法取得的证据，不能作为认定案件事实的依据。

第五十九条 被告在行政程序中依照法定程序要求原告提供证据，原告依法应当提供而拒不提供，在诉讼程序中提供的证据，人民法院一般不予采纳。

第六十条 下列证据不能作为认定被诉具体行政行为合法的依据：

（一）被告及其诉讼代理人在作出具体行政行为后或者在诉讼程序中自行收集的证据；

（二）被告在行政程序中非法剥夺公民、法人或者其他组织依法享有的陈述、申辩或者听证权利所采用的证据；

(三)原告或者第三人在诉讼程序中提供的、被告在行政程序中未作为具体行政行为依据的证据。

第六十一条　复议机关在复议程序中收集和补充的证据,或者作出原具体行政行为的行政机关在复议程序中未向复议机关提交的证据,不能作为人民法院认定原具体行政行为合法的依据。

第六十二条　对被告在行政程序中采纳的鉴定结论,原告或者第三人提出证据证明有下列情形之一的,人民法院不予采纳:

(一)鉴定人不具备鉴定资格;

(二)鉴定程序严重违法;

(三)鉴定结论错误、不明确或者内容不完整。

第六十三条　证明同一事实的数个证据,其证明效力一般可以按照下列情形分别认定:

(一)国家机关以及其他职能部门依职权制作的公文文书优于其他书证;

(二)鉴定结论、现场笔录、勘验笔录、档案材料以及经过公证或者登记的书证优于其他书证、视听资料和证人证言;

(三)原件、原物优于复制件、复制品;

(四)法定鉴定部门的鉴定结论优于其他鉴定部门的鉴定结论;

(五)法庭主持勘验所制作的勘验笔录优于其他部门主持勘验所制作的勘验笔录;

(六)原始证据优于传来证据;

(七)其他证人证言优于与当事人有亲属关系或者其他密切关系的证人提供的对该当事人有利的证言;

(八)出庭作证的证人证言优于未出庭作证的证人证言;

(九)数个种类不同、内容一致的证据优于一个孤立的证据。

第六十四条　以有形载体固定或者显示的电子数据交换、电子邮件以及其他数据资料,其制作情况和真实性经对方当事人确认,或者以公证等其他有效方式予以证明的,与原件具有同等的证明效力。

第六十五条　在庭审中一方当事人或者其代理人在代理权限范围内对另一方当事人陈述的案件事实明确表示认可的,人民法院可以对该事实予以认定。但有相反证据足以推翻的除外。

第六十六条　在行政赔偿诉讼中，人民法院主持调解时当事人为达成调解协议而对案件事实的认可，不得在其后的诉讼中作为对其不利的证据。

第六十七条　在不受外力影响的情况下，一方当事人提供的证据，对方当事人明确表示认可的，可以认定该证据的证明效力；对方当事人予以否认，但不能提供充分的证据进行反驳的，可以综合全案情况审查认定该证据的证明效力。

第六十八条　下列事实法庭可以直接认定：

（一）众所周知的事实；

（二）自然规律及定理；

（三）按照法律规定推定的事实；

（四）已经依法证明的事实；

（五）根据日常生活经验法则推定的事实。

前款（一）、（三）、（四）、（五）项，当事人有相反证据足以推翻的除外。

第六十九条　原告确有证据证明被告持有的证据对原告有利，被告无正当事由拒不提供的，可以推定原告的主张成立。

第七十条　生效的人民法院裁判文书或者仲裁机构裁决文书确认的事实，可以作为定案依据。但是如果发现裁判文书或者裁决文书认定的事实有重大问题的，应当中止诉讼，通过法定程序予以纠正后恢复诉讼。

第七十一条　下列证据不能单独作为定案依据：

（一）未成年人所作的与其年龄和智力状况不相适应的证言；

（二）与一方当事人有亲属关系或者其他密切关系的证人所作的对该当事人有利的证言，或者与一方当事人有不利关系的证人所作的对该当事人不利的证言；

（三）应当出庭作证而无正当理由不出庭作证的证人证言；

（四）难以识别是否经过修改的视听资料；

（五）无法与原件、原物核对的复制件或者复制品；

（六）经一方当事人或者他人改动，对方当事人不予认可的证据材料；

（七）其他不能单独作为定案依据的证据材料。

第七十二条　庭审中经过质证的证据，能够当庭认定的，应当当庭认定；不能当庭认定的，应当在合议庭合议时认定。

人民法院应当在裁判文书中阐明证据是否采纳的理由。

第七十三条　法庭发现当庭认定的证据有误，可以按照下列方式纠正：

（一）庭审结束前发现错误的，应当重新进行认定；

（二）庭审结束后宣判前发现错误的，在裁判文书中予以更正并说明理由，也可以再次开庭予以认定；

（三）有新的证据材料可能推翻已认定的证据的，应当再次开庭予以认定。

# 第六章　起诉和受理

**第四十四条　【行政复议和行政诉讼的关系】对属于人民法院受案范围的行政案件，公民、法人或者其他组织可以先向行政机关申请复议，对复议决定不服的，再向人民法院提起诉讼；也可以直接向人民法院提起诉讼。**

**法律、法规规定应当先向行政机关申请复议，对复议决定不服再向人民法院提起诉讼的，依照法律、法规的规定。**

**对应司法解释**

**《最高人民法院关于适用〈中华人民共和国行政诉讼法〉的解释》(法释〔2018〕1号　自2018年2月8日起施行)**

第五十六条　法律、法规规定应当先申请复议，公民、法人或者其他组织未申请复议直接提起诉讼的，人民法院裁定不予立案。

依照行政诉讼法第四十五条的规定，复议机关不受理复议申请或者在法定期限内不作出复议决定，公民、法人或者其他组织不服，依法向人民法院提起诉讼的，人民法院应当依法立案。

第五十七条　法律、法规未规定行政复议为提起行政诉讼必经程序，公民、法人或者其他组织既提起诉讼又申请行政复议的，由先立案的机关管辖；同时立案的，由公民、法人或者其他组织选择。公民、法人或者其他组织已经申请行政复议，在法定复议期间内又向人民法院提起诉讼的，人民法院裁定不予立案。

第五十八条　法律、法规未规定行政复议为提起行政诉讼必经程序，公民、法人或者其他组织向复议机关申请行政复议后，又经复议机关同意撤回复议申请，在法定起诉期限内对原行政行为提起诉讼的，人民法院应当依法立案。

> 第五十九条 公民、法人或者其他组织向复议机关申请行政复议后,复议机关作出维持决定的,应当以复议机关和原行为机关为共同被告,并以复议决定送达时间确定起诉期限。

## 条文应用提示

行政复议和行政诉讼是解决行政争议的两大途径。当事人既可以选择行政复议,也可以选择行政诉讼,还可以在选择行政复议之后再行提起行政诉讼,除非法律规定行政复议决定为最终裁定。简单地讲,行政复议就是想在行政体系内部予以解决,行政诉讼则是去法院讨个说法,目的都是解决行政争议。

这里需要强调的是关于"复议前置"规定,即法律明确规定必须先经过行政复议程序的案件,公民、法人或其他组织不能直接提起行政诉讼。法律、法规规定应当先申请复议,公民、法人或者其他组织未申请复议直接提起诉讼的,人民法院应裁定不予立案。

2023 年修订的《行政复议法》扩大了复议前置的案件范围,体现了对行政复议作为解决行政争议主渠道的重视。其中主要包括以下几类情形:

1. 对当场作出的行政处罚决定不服的。这类纠纷一般不复杂,复议前置有利于内部纠错,减少行政诉讼的诉累。

2. 对行政机关作出的侵犯其已经依法取得的自然资源的所有权或者使用权的决定不服的,即明确规定了自然资源确权类案件需要遵循"复议优先"的原则。九大自然资源的所有权或者使用权案件具有一定的专业性,复议前置也是尊重行政机关的专业性,有利于解决纠纷。

3. 行政机关不作为的情形。该类情形很大程度上是工作态度问题,复议前置更有利于尽快并实质性解决争议。

4. 申请政府信息公开但行政机关不予公开的情形,必须先申请复议。因为有关政府信息公开的案件呈现"井喷"状态,将这类情形纳入行政复议前置程序,既有利于解决大部分案件,也有利于行政系统的内部监督,避免过大的诉讼压力向司法端传导。

5. 法律、行政法规规定的其他情形。这里需要强调的是,必须是"法律、行政法规"这两个层级立法规定的应当先向行政复议机关申请行政复议的其他情形,才能适用"复议前置",比如纳税争议案件、专利争议案件、价格违法案件等。

对于以上五种情形,行政机关在作出行政行为时应当告知公民、法人或者其他组织先向行政复议机关申请行政复议。

这里需要强调的是,司法裁决具有定分止争的功能,公民、法人或其他组织对法院的一审裁定或判决不服的,不能再次申请行政复议,但可以通过二审、再审等诉讼程序进行救济。一般而言,面对行政争议,可以先选行政复议,对复议决定不服的,再走诉讼,而无法进入诉讼之后再回头去申请复议。

**第四十五条　【经行政复议的起诉期限】公民、法人或者其他组织不服复议决定的,可以在收到复议决定书之日起十五日内向人民法院提起诉讼。复议机关逾期不作决定的,申请人可以在复议期满之日起十五日内向人民法院提起诉讼。法律另有规定的除外。**

## 条文应用提示

这里要注意行政复议与行政诉讼衔接时"十五日"的起诉期限,这种非常紧凑的时效规定,是出于行政效率的考量。

复议机关不受理复议申请或者在法定期限内不作出复议决定,以及公民、法人或者其他组织对行政复议的决定不服的,可以依法向人民法院提起诉讼,人民法院应当依法立案。

依据2023年修订的《行政复议法》第六十二条关于审理期限的规定,适用普通程序审理的行政复议案件,行政复议机关应当自受理申请之日起六十日内作出行政复议决定;适用简易程序审理的行政复议案件,行政复议机关应当自受理申请之日起三十日内作出行政复议决定。当然情况复杂,不能在规定期限内作出行政复议决定的,行政复议的期限可以经批准后予以延长,但是法律明确规定延长期限最多不得超过三十日。公民、法人或者其他组织如果不服行政复议决定的,应依法及时提起行政诉讼,在收到复议决定书之日起十五日内向人民法院提起诉讼。

## 关联法律法规

**《行政复议法》(2023年9月1日修订 自2024年1月1日起正式施行)**

第六十二条 适用普通程序审理的行政复议案件，行政复议机关应当自受理申请之日起六十日内作出行政复议决定；但是法律规定的行政复议期限少于六十日的除外。情况复杂，不能在规定期限内作出行政复议决定的，经行政复议机构的负责人批准，可以适当延长，并书面告知当事人；但是延长期限最多不得超过三十日。

适用简易程序审理的行政复议案件，行政复议机关应当自受理申请之日起三十日内作出行政复议决定。

**第四十六条 【起诉期限】公民、法人或者其他组织直接向人民法院提起诉讼的，应当自知道或者应当知道作出行政行为之日起六个月内提出。法律另有规定的除外。**

**因不动产提起诉讼的案件自行政行为作出之日起超过二十年，其他案件自行政行为作出之日起超过五年提起诉讼的，人民法院不予受理。**

**对应司法解释**

**《最高人民法院关于适用〈中华人民共和国行政诉讼法〉的解释》(法释〔2018〕1号 自2018年2月8日起施行)**

第六十四条 行政机关作出行政行为时，未告知公民、法人或者其他组织起诉期限的，起诉期限从公民、法人或者其他组织知道或者应当知道起诉期限之日起计算，但从知道或者应当知道行政行为内容之日起最长不得超过一年。

复议决定未告知公民、法人或者其他组织起诉期限的，适用前款规定。

第六十五条 公民、法人或者其他组织不知道行政机关作出的行政行为内容的，其起诉期限从知道或者应当知道该行政行为内容之日起计算，但最长不得超过行政诉讼法第四十六条第二款规定的起诉期限。

第六十六条 公民、法人或者其他组织依照行政诉讼法第四十七条第一款的规定,对行政机关不履行法定职责提起诉讼的,应当在行政机关履行法定职责期限届满之日起六个月内提出。

第一百三十八条 人民法院决定在行政诉讼中一并审理相关民事争议,或者案件当事人一致同意相关民事争议在行政诉讼中一并解决,人民法院准许的,由受理行政案件的人民法院管辖。

公民、法人或者其他组织请求一并审理相关民事争议,人民法院经审查发现行政案件已经超过起诉期限,民事案件尚未立案的,告知当事人另行提起民事诉讼;民事案件已经立案的,由原审判组织继续审理。

人民法院在审理行政案件中发现民事争议为解决行政争议的基础,当事人没有请求人民法院一并审理相关民事争议的,人民法院应当告知当事人依法申请一并解决民事争议。当事人就民事争议另行提起民事诉讼并已立案的,人民法院应当中止行政诉讼的审理。民事争议处理期间不计算在行政诉讼审理期限内。

## 条文应用提示

本条是关于行政诉讼起诉期限的规定,绝大多数行政案件都需要在"六个月"内提起,否则可能进不了司法审查程序。

但这"六个月"前面有一个前置条件,就是从公民、法人或者其他组织知道或者应当知道该行政行为内容之日起计算。

本条还规定了最长时效,即涉不动产诉讼的案件为 20 年,其他案件为 5 年,起算点为自行政行为作出之日。故当事人应及时行使诉权。

## 典型案例参考

2021 年年初,某市城管部门因王某路侧停车出具缴费通知,但王某因疫情出国,后未能及时回国,直至 2023 年 1 月回国时才发现自己被课以高额路侧停车费及罚款。此时王某是否还能提起行政诉讼?

这种情况要具体分析。因为行政诉讼的起算点为王某知道或者应当知道该行政处罚之日起计算,所以王某要举证证明自己是什么时候知道被罚的。如果王某收到过相关通知短信并下载了相关 App,平时就在 App 上查询并缴纳罚款,则可能无法以“不知”来抗辩。如果王某停车的时候,该位置并未划定为路侧停车位,可自由停放,后来被规划为道路才开始收路侧停车费,王某因为人在国外无法知情亦无法移动车辆,则可以就此提起行政诉讼。总之,六个月的起诉期限,主要是为了督促行政相对人及时起诉。

**第四十七条 【行政机关不履行法定职责的起诉期限】公民、法人或者其他组织申请行政机关履行保护其人身权、财产权等合法权益的法定职责,行政机关在接到申请之日起两个月内不履行的,公民、法人或者其他组织可以向人民法院提起诉讼。法律、法规对行政机关履行职责的期限另有规定的,从其规定。**

**公民、法人或者其他组织在紧急情况下请求行政机关履行保护其人身权、财产权等合法权益的法定职责,行政机关不履行的,提起诉讼不受前款规定期限的限制。**

**对应司法解释**

**《最高人民法院关于适用〈中华人民共和国行政诉讼法〉的解释》(法释〔2018〕1号 自2018年2月8日起施行)**

第六十六条 公民、法人或者其他组织依照行政诉讼法第四十七条第一款的规定,对行政机关不履行法定职责提起诉讼的,应当在行政机关履行法定职责期限届满之日起六个月内提出。

## 条文应用提示

本条与第四十六条为补充关系,第四十六条为一般规定,原告“应当自知道或者应当知道作出行政行为之日起六个月内提出”,但是如果行政机关不作为的,也就不存在一个“已经作出的行政行为”可诉。所以,本条专门规定了公民、法人或者其他组织对行政机关不履行法定职责提起诉讼的,一般以行政机关接到申请之日起两个月内为上限,两个月过去了,如果行政机关依旧不作为,则自此开始起算六个月的起诉期限。

当然,还存在两个例外:(1)法律、法规对行政机关履行职责的期限另有规定的,从其规定;(2)在紧急情况下请求行政机关履行保护其人身权、财产权等合法权益的法定职责的,不用等待两个月期限。

对起诉期限总结列表如下:

| 类别 | 起诉期限总结 |
|---|---|
| 行政行为作出 | 知道或应当知道之日起6个月内 |
| 不作为案件 | 接到申请之日起2个月后开始计算6个月的起诉期限 |
| 收到复议决定 | 15日内 |
| 复议机关逾期不作决定 | 复议期满之日起15日内 |
| 最长诉讼期限 | 5年(不动产案件20年) |

请牢记上表中不同情况下起诉期限的规定,确保不因期限过期而丧失司法的保护。

**第四十八条　【起诉期限的扣除和延长】公民、法人或者其他组织因不可抗力或者其他不属于其自身的原因耽误起诉期限的,被耽误的时间不计算在起诉期限内。**

**公民、法人或者其他组织因前款规定以外的其他特殊情况耽误起诉期限的,在障碍消除后十日内,可以申请延长期限,是否准许由人民法院决定。**

## 条文应用提示

实践中,诉讼进展很难一帆风顺,原告如遇到不可抗力或者其他不属于自身的原因耽误了起诉,则其可以在障碍消除后十日内,及时向法院提出延长期限的申请,并提交相关证据,由人民法院决定是否扣除或者延长起诉期限。

在面对行政争议时,如果认为自身权益受到侵犯,要及早提起诉讼,行使诉权,避免到最后时刻失去诉权。

**第四十九条　【起诉条件】提起诉讼应当符合下列条件:**

**(一)原告是符合本法第二十五条规定的公民、法人或者其他组织;**

**（二）有明确的被告；**

**（三）有具体的诉讼请求和事实根据；**

**（四）属于人民法院受案范围和受诉人民法院管辖。**

**对应司法解释**

**《最高人民法院关于适用〈中华人民共和国行政诉讼法〉的解释》（法释〔2018〕1号　自2018年2月8日起施行）**

第五十四条　依照行政诉讼法第四十九条的规定，公民、法人或者其他组织提起诉讼时应当提交以下起诉材料：

（一）原告的身份证明材料以及有效联系方式；

（二）被诉行政行为或者不作为存在的材料；

（三）原告与被诉行政行为具有利害关系的材料；

（四）人民法院认为需要提交的其他材料。

由法定代理人或者委托代理人代为起诉的，还应当在起诉状中写明或者在口头起诉时向人民法院说明法定代理人或者委托代理人的基本情况，并提交法定代理人或者委托代理人的身份证明和代理权限证明等材料。

第六十七条　原告提供被告的名称等信息足以使被告与其他行政机关相区别的，可以认定为行政诉讼法第四十九条第二项规定的“有明确的被告”。

起诉状列写被告信息不足以认定明确的被告的，人民法院可以告知原告补正；原告补正后仍不能确定明确的被告的，人民法院裁定不予立案。

第六十八条　行政诉讼法第四十九条第三项规定的“有具体的诉讼请求”是指：

（一）请求判决撤销或者变更行政行为；

（二）请求判决行政机关履行特定法定职责或者给付义务；

（三）请求判决确认行政行为违法；

（四）请求判决确认行政行为无效；

（五）请求判决行政机关予以赔偿或者补偿；

（六）请求解决行政协议争议；

（七）请求一并审查规章以下规范性文件；

（八）请求一并解决相关民事争议；

（九）其他诉讼请求。

当事人单独或者一并提起行政赔偿、补偿诉讼的，应当有具体的赔偿、补偿事项以及数额；请求一并审查规章以下规范性文件的，应当提供明确的文件名称或者审查对象；请求一并解决相关民事争议的，应当有具体的民事诉讼请求。

当事人未能正确表达诉讼请求的，人民法院应当要求其明确诉讼请求。

## 条文应用提示

本条关于起诉条件的规定，与民事诉讼中的相关规定类似：一是原告有资格；二是被告明确；三是诉讼请求要具体，有初步证据可证明案件事实；四是属于法院管的事，并且属于你起诉的这个法院所管辖的。具体而言：

1. 具备原告资格。参见第四章第二十五条的相关规定及释义。

2. 有明确的被告。需要注意的是，原告提供被告的名称等信息足以使被告与其他行政机关相区别的，可以认定为《行政诉讼法》第四十九条第二项规定的“有明确的被告”。起诉状列写被告信息不足以认定明确的被告的，人民法院可以告知原告补正；原告补正后仍不能确定明确的被告的，人民法院裁定不予立案。

3. 有具体的诉讼请求。这里强调的是，当事人之所以到法院打官司，就是想要法院支持他们的诉求，希望法院支持他们什么，就要明确写在诉讼请求里面，法院会针对诉讼请求进行审查。所以，对于诉讼请求部分，一定要特别重视，必须字斟字酌。

行政诉讼的诉讼请求一般包括：（1）请求判决撤销或者变更行政行为；（2）请求判决行政机关履行特定法定职责或者给付义务；（3）请求判决确认行政行为违法；（4）请求判决确认行政行为无效；（5）请求判决行政机关予以赔偿或者补偿；（6）请求解决行政协议争议；（7）请求一并审查与被诉行政行为相关的规范性文件；（8）请求一并解决相关民事争议；

(9)其他诉讼请求。

当事人单独或者一并提起行政赔偿、补偿诉讼的,应当有具体的赔偿、补偿事项以及数额;请求一并审查规章以下规范性文件的,应当提供明确的文件名称或者审查对象;请求一并解决相关民事争议的,应当有具体的民事诉讼请求。当事人未能正确表达诉讼请求的,人民法院应当要求其明确诉讼请求。

4. 受案范围以及管辖问题。通俗地说,就是当事人起诉到法院的这个事儿,属于法院管的事儿,不能是政治、外交的事儿,不是由国务院管的事儿,也不是仲裁的事儿。确定了属于法院该管的,还要具体到去某个法院递交起诉状,递交起诉状时还需要考虑这个法院的级别以及管辖区域对不对。也就是说,应该到A市中级人民法院起诉的事儿,我们不能到B市中级人民法院起诉,或者到A市C区基层人民法院起诉。只有如上受案范围、级别管辖以及地域管辖都对了,我们才算找对了门,并且推开了行政诉讼的大门。

公民、法人或者其他组织提起诉讼时应当提交以下起诉材料:(1)原告的身份证明材料以及有效联系方式、被告的准确名称;(2)证明被诉行政行为或者不作为存在的初步材料;(3)证明原告与被诉行政行为具有利害关系的材料;(4)人民法院认为需要提交的其他材料。

由法定代理人或者委托代理人代为起诉的,还应当在起诉状中写明或者在口头起诉时向人民法院说明法定代理人或者委托代理人的基本情况,并提交法定代理人或者委托代理人的身份证明和代理权限证明等材料。

## 关联法律法规

**《最高人民法院关于审理行政协议案件若干问题的规定》(法释〔2019〕17号　自2020年1月1日起施行)**

第九条　在行政协议案件中,行政诉讼法第四十九条第三项规定的“有具体的诉讼请求”是指:

(一)请求判决撤销行政机关变更、解除行政协议的行政行为,或者确认该行政行为违法;

(二)请求判决行政机关依法履行或者按照行政协议约定履行

义务;

（三）请求判决确认行政协议的效力;

（四）请求判决行政机关依法或者按照约定订立行政协议;

（五）请求判决撤销、解除行政协议;

（六）请求判决行政机关赔偿或者补偿;

（七）其他有关行政协议的订立、履行、变更、终止等诉讼请求。

**第五十条　【起诉方式】起诉应当向人民法院递交起诉状,并按照被告人数提出副本。**

**书写起诉状确有困难的,可以口头起诉,由人民法院记入笔录,出具注明日期的书面凭证,并告知对方当事人。**

**对应司法解释**

**《最高人民法院关于适用〈中华人民共和国行政诉讼法〉的解释》(法释〔2018〕1号　自2018年2月8日起施行)**

第五十四条　依照行政诉讼法第四十九条的规定,公民、法人或者其他组织提起诉讼时应当提交以下起诉材料:

（一）原告的身份证明材料以及有效联系方式;

（二）被诉行政行为或者不作为存在的材料;

（三）原告与被诉行政行为具有利害关系的材料;

（四）人民法院认为需要提交的其他材料。

由法定代理人或者委托代理人代为起诉的,还应当在起诉状中写明或者在口头起诉时向人民法院说明法定代理人或者委托代理人的基本情况,并提交法定代理人或者委托代理人的身份证明和代理权限证明等材料。

第五十五条　依照行政诉讼法第五十一条的规定,人民法院应当就起诉状内容和材料是否完备以及是否符合行政诉讼法规定的起诉条件进行审查。

起诉状内容或者材料欠缺的,人民法院应当给予指导和释明,并一次性全面告知当事人需要补正的内容、补充的材料及期限。在指定期限内补正并符合起诉条件的，应当登记立案。当事人拒绝补正或者经补正仍不符合起诉条件的，退回诉状并记录在册；坚持起诉的，裁定不予立案，并载明不予立案的理由。

## 条文应用提示

原告起诉时原则上应提交书面的起诉状，但有些原告的确存在书写困难，提交起诉状有难度，所以法律允许其口头起诉。对于口头起诉的，由法院的工作人员将原告的诉求记入笔录，并注明日期，将此转达给被告。

**第五十一条 【登记立案】人民法院在接到起诉状时对符合本法规定的起诉条件的，应当登记立案。**

**对当场不能判定是否符合本法规定的起诉条件的，应当接收起诉状，出具注明收到日期的书面凭证，并在七日内决定是否立案。不符合起诉条件的，作出不予立案的裁定。裁定书应当载明不予立案的理由。原告对裁定不服的，可以提起上诉。**

**起诉状内容欠缺或者有其他错误的，应当给予指导和释明，并一次性告知当事人需要补正的内容。不得未经指导和释明即以起诉不符合条件为由不接收起诉状。**

**对于不接收起诉状、接收起诉状后不出具书面凭证，以及不一次性告知当事人需要补正的起诉状内容的，当事人可以向上级人民法院投诉，上级人民法院应当责令改正，并对直接负责的主管人员和其他直接责任人员依法给予处分。**

**对应司法解释**

**《最高人民法院关于适用〈中华人民共和国行政诉讼法〉的解释》（法释〔2018〕1号 自2018年2月8日起施行）**

第四十九条 行政诉讼法第五十一条第二款规定的立案期限，因起诉状内容欠缺或者有其他错误通知原告限期补正的，从补正后递交人民法院的次日起算。由上级人民法院转交下级人民法院立案的案件，从受诉人民法院收到起诉状的次日起算。

第五十三条　人民法院对符合起诉条件的案件应当立案,依法保障当事人行使诉讼权利。

对当事人依法提起的诉讼,人民法院应当根据行政诉讼法第五十一条的规定接收起诉状。能够判断符合起诉条件的,应当当场登记立案;当场不能判断是否符合起诉条件的,应当在接收起诉状后七日内决定是否立案;七日内仍不能作出判断的,应当先予立案。

第六十条　人民法院裁定准许原告撤诉后,原告以同一事实和理由重新起诉的,人民法院不予立案。

准予撤诉的裁定确有错误,原告申请再审的,人民法院应当通过审判监督程序撤销原准予撤诉的裁定,重新对案件进行审理。

第六十一条　原告或者上诉人未按规定的期限预交案件受理费,又不提出缓交、减交、免交申请,或者提出申请未获批准的,按自动撤诉处理。在按撤诉处理后,原告或者上诉人在法定期限内再次起诉或者上诉,并依法解决诉讼费预交问题的,人民法院应予立案。

第六十二条　人民法院判决撤销行政机关的行政行为后,公民、法人或者其他组织对行政机关重新作出的行政行为不服向人民法院起诉的,人民法院应当依法立案。

第六十三条　行政机关作出行政行为时,没有制作或者没有送达法律文书,公民、法人或者其他组织只要能证明行政行为存在,并在法定期限内起诉的,人民法院应当依法立案。

第六十九条　有下列情形之一,已经立案的,应当裁定驳回起诉:

(一)不符合行政诉讼法第四十九条规定的;

(二)超过法定起诉期限且无行政诉讼法第四十八条规定情形的;

(三)错列被告且拒绝变更的;

(四)未按照法律规定由法定代理人、指定代理人、代表人为诉讼行为的;

(五)未按照法律、法规规定先向行政机关申请复议的;

(六)重复起诉的;

(七)撤回起诉后无正当理由再行起诉的;

（八）行政行为对其合法权益明显不产生实际影响的；

（九）诉讼标的已为生效裁判或者调解书所羁束的；

（十）其他不符合法定起诉条件的情形。

前款所列情形可以补正或者更正的，人民法院应当指定期间责令补正或者更正；在指定期间已经补正或者更正的，应当依法审理。

人民法院经过阅卷、调查或者询问当事人，认为不需要开庭审理的，可以迳行裁定驳回起诉。

## 条文应用提示

现在各级法院基本单设立案庭，立案时当事人会在立案窗口跟立案庭工作人员打交道。对符合起诉条件的，应当当场登记立案，依法保障当事人行使诉讼权利。对当场不能判定是否符合本法规定的起诉条件的，应当接收起诉状，出具注明收到日期的书面凭证，并在七日内决定是否立案。七日内仍未作出判断的，应当先予立案。不符合起诉条件的，作出不予立案的裁定。裁定书应当载明不予立案的理由。原告对裁定不服的，可以提起上诉。

需要强调的是，立案登记制主要是为了解决“立案难”的问题，在立案窗口先对案件进行形式审查，并不进行实质性审查，案件先收进法院，在庭审中再进行法庭调查、法庭质证等实质性审查，如果发现原告起诉不符合条件的，后续可以“驳回起诉”。

立案庭工作人员对于原告的起诉状内容欠缺或者有其他错误的，应当给予指导和释明，并一次性告知当事人需要补正的内容、补充的材料及期限。不得未经指导和释明即以起诉不符合条件为由不接收起诉状。在指定期限内补正并符合起诉条件的，应当登记立案。当事人拒绝补正或者经补正仍不符合起诉条件的，退回诉状并记录在册；坚持起诉的，裁定不予立案，并载明不予立案的理由。

**第五十二条 【法院不立案的救济】人民法院既不立案，又不作出不予立案裁定的，当事人可以向上一级人民法院起诉。上一级人民法院认为符合起诉条件的，应当立案、审理，也可以指定其他下级人民法院立案、审理。**

**对应司法解释**

**《最高人民法院关于适用〈中华人民共和国行政诉讼法〉的解释》(法释〔2018〕1号　自2018年2月8日起施行)**

第六条　当事人以案件重大复杂为由,认为有管辖权的基层人民法院不宜行使管辖权或者根据行政诉讼法第五十二条的规定,向中级人民法院起诉,中级人民法院应当根据不同情况在七日内分别作出以下处理:

(一)决定自行审理;

(二)指定本辖区其他基层人民法院管辖;

(三)书面告知当事人向有管辖权的基层人民法院起诉。

## 条文应用提示

实践中,部分人民法院收了材料会出具收据但并不当即立案(有法院甚至连收据也不出具),或者告知原告不予立案但并不出具书面裁定,此时,当事人可以通过法院的"12368"司法热线或者向相关纪检部门反馈情况,督促立案。

对于不接收起诉状、接收起诉状后不出具书面凭证,以及不一次性告知当事人需要补正的起诉状内容的,当事人也可以向上级人民法院投诉,上级人民法院应当责令改正,并对直接负责的主管人员和其他直接责任人员依法给予处分。

还有一种少见的情况是,当事人直接向上一级人民法院起诉,此时上级人民法院视情况予以不同的处理。

**第五十三条　【规范性文件的附带审查】公民、法人或者其他组织认为行政行为所依据的国务院部门和地方人民政府及其部门制定的规范性文件不合法,在对行政行为提起诉讼时,可以一并请求对该规范性文件进行审查。**

**前款规定的规范性文件不含规章。**

**对应司法解释**

**《最高人民法院关于适用〈中华人民共和国行政诉讼法〉的解释》(法释〔2018〕1号 自2018年2月8日起施行)**

第一百四十五条 公民、法人或者其他组织在对行政行为提起诉讼时一并请求对所依据的规范性文件审查的,由行政行为案件管辖法院一并审查。

第一百四十六条 公民、法人或者其他组织请求人民法院一并审查行政诉讼法第五十三条规定的规范性文件,应当在第一审开庭审理前提出;有正当理由的,也可以在法庭调查中提出。

第一百四十七条 人民法院在对规范性文件审查过程中,发现规范性文件可能不合法的,应当听取规范性文件制定机关的意见。

制定机关申请出庭陈述意见的,人民法院应当准许。

行政机关未陈述意见或者未提供相关证明材料的,不能阻止人民法院对规范性文件进行审查。

第一百四十八条 人民法院对规范性文件进行一并审查时,可以从规范性文件制定机关是否超越权限或者违反法定程序、作出行政行为所依据的条款以及相关条款等方面进行。

有下列情形之一的,属于行政诉讼法第六十四条规定的"规范性文件不合法":

(一)超越制定机关的法定职权或者超越法律、法规、规章的授权范围的;

(二)与法律、法规、规章等上位法的规定相抵触的;

(三)没有法律、法规、规章依据,违法增加公民、法人和其他组织义务或者减损公民、法人和其他组织合法权益的;

(四)未履行法定批准程序、公开发布程序,严重违反制定程序的;

(五)其他违反法律、法规以及规章规定的情形。

第一百四十九条 人民法院经审查认为行政行为所依据的规范性文件合法的,应当作为认定行政行为合法的依据;经审查认为规范性文件不合法的,不作为人民法院认定行政行为合法的依据,并在裁判理由中予以阐明。作出生效裁判的人民法院应当向规范性文件的制定机关提出处理建议,并可以抄送制定机关的同级人民政府、上一级行政机关、监察机关以及规范性文件的备案机关。

规范性文件不合法的,人民法院可以在裁判生效之日起三个月内,向规范性文件制定机关提出修改或者废止该规范性文件的司法建议。

规范性文件由多个部门联合制定的,人民法院可以向该规范性文件的主办机关或者共同上一级行政机关发送司法建议。

接收司法建议的行政机关应当在收到司法建议之日起六十日内予以书面答复。情况紧急的,人民法院可以建议制定机关或者其上一级行政机关立即停止执行该规范性文件。

第一百五十条 人民法院认为规范性文件不合法的,应当在裁判生效后报送上一级人民法院进行备案。涉及国务院部门、省级行政机关制定的规范性文件,司法建议还应当分别层报最高人民法院、高级人民法院备案。

第一百五十一条 各级人民法院院长对本院已经发生法律效力的判决、裁定,发现规范性文件合法性认定错误,认为需要再审的,应当提交审判委员会讨论。

最高人民法院对地方各级人民法院已经发生法律效力的判决、裁定,上级人民法院对下级人民法院已经发生法律效力的判决、裁定,发现规范性文件合法性认定错误的,有权提审或者指令下级人民法院再审。

## 条文应用提示

规范性文件也称"红头文件",本条关于附带审查"红头文件"的规定非常重要,因为实践中,行政机关在作出行政行为时,有上位法的依据,但更多时候是依据更为细致、更有地方特色的"红头文件"。当事人要想弄清行政行为的是非对错,就不可避免地要对"红头文件"有所评判——这就是规范性文件的附带性审查。

人民法院在审查具体行政行为的合法性时,可以对该行政行为所依据的规范性文件进行附带审查;法院的判决不影响相关规范性文件的效力,只是决定其在案件中是否适用。规范性文件的附带性审查有以下几个特点：

1. 审查的对象仅是国务院部门和地方人民政府及其部门制定的其他规范性文件，即不包括各级人民代表大会制定的法律，省级人民代表大会制定的地方性法规（包括自治条例和单行条例），国务院制定的行政法规；不包括省级人民政府制定的地方规章以及国务院部门制定的部门规章等。因为高位阶立法往往经历了严格的立法程序，比较严谨，在行政诉讼中要么作为依据，要么作为参照，法院是不能擅自审查的。

2. 对规范性文件的审查必须依托于个案的审理，当事人不能就某一规范性文件单独提起行政诉讼。必须强调的是，原告要在行政诉讼中一并审查规范性文件，必须在诉讼请求中明确提出来最迟应在一审开庭审理前提出，有正当理由的，也可以在法庭调查中提出。原告在二审程序中提出规范性文件审查请求的，法院原则上不予审查。再审程序中提出审查请求的，法院一般不予受理。

3. 规范性文件相关条款被认定为不合法的，人民法院不能依据该条款认定行政行为合法，人民法院有权就不合法的规范性文件作出否定性评价，审查结论和评述要在裁判理由中予以详细阐释，以积极回应原告一并提请审查的主张和理由。

4. 人民法院可在裁判理由中对规范性文件是否合法进行评价。但评价不同于判决，人民法院不具有对规范性文件的处分权和形成权，无权对规范性文件作出撤销或变更判决。根据《行政诉讼法》第六十四条和《最高人民法院关于适用〈中华人民共和国行政诉讼法〉的解释》第一百四十九条的规定，经审查认为规范性文件不合法的，人民法院应当向制定机关提出处理建议。此处使用“应当”一词，表明原则上人民法院必须这样操作。

# 第七章　审理和判决

## 第一节　一般规定

**第五十四条　【公开审理原则】人民法院公开审理行政案件，但涉及国家秘密、个人隐私和法律另有规定的除外。**

**涉及商业秘密的案件，当事人申请不公开审理的，可以不公开审理。**

### 条文应用提示

诉讼原则上应公开进行，尤其作为处理行政争议的行政诉讼，须对涉诉行政行为的合法性问题予以审查并有所判断。对案件进行公开审理，一方面有助于防范“暗箱操作”，另一方面也有利于普法宣传教育。需要注意的是，公开审理的例外情况分别是涉及国家秘密、个人隐私、商业秘密以及法律另有规定的除外。其中涉及国家秘密、个人隐私和法律另有规定的，不公开审理是由法院决定的，而涉及商业秘密的，需要由当事人来主动申请不公开审理，由主审法院来判断是否予以不公开审理。

**第五十五条　【回避】当事人认为审判人员与本案有利害关系或者有其他关系可能影响公正审判，有权申请审判人员回避。**

**审判人员认为自己与本案有利害关系或者有其他关系，应当申请回避。**

**前两款规定，适用于书记员、翻译人员、鉴定人、勘验人。**

**院长担任审判长时的回避，由审判委员会决定；审判人员的回避，由院长决定；其他人员的回避，由审判长决定。当事人对决定不服的，可以申请复议一次。**

**对应司法解释**

**《最高人民法院关于适用〈中华人民共和国行政诉讼法〉的解释》(法释〔2018〕1号　自2018年2月8日起施行)**

第七十四条　当事人申请回避,应当说明理由,在案件开始审理时提出;回避事由在案件开始审理后知道的,应当在法庭辩论终结前提出。

被申请回避的人员,在人民法院作出是否回避的决定前,应当暂停参与本案的工作,但案件需要采取紧急措施的除外。

对当事人提出的回避申请,人民法院应当在三日内以口头或者书面形式作出决定。对当事人提出的明显不属于法定回避事由的申请,法庭可以依法当庭驳回。

申请人对驳回回避申请决定不服的,可以向作出决定的人民法院申请复议一次。复议期间,被申请回避的人员不停止参与本案的工作。对申请人的复议申请,人民法院应当在三日内作出复议决定,并通知复议申请人。

第七十五条　在一个审判程序中参与过本案审判工作的审判人员,不得再参与该案其他程序的审判。

发回重审的案件,在一审法院作出裁判后又进入第二审程序的,原第二审程序中合议庭组成人员不受前款规定的限制。

## 条文应用提示

回避制度是诉讼中非常重要的程序性规定,也是当事人行使诉讼权利,确保公正审判的一项保障性措施。具体而言,本条规定了如下内容:

1. 回避可以由当事人主动申请,回避的申请理由是“审判人员与本案有利害关系或者有其他关系可能影响公正审判”。回避可以当庭口头提出,也可得知合议庭组成人员后书面提出,明确说明具体理由及提交相关证据。

2. 回避也可以由审判人员主动提出,理由是“认为自己与本案有利害关系或者有其他关系”,在这种情况下,审判人员认为自己不适合继续审理本案,所以主动要求回避。

3. 回避适用的人员，除审判人员外，还包括书记员、翻译人员、鉴定人、勘验人。

4. 回避决定的作出。针对不同人员是否回避的决定，有不同的决定程序。如院长担任审判长时，当事人或者审判长自己提出回避的，由审判委员会决定；合议庭一般审判人员被申请回避或者主动要求回避的，由院长决定；其他人员的回避，由审判长决定即可。

5. 回避决定的救济。如果当事人对不予回避的决定不服的，可以申请复议一次。此时审理要暂停，先解决审判人员及有关诉讼参与人员的组成问题，因为没有具体的审判人员及相关参与人员也就无法推进诉讼程序的进展。

**第五十六条　【诉讼不停止执行及例外】诉讼期间，不停止行政行为的执行。但有下列情形之一的，裁定停止执行：**

**（一）被告认为需要停止执行的；**

**（二）原告或者利害关系人申请停止执行，人民法院认为该行政行为的执行会造成难以弥补的损失，并且停止执行不损害国家利益、社会公共利益的；**

**（三）人民法院认为该行政行为的执行会给国家利益、社会公共利益造成重大损害的；**

**（四）法律、法规规定停止执行的。**

**当事人对停止执行或者不停止执行的裁定不服的，可以申请复议一次。**

**对应司法解释**

**《最高人民法院关于适用〈中华人民共和国行政诉讼法〉的解释》（法释〔2018〕1号　自2018年2月8日起施行）**

第七十六条　人民法院对于因一方当事人的行为或者其他原因，可能使行政行为或者人民法院生效裁判不能或者难以执行的案件，根据对方当事人的申请，可以裁定对其财产进行保全、责令其作出一定行为或者禁止其作出一定行为；当事人没有提出申请的，人民法院在必要时也可以裁定采取上述保全措施。

人民法院采取保全措施,可以责令申请人提供担保;申请人不提供担保的,裁定驳回申请。

人民法院接受申请后,对情况紧急的,必须在四十八小时内作出裁定;裁定采取保全措施的,应当立即开始执行。

当事人对保全的裁定不服的,可以申请复议;复议期间不停止裁定的执行。

第七十七条　利害关系人因情况紧急,不立即申请保全将会使其合法权益受到难以弥补的损害的,可以在提起诉讼前向被保全财产所在地、被申请人住所地或者对案件有管辖权的人民法院申请采取保全措施。申请人应当提供担保,不提供担保的,裁定驳回申请。

人民法院接受申请后,必须在四十八小时内作出裁定;裁定采取保全措施的,应当立即开始执行。

申请人在人民法院采取保全措施后三十日内不依法提起诉讼的,人民法院应当解除保全。

当事人对保全的裁定不服的,可以申请复议;复议期间不停止裁定的执行。

第七十八条　保全限于请求的范围,或者与本案有关的财物。

财产保全采取查封、扣押、冻结或者法律规定的其他方法。人民法院保全财产后,应当立即通知被保全人。

财产已被查封、冻结的,不得重复查封、冻结。

涉及财产的案件,被申请人提供担保的,人民法院应当裁定解除保全。

申请有错误的,申请人应当赔偿被申请人因保全所遭受的损失。

## 条文应用提示

诉讼期间,以不停止行政行为的执行为原则。行政行为一经作出,非经法定的行政复议程序或司法审查程序不得撤销,因为行政行为从法律效力上讲,具有公定力、拘束力和执行力。从反面来讲,在行政审判还没有给出一个最终结论的时候,只要一提起行政诉讼,行政行为就要被停止执行,必将带来极大混乱。但是在以下几种情形下,法院应裁定停止执行:

1. 被告认为需要停止执行的。被告即被诉的行政机关，如果被告认为需要停止执行的，法院则应裁定停止执行。

2. 原告或者利害关系人申请停止执行的。这种情形下是否停止执行的决定权是属于法院的，从“有损+无害”两个角度评估，法院认为行政行为的执行会造成难以弥补的损失，并且停止执行不会有损于国家利益及社会公共利益的，则法院可以裁定停止执行。

3. 人民法院主动裁定停止执行的。从国家利益和社会公共利益的角度来看，如果法院认为强制执行会造成重大损害且一般不可挽回的情况下，出于谨慎，法院会主动裁定停止执行。比如，曾有大量民众认为拆除金庸图书馆有损公共利益，假设相关案件进入行政诉讼，即便原告没有申请停止执行，法院也有可能主动裁定停止执行。

4. 法律、法规规定停止执行的。这是一个兜底条款。

法院一旦作出停止执行或者不停止执行的裁定，原告、被告以及利害关系人对此裁定不服的，可以申请复议一次。如果法院作出“不停止执行”的裁定，则复议期间一样不停止执行；如果法院作出“停止执行”的裁定，则复议期间应停止执行相应的行政行为，直至复议作出相应的决定。

**第五十七条　【先予执行】人民法院对起诉行政机关没有依法支付抚恤金、最低生活保障金和工伤、医疗社会保险金的案件，权利义务关系明确、不先予执行将严重影响原告生活的，可以根据原告的申请，裁定先予执行。**

**当事人对先予执行裁定不服的，可以申请复议一次。复议期间不停止裁定的执行。**

## 条文应用提示

起诉到法院要求依法支付抚恤金、最低生活保障金和工伤、医疗社会保险金的案件，原告大多属于弱势群体，其往往是向行政机关请求不成，不得不起诉。故而法院初步审查后，认为权利义务关系明确，不先予执行将严重影响原告生活的，可以根据原告的申请，裁定先予执行。

这里要注意两点：(1)先予执行有案件类型的限制；(2)先予执行必须要根据原告的申请才能作出。

当事人如果对先予执行的裁定不服的，可以申请复议一次。这里的当事人，既包括原告，也包括作为被告的行政机关。复议期间不停止裁定的执行。

**第五十八条　【拒不到庭或中途退庭的法律后果】经人民法院传票传唤，原告无正当理由拒不到庭，或者未经法庭许可中途退庭的，可以按照撤诉处理；被告无正当理由拒不到庭，或者未经法庭许可中途退庭的，可以缺席判决。**

**对应司法解释**

**《最高人民法院关于适用〈中华人民共和国行政诉讼法〉的解释》（法释〔2018〕1号　自2018年2月8日起施行）**

第七十九条　原告或者上诉人申请撤诉，人民法院裁定不予准许的，原告或者上诉人经传票传唤无正当理由拒不到庭，或者未经法庭许可中途退庭的，人民法院可以缺席判决。

第三人经传票传唤无正当理由拒不到庭，或者未经法庭许可中途退庭的，不发生阻止案件审理的效果。

根据行政诉讼法第五十八条的规定，被告经传票传唤无正当理由拒不到庭，或者未经法庭许可中途退庭的，人民法院可以按期开庭或者继续开庭审理，对到庭的当事人诉讼请求、双方的诉辩理由以及已经提交的证据及其他诉讼材料进行审理后，依法缺席判决。

## 条文应用提示

诉讼的正常进行，需要相关诉讼主体的积极参与，如果一方拒不到庭或者中途退庭，则会引发相应的法律后果，但并不必然导致诉讼无法继续进行。

从原告的角度，原告作为诉讼的发动者，如果经传票传唤，无正当理由拒不到庭或者未经法庭许可中途退庭的，则视为其不愿意继续提起诉讼，可以按照撤诉处理。这里要注意此处法律用语是“可以”，也就是说，如果法院发现其中涉及其他利害关系人或者公共利益，甚至涉嫌虚假诉讼的，则不一定准许按照撤诉处理。此外，部分情况下原告或者原告代理人因故迟到的，应及时跟审判人员沟通，避免因为迟到而“被撤诉”，尤其是律师作为代理人的时候，更应提前到庭应诉。

从被告的角度，被告作为诉讼的“被动主体”，如果无正当理由拒不到庭，或者未经法庭许可中途退庭的，视为其自我放弃抗辩的权利，可以缺席判决，该被告承担的不利后果不会因其缺席或者中途退庭而躲避得了。

当事人依法参与到诉讼中，既是当事人的合法权利，也保障了行政诉讼的顺利进行。

**第五十九条　【妨害行政诉讼强制措施】诉讼参与人或者其他人有下列行为之一的，人民法院可以根据情节轻重，予以训诫、责令具结悔过或者处一万元以下的罚款、十五日以下的拘留；构成犯罪的，依法追究刑事责任：**

**（一）有义务协助调查、执行的人，对人民法院的协助调查决定、协助执行通知书，无故推拖、拒绝或者妨碍调查、执行的；**

**（二）伪造、隐藏、毁灭证据或者提供虚假证明材料，妨碍人民法院审理案件的；**

**（三）指使、贿买、胁迫他人作伪证或者威胁、阻止证人作证的；**

**（四）隐藏、转移、变卖、毁损已被查封、扣押、冻结的财产的；**

**（五）以欺骗、胁迫等非法手段使原告撤诉的；**

**（六）以暴力、威胁或者其他方法阻碍人民法院工作人员执行职务，或者以哄闹、冲击法庭等方法扰乱人民法院工作秩序的；**

**（七）对人民法院审判人员或者其他工作人员、诉讼参与人、协助调查和执行的人员恐吓、侮辱、诽谤、诬陷、殴打、围攻或者打击报复的。**

**人民法院对有前款规定的行为之一的单位，可以对其主要负责人或者直接责任人员依照前款规定予以罚款、拘留；构成犯罪的，依法追究刑事责任。**

**罚款、拘留须经人民法院院长批准。当事人不服的，可以向上一级人民法院申请复议一次。复议期间不停止执行。**

**对应司法解释**

**《最高人民法院关于适用〈中华人民共和国行政诉讼法〉的解释》(法释〔2018〕1号 自2018年2月8日起施行)**

第八十二条 当事人之间恶意串通,企图通过诉讼等方式侵害国家利益、社会公共利益或者他人合法权益的,人民法院应当裁定驳回起诉或者判决驳回其请求,并根据情节轻重予以罚款、拘留;构成犯罪的,依法追究刑事责任。

第八十三条 行政诉讼法第五十九条规定的罚款、拘留可以单独适用,也可以合并适用。

对同一妨害行政诉讼行为的罚款、拘留不得连续适用。发生新的妨害行政诉讼行为的,人民法院可以重新予以罚款、拘留。

## 条文应用提示

为保障行政诉讼的顺利进行,人民法院可针对诉讼参与人或者其他人作出的妨害诉讼的种种行为予以惩戒。

1. 从行为的角度,包括但不限于以下行为:无故推拖、拒绝或者妨碍调查、执行的;伪造、隐藏、毁灭证据或者提供虚假证明材料,妨碍人民法院审理案件的;指使、贿买、胁迫他人作伪证或者威胁、阻止证人作证的;隐藏、转移、变卖、毁损已被查封、扣押、冻结的财产的;以欺骗、胁迫等非法手段使原告撤诉的;以暴力、威胁或者其他方法阻碍法院工作人员执行职务,或者以哄闹、冲击法庭等方法扰乱法院工作秩序的;恐吓、侮辱、诽谤、诬陷、殴打、围攻或者打击报复各方诉讼参与人的。如上种种违法违规行为,表现不一,情节轻重不一,但都是对行政诉讼的妨害。

2. 从惩罚的角度,具体措施包括训诫、责令具结悔过、罚款、拘留,其中视情节轻重,由人民法院作出相应的决定,比如训诫的,审判长即可当庭作出;而罚款的上限不超过1万元,拘留的上限不超过十五日,且需经人民法院院长的批准。如果构成犯罪的,则依法追究刑事责任。

3. 从救济的角度,如果当事人对如上惩戒决定不服的,可以向上一级人民法院申请复议一次,复议期间不停止惩戒决定的执行。这里要注意,对于本法第五十五条提到的回避与否的决定、第五十六条提到的诉讼停止或不停止执行的裁定、第五十七条先予执行或者不先予执行的裁定，当事人都可以申请复议，但如上几种复议都是在同级法院，而对妨害行政诉讼强制措施中的拘留或者罚款决定不服的复议，则可以向上一级人民法院申请。

## 关联法律法规

**《最高人民法院关于行政诉讼证据若干问题的规定》(法释〔2002〕21号　自2002年10月1日起施行)**

第七十六条　证人、鉴定人作伪证的，依照行政诉讼法第四十九条第一款第(二)项的规定追究其法律责任。

第七十七条　诉讼参与人或者其他人有对审判人员或者证人、鉴定人、勘验人及其近亲属实施威胁、侮辱、殴打、骚扰或者打击报复等妨碍行政诉讼行为的，依照行政诉讼法第四十九条第一款第(三)项、第(五)项或者第(六)项的规定追究其法律责任。

第七十八条　对应当协助调取证据的单位和个人，无正当理由拒不履行协助义务的，依照行政诉讼法第四十九条第一款第(五)项的规定追究其法律责任。

**第六十条　【调解】人民法院审理行政案件，不适用调解。但是，行政赔偿、补偿以及行政机关行使法律、法规规定的自由裁量权的案件可以调解。**

**调解应当遵循自愿、合法原则，不得损害国家利益、社会公共利益和他人合法权益。**

**对应司法解释**

**《最高人民法院关于适用〈中华人民共和国行政诉讼法〉的解释》(法释〔2018〕1号　自2018年2月8日起施行)**

第八十四条　人民法院审理行政诉讼法第六十条第一款规定的行政案件，认为法律关系明确、事实清楚，在征得当事人双方同意后，可以迳行调解。

第八十五条　调解达成协议，人民法院应当制作调解书。调解书应当写明诉讼请求、案件的事实和调解结果。

调解书由审判人员、书记员署名,加盖人民法院印章,送达双方当事人。

调解书经双方当事人签收后,即具有法律效力。调解书生效日期根据最后收到调解书的当事人签收的日期确定。

第八十六条 人民法院审理行政案件,调解过程不公开,但当事人同意公开的除外。

经人民法院准许,第三人可以参加调解。人民法院认为有必要的,可以通知第三人参加调解。

调解协议内容不公开,但为保护国家利益、社会公共利益、他人合法权益,人民法院认为确有必要公开的除外。

当事人一方或者双方不愿调解、调解未达成协议的,人民法院应当及时判决。

当事人自行和解或者调解达成协议后,请求人民法院按照和解协议或者调解协议的内容制作判决书的,人民法院不予准许。

第九十五条 人民法院经审理认为被诉行政行为违法或者无效,可能给原告造成损失,经释明,原告请求一并解决行政赔偿争议的,人民法院可以就赔偿事项进行调解;调解不成的,应当一并判决。人民法院也可以告知其就赔偿事项另行提起诉讼。

## 条文应用提示

行政诉讼处理的是行政争议,人民法院需要对行政行为的合法性及合理性予以审查,这是一个涉及"是与非"的问题,合法就是合法,违法就是违法,所以原则上行政诉讼的审理不适用调解。但在涉及自由裁量权的案件,行政赔偿以及行政补偿的案件,主要涉及合理与否的问题,双方争议的往往在于最终数额(如处罚金额、补偿款、赔偿款等),这类案件可以适用调解。

在行政诉讼中进行调解,与民事诉讼、行政复议中进行的调解一样,同样要遵循"自愿+合法"的原则,不得损害国家利益、社会公共利益和他人合法权益。调解的过程、内容与最终达成的调解协议均不公开。如果不能达成调解的,人民法院应当及时判决,不能久调不决。

**第六十一条 【民事争议和行政争议交叉】在涉及行政许可、登记、征收、征用和行政机关对民事争议所作的裁决的行政诉讼中,当事人申请一并解决相关民事争议的,人民法院可以一并审理。**

**在行政诉讼中,人民法院认为行政案件的审理需以民事诉讼的裁判为依据的,可以裁定中止行政诉讼。**

**对应司法解释**

**《最高人民法院关于适用〈中华人民共和国行政诉讼法〉的解释》(法释〔2018〕1号 自2018年2月8日起施行)**

第十三条 债权人以行政机关对债务人所作的行政行为损害债权实现为由提起行政诉讼的,人民法院应当告知其就民事争议提起民事诉讼,但行政机关作出行政行为时依法应予保护或者应予考虑的除外。

第一百三十七条 公民、法人或者其他组织请求一并审理行政诉讼法第六十一条规定的相关民事争议,应当在第一审开庭审理前提出;有正当理由的,也可以在法庭调查中提出。

第一百三十八条 人民法院决定在行政诉讼中一并审理相关民事争议,或者案件当事人一致同意相关民事争议在行政诉讼中一并解决,人民法院准许的,由受理行政案件的人民法院管辖。

公民、法人或者其他组织请求一并审理相关民事争议,人民法院经审查发现行政案件已经超过起诉期限,民事案件尚未立案的,告知当事人另行提起民事诉讼;民事案件已经立案的,由原审判组织继续审理。

人民法院在审理行政案件中发现民事争议为解决行政争议的基础,当事人没有请求人民法院一并审理相关民事争议的,人民法院应当告知当事人依法申请一并解决民事争议。当事人就民事争议另行提起民事诉讼并已立案的,人民法院应当中止行政诉讼的审理。民事争议处理期间不计算在行政诉讼审理期限内。

第一百三十九条 有下列情形之一的,人民法院应当作出不予准许一并审理民事争议的决定,并告知当事人可以依法通过其他渠道主张权利:

(一)法律规定应当由行政机关先行处理的;
(二)违反民事诉讼法专属管辖规定或者协议管辖约定的;
(三)约定仲裁或者已经提起民事诉讼的;
(四)其他不宜一并审理民事争议的情形。
对不予准许的决定可以申请复议一次。

第一百四十条 人民法院在行政诉讼中一并审理相关民事争议的,民事争议应当单独立案,由同一审判组织审理。

人民法院审理行政机关对民事争议所作裁决的案件,一并审理民事争议的,不另行立案。

第一百四十一条 人民法院一并审理相关民事争议,适用民事法律规范的相关规定,法律另有规定的除外。

当事人在调解中对民事权益的处分,不能作为审查被诉行政行为合法性的根据。

第一百四十二条 对行政争议和民事争议应当分别裁判。

当事人仅对行政裁判或者民事裁判提出上诉的,未上诉的裁判在上诉期满后即发生法律效力。第一审人民法院应当将全部案卷一并移送第二审人民法院,由行政审判庭审理。第二审人民法院发现未上诉的生效裁判确有错误的,应当按照审判监督程序再审。

第一百四十三条 行政诉讼原告在宣判前申请撤诉的,是否准许由人民法院裁定。人民法院裁定准许行政诉讼原告撤诉,但其对已经提起的一并审理相关民事争议不撤诉的,人民法院应当继续审理。

第一百四十四条 人民法院一并审理相关民事争议,应当按行政案件、民事案件的标准分别收取诉讼费用。

## 条文应用提示

将民事诉讼和行政诉讼合并审理的实质就是诉的合并。在一定的条件下,当事人可以申请人民法院一并解决行政争议与民事争议,人民法院可以予以一并审理。依据本条,只有在涉及行政许可、登记、征收、征用和当事人不服行政机关对民事争议所作的裁决的行政诉讼中,且当事人申请一并解决的才涉及诉的合并。

在最高人民法院法释〔2018〕1 号文第二百三十八条中,对于当事人未在行政诉讼中请求一并审理相关民事争议,但人民法院在审理中发现民事争议为解决行政争议的基础,这个时候,人民法院应当告知原告可以依法申请一并解决民事争议。此时,选择权交回到原告手中,原告可以选择在行政诉讼中一并审理,也可以另行提出民事诉讼。但我们必须明白一个前提——就是法院此时判断是——“民事争议为解决行政争议的基础”,如果没有这一前提判断,法院是不应该也不需要主动向原告提及的。当然,这种情况下,是否予以友善的提醒,并不影响原告另行在法定期限内提起民事诉讼的权利。

归根结底,在行政诉讼中一并审理相关民事争议的前提是“民事争议和行政争议交叉,且民事争议为解决行政争议的基础”,原告是申请人/发动方,而决定权在于人民法院。

其中“涉及行政许可、登记、征收、征用”,通过诉的合并审理,人民法院从而对“是否应予许可、是否应予登记、是否应予以征收、是否应予以征用,以及相应的赔偿补偿金额”等问题作出司法上的回应。

其中“涉及行政机关对民事争议所作的裁决的行政诉讼”,经过行政裁决而形成的法律关系已经不仅是只有原争议双方当事人存在的双方法律关系,而是一种三方法律关系,不仅包括原争议双方当事人之间的法律关系,还包括纠纷双方当事人与作为裁决者的行政机关之间的法律关系。当事人对行政机关作出的行政裁决不服提起行政诉讼时,必然存在“一个民事争议和一个行政争议”这两个尚未解决的争议。行政附带民事诉讼就可以解决这个问题,即通过审查行政争议主纠纷,从而解决民事争议实质纠纷。

行政裁决与人们熟知的民事仲裁、民事诉讼相比,都是化解民事纠纷的方式,行政机关在解决特定民事争议方面具有效率高、成本低、专业性强、程序简便等特点。行政裁决主要适用于对以下特定民事纠纷的处理:侵权纠纷、补偿纠纷、损害赔偿纠纷、权属纠纷、政府采购纠纷,以及法律法规规定适用行政裁决的其他民事纠纷。涉及合同的民事纠纷,应按照《民法典》的相关规定处理,不纳入行政裁决的范围。我国法律没有对行政裁决作出统一规范,相关规定散见于多部法律法规中,比如,《土地管理法》《森林法》《草原法》《矿产资源法》等法律规定了土地、林地、草原、矿区等自然资源权属民事纠纷的行政裁决事项,《商标法》《专利法》《植物新品种保护条例》《中药品种保护条例》《集成电路布图设计保护条例》等法律、行政法规对知识产权侵权纠纷和补偿争议的行政裁决事项作出了规定,《政府采购法》等法律对政府采购活动争议的裁决处理作出了规定。

本条第二款规定,在行政诉讼中,人民法院认为行政案件的审理需以民事诉讼的裁判为依据的,可以裁定中止行政诉讼。如果在行、民交叉案件合并审理或者行政诉讼的进行过程中,涉及要以某个民事争议的结论为依据的(如某公司是否享有商标权决定了其是否涉及商标侵权),法院可以裁定中止行政诉讼,等待民事诉讼的裁判结果。

总之,在审理民事争议与行政争议交叉案件时,法院所遵循的思路就是,首先根据具体案情确定民事争议与行政争议审理的先后顺序,其次采取先行政后民事或者先民事后行政的审理方式。具体而言,可以运用行政附带民事诉讼或者将行政诉讼与民事诉讼合并审理,如此一来,可以最大限度地方便案件当事人,一次性解决当事人争议的核心问题,也提高了法院工作效率,避免作出相矛盾的裁判。

**第六十二条　【撤诉】人民法院对行政案件宣告判决或者裁定前,原告申请撤诉的,或者被告改变其所作的行政行为,原告同意并申请撤诉的,是否准许,由人民法院裁定。**

**对应司法解释**

**《最高人民法院关于适用〈中华人民共和国行政诉讼法〉的解释》(法释〔2018〕1号　自2018年2月8日起施行)**

第六十条　人民法院裁定准许原告撤诉后,原告以同一事实和理由重新起诉的,人民法院不予立案。

准予撤诉的裁定确有错误,原告申请再审的,人民法院应当通过审判监督程序撤销原准予撤诉的裁定,重新对案件进行审理。

第六十一条　原告或者上诉人未按规定的期限预交案件受理费,又不提出缓交、减交、免交申请,或者提出申请未获批准的,按自动撤诉处理。在按撤诉处理后,原告或者上诉人在法定期限内再次起诉或者上诉,并依法解决诉讼费预交问题的,人民法院应予立案。

第七十九条 原告或者上诉人申请撤诉,人民法院裁定不予准许的,原告或者上诉人经传票传唤无正当理由拒不到庭,或者未经法庭许可中途退庭的,人民法院可以缺席判决。

第三人经传票传唤无正当理由拒不到庭,或者未经法庭许可中途退庭的,不发生阻止案件审理的效果。

根据行政诉讼法第五十八条的规定,被告经传票传唤无正当理由拒不到庭,或者未经法庭许可中途退庭的,人民法院可以按期开庭或者继续开庭审理,对到庭的当事人诉讼请求、双方的诉辩理由以及已经提交的证据及其他诉讼材料进行审理后,依法缺席判决。

第八十条 原告或者上诉人在庭审中明确拒绝陈述或者以其他方式拒绝陈述,导致庭审无法进行,经法庭释明法律后果后仍不陈述意见的,视为放弃陈述权利,由其承担不利的法律后果。

当事人申请撤诉或者依法可以按撤诉处理的案件,当事人有违反法律的行为需要依法处理的,人民法院可以不准许撤诉或者不按撤诉处理。

法庭辩论终结后原告申请撤诉,人民法院可以准许,但涉及国家利益和社会公共利益的除外。

第一百四十三条 行政诉讼原告在宣判前申请撤诉的,是否准许由人民法院裁定。人民法院裁定准许行政诉讼原告撤诉,但其对已经提起的一并审理相关民事争议不撤诉的,人民法院应当继续审理。

## 条文应用提示

本条是关于行政诉讼中撤诉问题的原则性规定。首先,撤诉发生的时间必须是法院对行政案件宣告判决或者作出裁定之前。其次,撤诉必须是原告提出的,或者在被告改变行政行为的情况下原告决定撤诉从而提出申请,总之没有原告的发动,无法实现撤诉。比如,即使被告改变了行政行为,但是原告坚持要求司法机关对于被告所作的行政行为予以确认违法的否定性评价,这个情况下明确表示不撤诉的,法院也不能拒绝审理。最后,撤诉的决定权在于法院,最终由法院裁定是否准许撤诉。申请撤诉不符合法定条件,人民法院可以不准许撤诉或者不按撤诉处理。在二审中,上诉人可以主动申请撤回上诉。当事人在选择撤诉时,应充分考虑法律后果及救济途径,比如,“撤诉后无正当理由以同一类事实和理由再次起诉的，法院不予受理”，从而避免因撤诉而丧失权利。

## 关联法律法规

**《最高人民法院关于行政诉讼撤诉若干问题的规定》（法释〔2008〕2号　自2008年2月1日起施行）**

为妥善化解行政争议，依法审查行政诉讼中行政机关改变被诉具体行政行为及当事人申请撤诉的行为，根据《中华人民共和国行政诉讼法》制定本规定。

第一条　人民法院经审查认为被诉具体行政行为违法或者不当，可以在宣告判决或者裁定前，建议被告改变其所作的具体行政行为。

第二条　被告改变被诉具体行政行为，原告申请撤诉，符合下列条件的，人民法院应当裁定准许：

（一）申请撤诉是当事人真实意思表示；

（二）被告改变被诉具体行政行为，不违反法律、法规的禁止性规定，不超越或者放弃职权，不损害公共利益和他人合法权益；

（三）被告已经改变或者决定改变被诉具体行政行为，并书面告知人民法院；

（四）第三人无异议。

第三条　有下列情形之一的，属于行政诉讼法第五十一条规定的“被告改变其所作的具体行政行为”：

（一）改变被诉具体行政行为所认定的主要事实和证据；

（二）改变被诉具体行政行为所适用的规范依据且对定性产生影响；

（三）撤销、部分撤销或者变更被诉具体行政行为处理结果。

第四条　有下列情形之一的，可以视为“被告改变其所作的具体行政行为”：

（一）根据原告的请求依法履行法定职责；

（二）采取相应的补救、补偿等措施；

（三）在行政裁决案件中，书面认可原告与第三人达成的和解。

第五条　被告改变被诉具体行政行为，原告申请撤诉，有履行内容且履行完毕的，人民法院可以裁定准许撤诉；不能即时或者一次性履行的，人民法院可以裁定准许撤诉，也可以裁定中止审理。

第六条　准许撤诉裁定可以载明被告改变被诉具体行政行为的主要内容及履行情况，并可以根据案件具体情况，在裁定理由中明确被诉具体行政行为全部或者部分不再执行。

第七条　申请撤诉不符合法定条件，或者被告改变被诉具体行政行为后当事人不撤诉的，人民法院应当及时作出裁判。

第八条　第二审或者再审期间行政机关改变被诉具体行政行为，当事人申请撤回上诉或者再审申请的，参照本规定。

准许撤回上诉或者再审申请的裁定可以载明行政机关改变被诉具体行政行为的主要内容及履行情况，并可以根据案件具体情况，在裁定理由中明确被诉具体行政行为或者原裁判全部或者部分不再执行。

第九条　本院以前所作的司法解释及规范性文件，凡与本规定不一致的，按本规定执行。

## 典型案例参考

**某电子公司诉某城市规划局拆除违法建筑行政处理决定案**（《最高人民法院公报》1994 年第 3 期）

**【裁判要旨】**上诉人在二审期间，主动提出服从一审判决，申请撤回上诉。二审法院审查后裁定准予撤诉，双方当事人即按一审判决执行。

**第六十三条　【审理依据】人民法院审理行政案件，以法律和行政法规、地方性法规为依据。地方性法规适用于本行政区域内发生的行政案件。**

**人民法院审理民族自治地方的行政案件，并以该民族自治地方的自治条例和单行条例为依据。**

**人民法院审理行政案件，参照规章。**

**对应司法解释**

**《最高人民法院关于适用〈中华人民共和国行政诉讼法〉的解释》（法释〔2018〕1 号　自 2018 年 2 月 8 日起施行）**

第一百条　人民法院审理行政案件，适用最高人民法院司法解释的，应当在裁判文书中援引。

> 人民法院审理行政案件,可以在裁判文书中引用合法有效的规章及其他规范性文件。

## 条文应用提示

行政争议提交到法院,法院需要"以事实为依据,以法律为准绳"对之进行审理。在行政诉讼的审理中,具体的审理依据有哪些?本条明确,以法律、行政法规、地方性法规为依据,规章仅为参照,其中地方性法规只适用于本行政区域内发生的行政案件,比如,在山东省审理的行政诉讼案件,不能适用江苏省的地方性法规。在民族自治地方,自治条例和单行条例是民族自治地方行使民族自治权的重要方式,相当于各省市的地方性法规,所以也是民族自治区域的行政案件的审理依据。

对于规章,具体可分为国务院部门规章和地方政府规章。根据《立法法》的相关规定,国务院各部、委员会、中国人民银行、审计署和具有行政管理职能的直属机构以及法律规定的机构,可以根据法律和国务院的行政法规、决定、命令,在本部门的权限范围内,制定规章;省、自治区、直辖市和设区的市、自治州的人民政府,可以根据法律、行政法规和本省、自治区、直辖市的地方性法规,制定规章。规章的名称一般称"规定""办法",但不得称"条例";规章的内容一般为执行法律、行政法规、地方性法规的规定,或者属于本部门的职责范围/本行政区域的具体行政管理事项。而且《立法法》第九十一条中明确要求,规章不得设定减损公民、法人和其他组织权利或者增加其义务的规范,不得增加本部门的权力或者减少本部门的法定职责。

故而在审理行政争议的时候,对于规章,《行政诉讼法》明确规定是"参照适用",而非作为审理依据。对于最高院的司法解释,应当在裁判文书中援引。对于司法判断为合法有效的规章及其他规范性文件,人民法院可以在裁判文书中引用。

## 典型案例参考

**鲁潍(福建)盐业进出口有限公司苏州分公司诉江苏省苏州市盐务管理局盐业行政处罚案**(最高人民法院指导案例5号)

**【裁判要旨】**(1)盐业管理的法律、行政法规没有设定工业盐准运证的行政许可,地方性法规或者地方政府规章不能设定工业盐准运证这一新的行政许可。(2)盐业管理的法律、行政法规对盐业公司之外的其他企业经营盐的批发业务没有设定行政处罚,地方政府规章不能对该行为设定行政处罚。(3)地方政府规章违反法律规定设定许可、处罚的,人民法院在行政审判中不予适用。

**第六十四条　【规范性文件的审查和处理】人民法院在审理行政案件中,经审查认为本法第五十三条规定的规范性文件不合法的,不作为认定行政行为合法的依据,并向制定机关提出处理建议。**

**对应司法解释**

**《最高人民法院关于适用〈中华人民共和国行政诉讼法〉的解释》(法释〔2018〕1号　自2018年2月8日起施行)**

第一百四十七条　人民法院在对规范性文件审查过程中,发现规范性文件可能不合法的,应当听取规范性文件制定机关的意见。

制定机关申请出庭陈述意见的,人民法院应当准许。

行政机关未陈述意见或者未提供相关证明材料的,不能阻止人民法院对规范性文件进行审查。

第一百四十八条　人民法院对规范性文件进行一并审查时,可以从规范性文件制定机关是否超越权限或者违反法定程序、作出行政行为所依据的条款以及相关条款等方面进行。

有下列情形之一的,属于行政诉讼法第六十四条规定的"规范性文件不合法":

(一)超越制定机关的法定职权或者超越法律、法规、规章的授权范围的;

(二)与法律、法规、规章等上位法的规定相抵触的;

(三)没有法律、法规、规章依据,违法增加公民、法人和其他组织义务或者减损公民、法人和其他组织合法权益的;

(四)未履行法定批准程序、公开发布程序,严重违反制定程序的;

(五)其他违反法律、法规以及规章规定的情形。

第一百四十九条 人民法院经审查认为行政行为所依据的规范性文件合法的,应当作为认定行政行为合法的依据;经审查认为规范性文件不合法的,不作为人民法院认定行政行为合法的依据,并在裁判理由中予以阐明。作出生效裁判的人民法院应当向规范性文件的制定机关提出处理建议,并可以抄送制定机关的同级人民政府、上一级行政机关、监察机关以及规范性文件的备案机关。

规范性文件不合法的,人民法院可以在裁判生效之日起三个月内,向规范性文件制定机关提出修改或者废止该规范性文件的司法建议。

规范性文件由多个部门联合制定的,人民法院可以向该规范性文件的主办机关或者共同上一级行政机关发送司法建议。

接收司法建议的行政机关应当在收到司法建议之日起六十日内予以书面答复。情况紧急的,人民法院可以建议制定机关或者其上一级行政机关立即停止执行该规范性文件。

第一百五十条 人民法院认为规范性文件不合法的,应当在裁判生效后报送上一级人民法院进行备案。涉及国务院部门、省级行政机关制定的规范性文件,司法建议还应当分别层报最高人民法院、高级人民法院备案。

第一百五十一条 各级人民法院院长对本院已经发生法律效力的判决、裁定,发现规范性文件合法性认定错误,认为需要再审的,应当提交审判委员会讨论。

最高人民法院对地方各级人民法院已经发生法律效力的判决、裁定,上级人民法院对下级人民法院已经发生法律效力的判决、裁定,发现规范性文件合法性认定错误的,有权提审或者指令下级人民法院再审。

## 条文应用提示

实践中,行政机关及其工作人员在作出行政行为时,除依据法律、行政法规、地方性法规以及规章外,还有各种规范性文件。

本法第五十三条规定了规范性文件的附带审查,原告认为行政行为所依据的国务院部门和地方人民政府及其部门制定的规范性文件不合法,在对行政行为提起诉讼时,可以一并请求对该规范性文件进行审查。

如何进行审查和处理?本条主要规定了两点:(1)人民法院经审查后认为该规范性文件不合法的,不予以适用,也就是不作为认定被诉行政行为合法的依据,并在裁判理由中予以阐释;相应地,如果人民法院经审查后认为该规范性文件合法的,可以作为认定行政行为合法的依据,并在裁判文书中予以引用。(2)人民法院向制定机关提出修改或者废止文件的司法建议,指出该规范性文件的违法或不妥之处。收到司法建议的行政机关,应当及时予以书面答复,具体包括是否修改或废止该规范性文件。

**第六十五条　【裁判文书公开】人民法院应当公开发生法律效力的判决书、裁定书,供公众查阅,但涉及国家秘密、商业秘密和个人隐私的内容除外。**

**对应司法解释**

**《最高人民法院关于适用〈中华人民共和国行政诉讼法〉的解释》(法释〔2018〕1号　自2018年2月8日起施行)**

第八十六条　人民法院审理行政案件,调解过程不公开,但当事人同意公开的除外。

经人民法院准许,第三人可以参加调解。人民法院认为有必要的,可以通知第三人参加调解。

调解协议内容不公开,但为保护国家利益、社会公共利益、他人合法权益,人民法院认为确有必要公开的除外。

当事人一方或者双方不愿调解、调解未达成协议的,人民法院应当及时判决。

当事人自行和解或者调解达成协议后,请求人民法院按照和解协议或者调解协议的内容制作判决书的,人民法院不予准许。

## 条文应用提示

裁判文书公开是司法公开的重要举措,体现了司法改革的方向和人民法院公正审判法的决心。

裁判文书公开在法治化中具有无可替代的重要作用和价值,因为裁判文书是一种司法公共产品,兼实体正义和程序正义的双重载体,公开裁判文书则是公开审判的精神内涵。裁判文书公开促进法律的正确实施,督促各级法官依法裁判,也为专业交流提供了平台。中国裁判文书网作为最高人民法院于2013年建立的全国法院统一的裁判文书公开平台,截至2025年5月文书总量达1.5亿篇。2023年最高院又启动人民法院案例库的建议,截至2025年5月共收录案例4826篇。这些都是裁判文书公开的重要载体。

只有在涉及国家秘密、商业秘密和个人隐私的裁判文书,可依据程序予以相应的处理,不进行公开。在调解结案的案件中,调解书的内容一般也不予公开。

**第六十六条 【有关行政机关工作人员和被告的处理】人民法院在审理行政案件中,认为行政机关的主管人员、直接责任人员违法违纪的,应当将有关材料移送监察机关、该行政机关或者其上一级行政机关;认为有犯罪行为的,应当将有关材料移送公安、检察机关。**

**人民法院对被告经传票传唤无正当理由拒不到庭,或者未经法庭许可中途退庭的,可以将被告拒不到庭或者中途退庭的情况予以公告,并可以向监察机关或者被告的上一级行政机关提出依法给予其主要负责人或者直接责任人员处分的司法建议。**

## 条文应用提示

人民法院在案件审理中发现有关行政机关的工作人员(具体包括行政机关的主管人员、直接责任人员)违法、违纪的,可与监察机关、公安机关、检察机关进行联动。应当将有关材料移送监察机关、该行政机关或者其上一级行政机关;认为有犯罪行为的,应当将有关材料移送公安、检察机关。

此外,被告作为行政机关,更应该尊重司法,尊重法律,但是在庭审中经传票传唤无正当理由拒不到庭或者未经许可中途退庭的,人民法院可以将这种情况予以公告,并向监察机关、上一级行政机关反映,提出给予其主要负责人或者直接责任人员行政处分的司法建议。

# 第二节　第一审普通程序

**第六十七条　【发送起诉状和提出答辩状】人民法院应当在立案之日起五日内，将起诉状副本发送被告。被告应当在收到起诉状副本之日起十五日内向人民法院提交作出行政行为的证据和所依据的规范性文件，并提出答辩状。人民法院应当在收到答辩状之日起五日内，将答辩状副本发送原告。**

**被告不提出答辩状的，不影响人民法院审理。**

**对应司法解释**

**《最高人民法院关于适用〈中华人民共和国行政诉讼法〉的解释》（法释〔2018〕1号　自2018年2月8日起施行）**

第七十条　起诉状副本送达被告后，原告提出新的诉讼请求的，人民法院不予准许，但有正当理由的除外。

## 条文应用提示

本条为行政诉讼立案之后，人民法院向被告发送起诉状以及被告提出答辩状的相关规定。这两个步骤是开庭之前的必经程序，都有相应的期限规定。其中，人民法院应该自立案之日起五日内，将原告的起诉状副本发送给被告；被告应当在收到起诉状副本之日起十五日内向人民法院提交行政行为的证据和所依据的规范性文件，并提出答辩状；接着人民法院在收到被告相关答辩材料之日起五日内，将答辩状副本发送给原告。如果被告不提出答辩材料，放弃答辩权利，也不会影响人民法院的正常审理。

一般情况下，法院向原告、被告双方传递的材料，包括了对方的证据材料，这意味着在正式开庭审理之前，原告方手里有被告方的答辩状及证据材料，被告方手里有原告方的起诉状及证据材料。在诉讼实践中，当事人会觉得远远超过“五日+十五日+五日”的期限规定，有些被告甚至当庭提交证据材料，而审判人员为了不延迟审理，一般会让原告先进行口头答辩,庭后再提交书面质证意见。这种情况在行政诉讼中是不应该出现的,有经验的代理人在立案后会紧追法院,要求被告按照时间节点提交证据及答辩状。

**第六十八条 【审判组织形式】人民法院审理行政案件,由审判员组成合议庭,或者由审判员、陪审员组成合议庭。合议庭的成员,应当是三人以上的单数。**

## 条文应用提示

行政诉讼中也存在简易程序,采用简易程序审理的行政案件,可以由审判员独任审理。一般而言,人民法院审理行政案件的,均应组成合议庭,并且要求三人以上的单数,具体组成人员可以全部是审判员,也可以是由审判员跟人民陪审员共同组成。

**第六十九条 【驳回原告诉讼请求判决】行政行为证据确凿,适用法律、法规正确,符合法定程序的,或者原告申请被告履行法定职责或者给付义务理由不成立的,人民法院判决驳回原告的诉讼请求。**

**对应司法解释**

**《最高人民法院关于适用〈中华人民共和国行政诉讼法〉的解释》(法释〔2018〕1号 自2018年2月8日起施行)**

第九十三条 原告请求被告履行法定职责或者依法履行支付抚恤金、最低生活保障待遇或者社会保险待遇等给付义务,原告未先向行政机关提出申请的,人民法院裁定驳回起诉。

人民法院经审理认为原告所请求履行的法定职责或者给付义务明显不属于行政机关权限范围的,可以裁定驳回起诉。

## 条文应用提示

按判决类型划分,可以将行政判决分为七类,分别是维持判决、撤销判决、重作判决、确认判决、履行判决、变更判决和行政诉讼赔偿判决。

其中,驳回原告诉讼请求的判决也即维持判决。

人民法院对行政行为进行审查后,认为被告作出行政行为时证据确凿,适用法律、法规正确,符合法定程序的,则应作出驳回原告诉讼请求的判决;此外,如原告诉请要求被告履行法定职责或者承担给付义务,人民法院经审查后认为原告理由无法成立,不予支持,从而判决驳回原告的诉讼请求。

具体而言,对被诉行政行为进行合法性审查时,主要包括如下几个方面:(1)是否属于本行政机关的职权,是否存在超越职权、滥用职权的问题;(2)主要证据是否确实、充分;(3)法律依据是否正确得当,适用的规章及其他规范性文件是否合法;(4)是否符合法定程序;(5)是否存在合理性问题;(6)其他如是否存在不履行或者拖延履行法定职责的情况等。

驳回原告诉讼请求的判决是一种常见的判决形式,意味着法院对被告行政行为合法性(及合理性)的认可。

## 典型案例参考

**某石料厂诉某劳保局工伤认定案**(《最高人民法院公报》2005 年第 8 期)

**【裁判要旨】**劳动保障行政部门受理工伤认定申请后,依照法定程序要求用人单位在规定时间内提供相关证据,用人单位无正当理由拒不向行政机关提供证据,事后在行政诉讼程序中向人民法院提供的,人民法院可不予采纳。行政机关的具体行政为证据确凿、适用法律、法规正确,符合法定程序的,人民法院应判决维持。

**第七十条　【撤销判决和重作判决】行政行为有下列情形之一的,人民法院判决撤销或者部分撤销,并可以判决被告重新作出行政行为:**

**(一)主要证据不足的;**

**(二)适用法律、法规错误的;**

**(三)违反法定程序的;**

**(四)超越职权的;**

**(五)滥用职权的;**

**(六)明显不当的。**

**对应司法解释**

**《最高人民法院关于适用〈中华人民共和国行政诉讼法〉的解释》（法释〔2018〕1号　自2018年2月8日起施行）**

第八十九条　复议决定改变原行政行为错误，人民法院判决撤销复议决定时，可以一并责令复议机关重新作出复议决定或者判决恢复原行政行为的法律效力。

## 条文应用提示

撤销判决和重作判决也是行政诉讼裁判诸多类型中常见且重要的一种判决形式。依据《行政诉讼法》及相关司法解释的规定，行政诉讼撤销判决的形式分为三种：一是撤销全部行政行为的判决；二是撤销部分行政行为的判决；三是在判决撤销的同时责令行政机关重新作出具体行政行为。对于重新作出行政行为的，若该具体行政行为不及时重新作出，将会给国家利益、公共利益或者当事人利益造成损失的，还可以限定重新作出具体行政行为的期限。

撤销判决是对被诉行政行为的否定性评价，司法机关依据相关法律将其撤销，使其效力自始消灭。对于存在如下问题的行政行为，人民法院可以作出撤销判决和重作判决：(1)从权力行使主体的角度，存在超越职权、滥用职权的行为；(2)从事实认定的角度，存在主要证据不足的；(3)从法律适用的角度，存在适用法律、法规错误的；(4)从程序合法的角度，存在违反法定程序的；(5)从合理性审查的角度，存在明显不当的。

撤销判决作为法院运用行政审判权的主要方式，在行政诉讼裁判方式中具有重要的作用，在行政诉讼中原告请求最多、法院纠正违法具体行政行为最有效、适用范围最广的判决形式就是撤销判决。

在实践中，适用部分撤销的判决较少，只有在具备一定的前提条件，即在相关具体行政行为同时存在正确与错误部分，而正确与错误部分之间的界限又是明显可分的情况下，才会适用部分撤销判决。如果对正确与错误部分难以区分，一般应撤销整个行政行为，并可判令行政机关重新作出行政行为。

## 典型案例参考

**1. 何某诉某劳动局工伤认定行政行为案**(《最高人民法院公报》2004 年第 9 期)

**【裁判要旨】**根据《劳动法》的规定,认定劳动者工作时间在工作场所的卫生设施内发生伤亡与工作无关,属适用法律错误。行政机关作出具体行政行为时适用法律错误的,法院应判决撤销该行政行为并判决被告重新作出具体行政行为。

**2. 林某杰诉西北民族大学(以下简称西北民大)开除学籍案**①

原告林某杰作为西北民大的研究生,因琐事与室友在宿舍内发生冲突,因室友先用凳子击打,而使用水果刀反击将对方划伤。西北民大遂作出了第一份开除其学籍的行政处分决定,林某杰不服,提起行政诉讼,后该份行政处分决定被法院撤销,并责令西北民大重新作出行政行为。西北民大作出的第二份行政处分决定,结果依然是开除林某杰学籍,依据是中华人民共和国教育部令第 21 号《普通高等学校学生管理规定》第五十四条②规定:"学生有下列情形之一,学校可以给予开除学籍处分:……(六)违反学校规定,严重影响学校教育教学秩序、生活秩序以及公共场所管理秩序,侵害其他个人、组织合法权益,造成严重后果的;……"以及《西北民族大学学生违纪处理办法》(民大发[2013]125 号)第十五条第(三)项"打架者"之第 5 目:"参与聚众斗殴或持械打人者,给予留校察看或开除学籍处分"规定当中"持械打人的情形"的规定。

一审法院认为:首先,西北民大处理办法中"持械打人予以开除学籍处分"的规定并无上位法依据;其次,西北民大提交的证据——林某杰室友轻伤之鉴定并不足以证明林某杰的行为严重影响了学校教育教学秩序、生活秩序以及公共场所管理秩序并造成了严重后果,故其行政行为并不符合《普通高等学校学生管理规定》第五十四条规定中的事实要件。因此该行政处分决定被一审法院以主要证据不足为由予以撤销,西北民大不服判决,上诉至甘肃省高级人民法院,二审法院经审理认为一审判决适用法律及判决结果正确,审判程序合法,判决驳回上诉,维持原判。显然,上述行政行为便是由于行政机关在作出行政行为时,缺少必要的证据证明所依据的法律中的法定事实要件,从而

---

① 毛胜利、权子衡:《浅析行政诉讼撤销判决——基于对 156 份行政判决的实证研究》,载甘肃法院网 2019 年 12 月 16 日,http://www.chinagscourt.gov.cn/Show/49499。

② 该规定于 2016 年 12 月 16 日经教育部修订,对应法条为第五十二条。

被认定为主要证据不足,以至于被撤销。

**3. 卢某香诉甘肃省住房和城乡建设厅(以下简称省住建厅)政府信息公开、中华人民共和国住房和城乡建设部(以下简称住建部)一案①**

卢某香就房屋施工图设计质量问题整改加固报告(经建设、施工、设计、监理、质量监督单位共同参与整改的设计质量问题整改报告)等部分向省住建厅提起了政府信息公开申请,在其作出不予公开答复后,又向住建部申请了复议,依然被以非文件制作和保存机关为由未予公开。被诉行政机关省住建厅及住建部在作出不予公开答复时,所依据的都是《政府信息公开条例》第十七条②规定:"行政机关制作的政府信息,由制作该政府信息的行政机关负责公开;行政机关从公民、法人或者其他组织获取的政府信息,由保存该政府信息的行政机关负责公开。法律、法规对政府信息公开的权限另有规定的,从其规定。"一审法院亦认为省住建厅虽然曾经获取过相关资料,但这些资料均由建设单位和城建档案馆负责保存。省住建厅在对建设工程的监督管理过程中,对建设单位提供的建设工程文件资料经了解核实后,均予以退回,不予保存,故既非被申请公开文件的制作人,亦非保存人,被申请公开文件非政府信息范畴。根据相关法律规定,判决驳回原告卢某香的诉讼请求。

后卢某香上诉至甘肃省高级人民法院,省高级人民法院经审查认为,根据《党政机关公文处理工作条例》第九条规定,公文一般由份号、密级和保密期限……附件、抄送机关、印发机关和印发日期、页码等组成。该条第(十五)项规定:"附件。公文正文的说明、补充或参考资料。"上诉人卢某香申请公开的关于施工图设计质量问题整改加固报告的文件资料虽然属于工程档案,但被上诉人省住建厅曾作出关于该施工图的鉴定意见报告,并将该报告作为上述公文的附件抄送至相关单位,因此,上诉人申请的报告属于上述公文的组成部分,故被上诉人省住建厅作为制作政府信息的行政机关应当具有公开职责。综上,判决撤销省住建厅及住建部对于卢某香答复中关于施工图设计质量问题整改加固报告部分不予公开的决定。

这个案件属于典型的行政行为因适用法律、法规错误而被依法予以撤销的情形。在这个案件中,《政府信息公开条例》属于一般法,仅规定了行政机关仅对自己制作保存的信息有责任公开,而《党政机关公文处理工作条例》属于特别

---

① 毛胜利、权子衡:《浅析行政诉讼撤销判决——基于对156份行政判决的实证研究》,载甘肃法院网2019年12月16日,http://www.chinagscourt.gov.cn/Show/49499。

② 此处依据的是2017年1月17日公布的《政府信息公开条例》。

法，规定了属于公文范畴的其他文件，省住建厅及住建部在作出不予公开决定时，仅适用了《政府信息公开条例》，而未对《党政机关公文处理工作条例》中的规定予以考虑，致使错误适用了法律、法规，最终导致行政行为被撤销。

**第七十一条　【重作判决对被告的限制】人民法院判决被告重新作出行政行为的，被告不得以同一的事实和理由作出与原行政行为基本相同的行政行为。**

**对应司法解释**

**《最高人民法院关于适用〈中华人民共和国行政诉讼法〉的解释》（法释〔2018〕1号　自2018年2月8日起施行）**

第九十条　人民法院判决被告重新作出行政行为，被告重新作出的行政行为与原行政行为的结果相同，但主要事实或者主要理由有改变的，不属于行政诉讼法第七十一条规定的情形。

人民法院以违反法定程序为由，判决撤销被诉行政行为的，行政机关重新作出行政行为不受行政诉讼法第七十一条规定的限制。

行政机关以同一事实和理由重新作出与原行政行为基本相同的行政行为，人民法院应当根据行政诉讼法第七十条、第七十一条的规定判决撤销或者部分撤销，并根据行政诉讼法第九十六条的规定处理。

## 条文应用提示

对行政机关而言，原行政行为被判决撤销，对其之后要作出的行政行为便也有了拘束力。如果法院在撤销判决的基础上叠加了重作判决，则虽然原来的撤销判决仅针对具体的被诉行政行为，但亦确认了与此相同或类似行政行为的违法性。一般而言，在事实和法律没有变化的前提下，行政机关重新作出的行政行为如果同之前被撤销的一致，则该行为亦违法，除非该行政行为撤销的原因并非因为具体行政行为本身证据不足，适用法律错误或明显不当，而是因为程序违法等原因被撤销。

即只有在以下两种情形下可以重新作出与原行政行为相同的行政行为：(1)被告重新作出的行政行为与原行政行为的结果相同，但是主要事实或者主要理由有所改变，这意味着行政机关进行了新的调查取证及分析论证;(2)法院以违反法定程序为由判决撤销被诉行政行为的,如果行政机关重新依照法定程序作出了与原行政行为基本相同的行政行为,不受本条规定的限制。

按照本法第九十六条的规定,行政机关拒绝履行判决、裁定、调解书,社会影响恶劣的,可以对该行政机关直接负责的主管人员和其他直接责任人员予以拘留等强制措施。

**第七十二条　【履行判决】人民法院经过审理,查明被告不履行法定职责的,判决被告在一定期限内履行。**

**对应司法解释**

**《最高人民法院关于适用〈中华人民共和国行政诉讼法〉的解释》(法释〔2018〕1号　自2018年2月8日起施行)**

第九十一条　原告请求被告履行法定职责的理由成立,被告违法拒绝履行或者无正当理由逾期不予答复的,人民法院可以根据行政诉讼法第七十二条的规定,判决被告在一定期限内依法履行原告请求的法定职责;尚需被告调查或者裁量的,应当判决被告针对原告的请求重新作出处理。

## 条文应用提示

原告诉请被告履行法定职责的,人民法院经过审理,查明被告的确负有相应的法定职责且不履行职责行为的,如违法拒绝履行或者无正当理由逾期不予答复的,应判决被告在一定期限内依法履行原告请求的法定职责。尚需被告进一步调查或者裁量的,应当判决被告针对原告的请求重新作出处理决定。

## 典型案例参考

**杨某诉某学校不履行法定职责案**(载《最高人民法院公报》2005年第7期)

**【裁判要旨】**根据《教育法》的规定,受教育者享有完成规定的学业后获得相应的学业证书的权利。教育机构没有直接向其准予毕业的受教育者发放毕业证书的行为,构成违法。根据《行政诉讼法》的规定,人民法院对某学校不履行法定职责的行为,判决其在一定期限内履行。

**第七十三条　【给付判决】人民法院经过审理，查明被告依法负有给付义务的，判决被告履行给付义务。**

**对应司法解释**

**《最高人民法院关于适用〈中华人民共和国行政诉讼法〉的解释》(法释〔2018〕1号　自2018年2月8日起施行)**

第九十二条　原告申请被告依法履行支付抚恤金、最低生活保障待遇或者社会保险待遇等给付义务的理由成立，被告依法负有给付义务而拒绝或者拖延履行义务的，人民法院可以根据行政诉讼法第七十三条的规定，判决被告在一定期限内履行相应的给付义务。

第九十三条　原告请求被告履行法定职责或者依法履行支付抚恤金、最低生活保障待遇或者社会保险待遇等给付义务，原告未先向行政机关提出申请的，人民法院裁定驳回起诉。

人民法院经审理认为原告所请求履行的法定职责或者给付义务明显不属于行政机关权限范围的，可以裁定驳回起诉。

## 条文应用提示

原告请求被告依法履行支付抚恤金、最低生活保障待遇或者社会保险待遇等给付义务的，人民法院经过审理，认为被告依法负有给付义务但是拒绝或者拖延履行义务的，应当判决被告在一定期限内履行相应的给付义务。

如果原告提出类似或要求给付补偿款、赔偿款的诉求时，并未先向行政机关提出申请，则人民法院应裁定驳回起诉；如果人民法院经审查认为原告的给付诉求明显不属于被诉行政机关权限范围的，可以裁定驳回起诉；如果法院经审查认为原告的给付诉请没有合理理由的，则应判决驳回诉讼请求。

**第七十四条　【确认违法判决】行政行为有下列情形之一的，人民法院判决确认违法，但不撤销行政行为：**

**（一）行政行为依法应当撤销，但撤销会给国家利益、社会公共利益造成重大损害的；**

（二）行政行为程序轻微违法，但对原告权利不产生实际影响的。

行政行为有下列情形之一，不需要撤销或者判决履行的，人民法院判决确认违法：

（一）行政行为违法，但不具有可撤销内容的；

（二）被告改变原违法行政行为，原告仍要求确认原行政行为违法的；

（三）被告不履行或者拖延履行法定职责，判决履行没有意义的。

**对应司法解释**

**《最高人民法院关于适用〈中华人民共和国行政诉讼法〉的解释》（法释〔2018〕1号　自2018年2月8日起施行）**

第九十六条　有下列情形之一，且对原告依法享有的听证、陈述、申辩等重要程序性权利不产生实质损害的，属于行政诉讼法第七十四条第一款第二项规定的“程序轻微违法”：

（一）处理期限轻微违法；

（二）通知、送达等程序轻微违法；

（三）其他程序轻微违法的情形。

## 条文应用提示

本条为确认违法判决，主要适用于在无法撤销、不需要撤销、不适合撤销以及判决履行无意义的情形下，通过裁判被诉行政行为违法从而对其予以否定性评价。

相较同为行政行为违法时所适用的确认违法判决，行政撤销判决具有优先性与排他性。撤销判决更加彻底，更能够体现司法权对行政权的监督。但是，确认违法的判决也是不可或缺的，因为它具有很强的补充性。

其主要适用以下几种情形：

（1）行政行为依法应当撤销，但撤销会给国家利益、社会公共利益造成重大损害的。比如，审批程序违法，超容积率建楼且已交付使用，如果撤销要求拆除这栋楼，会带来巨大的损失，这种情况下更适合作出确认违法判决。

(2)行政行为程序轻微违法,比如,处理期限、通知、送达等程序轻微违法,但对原告权利不产生实际影响。这种情形多是原告要求行政机关认错,人民法院对涉诉行政争议进行实体和程序审查后,认为权限、证据、法律适用等均不存在问题,仅是程序上确有瑕疵的,宜作出确认违法判决。

(3)行政行为的确违法,但不具有可撤销内容。本条第二款第2项和第3项情形,常见于违章建筑的拆除中,有的是政府机关未听取原告申辩或者未严格按照公告的时间进行,有的是损害了原告的合法财产,甚至拆除了相关建筑。如果确为拆除违章建筑,这个时候确认违法只是对行政机关程序违法的一种否定性评价,而如果损害了原告的合法财产,则因为建筑已经被拆除了,不具备撤销的具体内容,这个时候法院只能作出确认违法判决,同时判令责令被告采取补救措施,或者判决被告承担赔偿责任。

(4)被告改变原违法行政行为,原告仍要求确认原行政行为违法的。这种情况属于被告认错但是原告仍追究的情形,这时候法院不能拒绝审理,仍需要对原违法行政行为作出否定性评价即确认违法。

(5)被告不履行或者拖延履行法定职责,判决履行没有意义的。比如,原告希望公安机关对其人身予以保护,但未及时出警的,时过境迁,再判决履行毫无意义,则法院宜作出确认违法判决。

综上,在行政裁判中,确认违法判决对撤销判决起到了不可或缺的补充作用。

## 典型案例参考

**杨某诉B镇政府强制拆除行为违法案①**

2018年10月24日,杨某与A公司签订土地租赁合同,约定杨某承租该村土地约44.55亩,用途为再生资源利用,租赁期为1年。后杨某在未取得乡村建设规划许可证的情况下在该地块建设两栋厂房及办公用房(以下简称涉案房屋)。规划和国土资源管理部门作出《关于督促镇政府违法用地整改的函》,要求B镇政府予以整改。2018年12月3日,涉案房屋被B镇政府强制

① 盛亚娟:《行政行为被判决确认违法后,再提赔偿之诉如何处理》,载中国法院网,https://www.chinacourt.org/article/detail/2023/04/id/7228692.shtml。

拆除。杨某于2019年6月17日提起行政诉讼,请求确认B镇政府的强制拆除行为违法。2019年11月7日,生效判决确认B镇政府强制拆除行为违法。2020年8月17日,杨某提起民事诉讼,请求判令双方签订的土地租赁合同无效,判令A公司赔偿建厂房等投资款1000余万元。生效民事判决认定双方对合同无效均存在过错,各承担50%的责任,A公司赔偿杨某经济损失450万元。2021年9月29日,杨某向B镇政府提交国家赔偿申请书,2021年11月18日,B镇政府作出不予赔偿的决定,2022年2月17日,杨某向法院提起赔偿诉讼,要求B镇政府赔偿建筑材料等损失共计300余万元。

第一种观点认为:在生效判决确认强制拆除行为违法后,杨某选择通过民事诉讼途径对其经济损失进行救济,法院已对杨某的经济损失赔偿一事予以处理,故杨某再次主张经济赔偿属于重复起诉,应予裁定驳回。

第二种观点认为:法院已经确认强制拆除行为违法,后续提起的赔偿诉讼可以视为提起行政诉讼时一并提出赔偿请求的情形予以处理,应当适用《最高人民法院关于适用〈中华人民共和国行政诉讼法〉的解释》第六十四条第一款规定的一年起诉期限,确认拆除行为违法的判决生效于2019年11月7日,杨某于2022年2月17日提起赔偿诉讼,已超过一年的起诉期限,应予裁定驳回。

第三种观点认为:本案应当进入实体审理。因为杨某的起诉属于单独提起赔偿诉讼的情形,没有超过法定的起诉期限。《国家赔偿法》第九条第二款规定,赔偿请求人要求赔偿,应当先向赔偿义务机关提出,也可以在申请行政复议或提起行政诉讼时一并提出。根据该条规定,赔偿请求人提起行政赔偿请求的途径有两种:一是赔偿请求人单独提出赔偿请求,此时应当先向赔偿义务机关提出;二是赔偿请求人可以在对行政行为提出行政复议或行政诉讼的过程中,附带提出赔偿请求即通常说的"一并提起赔偿诉讼"的情形。如果法院确认行政行为违法后,赔偿请求人未经赔偿义务机关先行处理直接提起赔偿诉讼,此时如何处理。实践中,有的法院以当事人的起诉不满足《最高人民法院关于审理行政赔偿案件若干问题的规定》(法发〔1997〕10号)第二十一条第五项规定的"赔偿义务机关已先行处理或超过法定期限不予处理"为由,裁定驳回起诉。实际上,2017年9月4日全国人民代表大会常务委员会法制工作委员会《对国家赔偿法第九条第二款理解与适用法律问题的意见》(法工办法〔2017〕224号)及《最高人民法院行政法官专业会议纪要(一)(行政赔偿领域)》均认为此种情形"可以视为一并提起赔偿诉讼",赔偿请求人无须经赔偿义务机关先行处理程序。主要理由如下:在此种情形下,如果要求赔偿请求人再向赔偿义务机关提出赔偿请求方可提起行政赔偿诉讼,实际上取消了赔偿请求人在行政赔偿程序上的选择权,增加了赔偿程序的复杂性,不利于畅通赔偿渠道,也不符合制定和修改国家赔偿法的立法目的。因此,在生效判决已经确认行政行为违法的情况下,不再要求当事人必须先向赔偿义务机关提出先行处理,可以直接向法院提起赔偿诉讼,属于"可以视为一并提起赔偿诉讼"的情形。新的《最高人民法院关于审理行政赔偿案件若干问题的规定》(法释〔2022〕10号)完善吸收了这一观点,不再区分行政事实行为和行政法律行为,进一步明确一并及单独提起行政赔偿诉讼的程序问题,畅通行政赔偿诉讼程序,实现对当事人诉讼权利的充分保障。

本案中,强制拆除行为发生在2018年12月,确认强制拆除违法的判决于2019年11月7日发生法律效力,杨某于2021年9月29日向B镇政府提交了国家赔偿申请书,并未超过两年内请求赔偿的时效。在B镇政府2021年11月18日作出不予行政赔偿决定后,杨某于2022年2月17日向一审法院提起赔偿诉讼,符合《国家赔偿法》第十四条第二款规定的"赔偿义务机关作出不予赔偿决定的,赔偿请求人可以自赔偿义务机关作出赔偿或者不予赔偿决定之日起三个月内,向人民法院提起诉讼"的条件,属于单独提起赔偿诉讼的情形,应当予以受理。

本案不属于重复起诉,应当进入实体审理。《最高人民法院关于适用〈中华人民共和国行政诉讼法〉的解释》第一百零六条规定,"当事人就已经提起诉讼的事项在诉讼过程中或者裁判生效后再次起诉,同时具有下列情形的,构成重复起诉:(一)后诉与前诉的当事人相同;(二)后诉与前诉的诉讼标的相同;(三)后诉与前诉的诉讼请求相同,或者后诉的诉讼请求被前诉裁判所包含"。从该条规定可以看出,要求后诉和前诉要同时具备"当事人、诉讼标的、诉讼请求"三方面的同一性,才能认定后诉属于重复起诉。

本案中,生效民事判决书认定,双方对合同无效各承担50%的责任,鉴于涉案土地的地上物建设未经审批且被拆除,根据双方过错比例,酌情确定A公司赔偿杨某经济损失450万元。从上述认定可以看出,民事判决解决的是杨某与A公司因土地租赁合同无效导致的责任承担问题,而行政赔偿解决的是因行政机关违法行政导致的赔偿问题,二者在"当事人、诉讼标的、诉讼请求"方面均不具备同一性,明显不属于重复起诉的情形。行政赔偿的起诉权并不当然因赔偿请求人获得民事救济而丧失,是否应予赔偿及赔偿数额均需要进入实体审理后才能作出判断,故本案应当进入实体审理。

**第七十五条 【确认无效判决】行政行为有实施主体不具有行政主体资格或者没有依据等重大且明显违法情形,原告申请确认行政行为无效的,人民法院判决确认无效。**

**对应司法解释**

**《最高人民法院关于适用〈中华人民共和国行政诉讼法〉的解释》(法释〔2018〕1号 自2018年2月8日起施行)**

第九十四条 公民、法人或者其他组织起诉请求撤销行政行为,人民法院经审查认为行政行为无效的,应当作出确认无效的判决。

公民、法人或者其他组织起诉请求确认行政行为无效,人民法院审查认为行政行为不属于无效情形,经释明,原告请求撤销行政行为的,应当继续审理并依法作出相应判决;原告请求撤销行政行为但超过法定起诉期限的,裁定驳回起诉;原告拒绝变更诉讼请求的,判决驳回其诉讼请求。

第九十九条 有下列情形之一的,属于行政诉讼法第七十五条规定的"重大且明显违法":

(一)行政行为实施主体不具有行政主体资格;

(二)减损权利或者增加义务的行政行为没有法律规范依据;

(三)行政行为的内容客观上不可能实施;

(四)其他重大且明显违法的情形。

## 条文应用提示

在确认违法、对违法行为的撤销判决之外,还存在确认无效判决。针对可撤销行政行为,在该行为被撤销之前,应当推定有效,相对人有服从的义务。而无效行政行为是绝对无效、当然无效和自始无效,对其效力上的否定具有绝对性。

我国《土地管理法》《税收征收管理法》《教育法》《草原法》《城乡规划法》《农村土地承包法》《海域使用管理法》《海岛保护法》等都有关于行政行为"无效"的规定。2021年修订的《行政处罚法》第三十八条规定:"行政处罚没有依据或者实施主体不具有行政主体资格的,行政处罚无效。违反法定程序构成重大且明显违法的,行政处罚无效。"

可以说，行政行为无效的情况，主要针对“重大且明显违法”，实践中如何判定哪些情况属于“重大且明显违法”应参考《行政诉讼法解释》第九十九条的规定。

1989年通过的《行政诉讼法》只规定了维持、撤销、履行、变更等判决形式，没有确认无效判决。2014年《行政诉讼法》修正时，正式将“确认无效”判决写进了法律，在第七十五条中明确规定：“行政行为有实施主体不具有行政主体资格或者没有依据等重大且明显违法情形，原告申请确认行政行为无效的，人民法院判决确认无效。”与此同时，第七十六条还规定：“人民法院判决确认违法或者无效的，可以同时判决责令被告采取补救措施；给原告造成损失的，依法判决被告承担赔偿责任。”

## 关联法律法规

**《最高人民法院关于审理行政协议案件若干问题的规定》（法释〔2019〕17号　自2020年1月1日起施行）**

第十二条　行政协议存在行政诉讼法第七十五条规定的重大且明显违法情形的，人民法院应当确认行政协议无效。

人民法院可以适用民事法律规范确认行政协议无效。

行政协议无效的原因在一审法庭辩论终结前消除的，人民法院可以确认行政协议有效。

**第七十六条　【确认违法和无效判决的补充规定】人民法院判决确认违法或者无效的，可以同时判决责令被告采取补救措施；给原告造成损失的，依法判决被告承担赔偿责任。**

**对应司法解释**

**《最高人民法院关于适用〈中华人民共和国行政诉讼法〉的解释》（法释〔2018〕1号　自2018年2月8日起施行）**

第九十五条　人民法院经审理认为被诉行政行为违法或者无效，可能给原告造成损失，经释明，原告请求一并解决行政赔偿争议的，人民法院可以就赔偿事项进行调解；调解不成的，应当一并判决。人民法院也可以告知其就赔偿事项另行提起诉讼。

第九十七条 原告或者第三人的损失系由其自身过错和行政机关的违法行政行为共同造成的，人民法院应当依据各方行为与损害结果之间有无因果关系以及在损害发生和结果中作用力的大小，确定行政机关相应的赔偿责任。

第九十八条 因行政机关不履行、拖延履行法定职责，致使公民、法人或者其他组织的合法权益遭受损害的，人民法院应当判决行政机关承担行政赔偿责任。在确定赔偿数额时，应当考虑该不履行、拖延履行法定职责的行为在损害发生过程和结果中所起的作用等因素。

## 条文应用提示

本条为第七十四条“确认违法判决”与第七十五条“确认无效判决”的补充规定，无论是确认违法，还是确认无效，都是对被诉行政行为的否定性评价。

司法在否定性评价之外，最关键还是要对原告的合法权益予以实质性救济，此时，同时判决被告采取补救措施或依法承担赔偿责任，就显得非常重要。

需特别注意，法院释明后，原告需要提出请求一并解决行政赔偿争议，否则依据“不告不理”的原则，法院也无法直接裁判。当然，法院也可以告知其就赔偿问题另行提起诉讼。

## 典型案例参考

**李某某诉某区人民政府行政赔偿案**

**【裁判要旨】**对公民、法人或者其他组织造成财产损害，无法恢复原状的，人民法院应当判令赔偿义务机关支付赔偿金和相应的利息损失。

**【基本案情】**2012年7月16日，某区人民政府组建的建设指挥部工作人员强制拆除了李某某的房屋，2015年4月27日，法院生效行政判决确认某区人民政府强制拆除李某某房屋程序违法。李某某向某区人民政府递交《行政赔偿申请书》，某区人民政府不予答复。李某某提起本案行政赔偿诉讼，请求恢复原状。本案再审审查阶段，某区人民政府就涉案房屋作出《行政赔偿决定书》。

**【裁判结果】**一审、二审法院认为，根据《国家赔偿法》的相关规定，应当返还的财产灭失的，给付相应的赔偿金。涉案房屋被拆除已灭失，无恢复原状的可能,经释明后李某某拒绝变更“要求将被拆除房屋恢复原状”的诉讼请求,据此判决驳回李某某的诉讼请求。李某某不服,向最高人民法院申请再审。

最高人民法院经审理认为,涉案房屋因强制拆除已毁损灭失,且涉案地块已经纳入征收范围,涉案房屋不具备恢复原状的可能性,原审对李某某主张的恢复原状的请求不予支持,并无不当。但李某某仍享有获得赔偿的权利,法院应当依法通过判决赔偿金等方式作出相应的赔偿判决,仅以恢复原状诉请不予支持为由判决驳回李某某的诉请,确有不当。

**第七十七条　【变更判决】行政处罚明显不当,或者其他行政行为涉及对款额的确定、认定确有错误的,人民法院可以判决变更。**

**人民法院判决变更,不得加重原告的义务或者减损原告的权益。但利害关系人同为原告,且诉讼请求相反的除外。**

## 条文应用提示

本条规定了变更判决的适用范围以及变更判决的限制。

变更判决是人民法院直接行使行政审判权,对具体行政行为的合理性进行审查的结果。其主要适用于如下两种情形:(1)行政处罚明显不当的;(2)其他行政行为中涉及对数额的确认与认定问题,法院可以依据在案证据以及相关法律法规的规定,直接作出变更判决,更改行政机关的行政行为,体现了对行政机关自由裁量权的限制。

人民法院决定变更的,原则上不得加重原告的义务或者减损原告的权益,除非是一个案件中存在利害关系人,且利害关系人同为原告,并且两者的诉讼请求相反,这个时候法院可以作出加重原告义务或者减损原告权益的变更判决,比较典型的情形如在某治安管理处罚案件中,加害人认为行政处罚过重,受害人认为行政处罚过轻,均对该行政处罚决定起诉。

**第七十八条　【行政协议履行及补偿判决】被告不依法履行、未按照约定履行或者违法变更、解除本法第十二条第一款第十一项规定的协议的,人民法院判决被告承担继续履行、采取补救措施或者赔偿损失等责任。**

被告变更、解除本法第十二条第一款第十一项规定的协议合法，但未依法给予补偿的，人民法院判决给予补偿。

## 条文应用提示

行政协议系行政机关和相对人基于社会公共利益需要而签订，其本身具有公益性，然而，这并不能免除行政机关违约的法律责任。实践中，行政机关未依法履行或者未按照约定履行行政协议，给协议相对人造成损失的，行政机关作为社会公共利益的代表者和维护者，更需诚信行政，应继续履行，采取补救措施或者承担相应的赔偿责任，以弥补签订行政协议的另一方的损失。即便是合法变更、解除行政协议的，也应该依法给予协议相对方以适当的补偿。

协议类行政案件责任的承担坚持约定赔偿与法定赔偿、违约赔偿与违法赔偿相结合的原则。行政机关承担相应的违约责任与赔偿责任时，应当适用《国家赔偿法》《行政诉讼法》《民法典》等规定，避免混淆行政侵权引发的国家赔偿责任与行政违约引发的违约赔偿责任，或者仅以国家赔偿责任代替民事责任；防止行政相对人因选择民事或者行政诉讼渠道的差异，而对违约责任的承担形成明显不公平的结果；防止行政机关以协议方式规避法定责任进而严重损害行政相对人的合法权益，以实现裁判结果的实质公平。①

## 关联法律法规

**《最高人民法院关于审理行政协议若干问题的规定》（法释〔2019〕17号 自2020年1月1日起施行）**

第十六条 在履行行政协议过程中，可能出现严重损害国家利益、社会公共利益的情形，被告作出变更、解除协议的行政行为后，原告请求撤销该行为，人民法院经审理认为该行为合法的，判决驳回原告诉讼请求；给原告造成损失的，判决被告予以补偿。

被告变更、解除行政协议的行政行为存在行政诉讼法第七十条规定

① 参见最高人民法院行政审判庭编著：《行政协议典型案例裁判规则与评析》，人民法院出版社2021年版，第429页。

情形的,人民法院判决撤销或者部分撤销,并可以责令被告重新作出行政行为。

被告变更、解除行政协议的行政行为违法,人民法院可以依据行政诉讼法第七十八条的规定判决被告继续履行协议、采取补救措施;给原告造成损失的,判决被告予以赔偿。

第十九条 被告未依法履行、未按照约定履行行政协议,人民法院可以依据行政诉讼法第七十八条的规定,结合原告诉讼请求,判决被告继续履行,并明确继续履行的具体内容;被告无法履行或者继续履行无实际意义的,人民法院可以判决被告采取相应的补救措施;给原告造成损失的,判决被告予以赔偿。

原告要求按照约定的违约金条款或者定金条款予以赔偿的,人民法院应予支持。

## 典型案例参考

**1. 行政协议签订并生效后,行政机关一方不履行合同义务,导致协议目的无法实现,且实际已无法继续履行的,构成实质违约,行政机关应赔偿对协议相对人造成的损失——泉州市明亮钢结构加工有限公司诉原泉州市国土资源局行政协议案**(2019 年度福建法院十大典型案件)

**【裁判要旨】**行政协议生效后,协议各方均应依照协议约定,全面履行合同义务。一方未履行或未全面履行合同义务,导致行政协议目的无法实现的,构成实质违约。行政协议的实质违约发生后,合同相对方可以解除合同,并要求违约方赔偿损失。案涉国有土地使用权出让合同系双方真实意思表示,不违反法律法规的强制性规定,应认定为有效。合同签订后,行政机关始终未交付土地,且已难以征收交付,合同实际已无法继续履行,应予解除,行政机关应赔偿对协议相对人造成的损失。

**2. 行政机关违反行政协议约定,应当依据约定支付相应违约金——上海某集团公司、江苏某实业公司、江苏某置业公司诉某开发区管委会、某区土储中心履行收回土地行政协议案**(江苏法院 2021 年度行政审判十大典型案例)

**【裁判要旨】**行政机关违反行政协议约定,应当依据约定支付相应违约金。行政机关主张约定的违约金过分高于实际损失并请求减少的,人民法院可以结合协议履行情况、相对方过错程度以及实际损失等,适当对不合理的违约金予以调整。

**3. 周某某诉某经济技术开发区管理委员会拆迁行政赔偿案**

**【裁判要旨】**通过行政补偿程序依法应当获得的奖励、补贴等以及对财产造成的其他实际损失属于直接损失。

周某某在某自然村集体土地上拥有房屋两处，该村于2010年起开始实施农房拆迁改造。因未能与周某某达成安置补偿协议，2012年3月，拆迁办组织人员将涉案建筑强制拆除。周某某不服诉至法院，请求判令某经济技术开发区管理委员会对其安置赔偿人民币800万余元。

一审、二审法院认为，涉案房屋已被拆除且无法再行评估，当事人双方对建筑面积、附属物等亦无异议，从有利于周某某的利益出发，可参照有关规定并按照被拆除农房的重置价格计算涉案房屋的赔偿金，遂判决某经济技术开发区管理委员会赔偿周某某49万余元，驳回其他诉讼请求。周某某不服，向最高人民法院申请再审。最高人民法院经审理认为，为了最大限度地发挥国家赔偿法维护和救济受害行政相对人合法权益的功能与作用，对该法第三十六条中关于赔偿损失范围之“直接损失”的理解，不仅包括既得财产利益的损失，还包括虽非既得但又必然可得的如应享有的农房拆迁安置补偿权益等财产利益损失。本案中，如果没有某经济技术开发区管理委员会违法强拆行为的介入，周某某是可以通过拆迁安置补偿程序依法获得相应补偿的，故这部分利益属于必然可得利益，应当纳入《国家赔偿法》规定的“直接损失”范围。

**第七十九条　【复议决定和原行政行为一并裁判】复议机关与作出原行政行为的行政机关为共同被告的案件，人民法院应当对复议决定和原行政行为一并作出裁判。**

**对应司法解释**

**《最高人民法院关于适用〈中华人民共和国行政诉讼法〉的解释》（法释〔2018〕1号　自2018年2月8日起施行）**

第一百三十五条　复议机关决定维持原行政行为的，人民法院应当在审查原行政行为合法性的同时，一并审查复议决定的合法性。

作出原行政行为的行政机关和复议机关对原行政行为合法性共同承担举证责任，可以由其中一个机关实施举证行为。复议机关对复议决定的合法性承担举证责任。

复议机关作共同被告的案件,复议机关在复议程序中依法收集和补充的证据,可以作为人民法院认定复议决定和原行政行为合法的依据。

第一百三十六条　人民法院对原行政行为作出判决的同时,应当对复议决定一并作出相应判决。

人民法院依职权追加作出原行政行为的行政机关或者复议机关为共同被告的,对原行政行为或者复议决定可以作出相应判决。

人民法院判决撤销原行政行为和复议决定的,可以判决作出原行政行为的行政机关重新作出行政行为。

人民法院判决作出原行政行为的行政机关履行法定职责或者给付义务的,应当同时判决撤销复议决定。

原行政行为合法、复议决定违法的,人民法院可以判决撤销复议决定或者确认复议决定违法,同时判决驳回原告针对原行政行为的诉讼请求。

原行政行为被撤销、确认违法或者无效,给原告造成损失的,应当由作出原行政行为的行政机关承担赔偿责任;因复议决定加重损害的,由复议机关对加重部分承担赔偿责任。

原行政行为不符合复议或者诉讼受案范围等受理条件,复议机关作出维持决定的,人民法院应当裁定一并驳回对原行政行为和复议决定的起诉。

## 条文应用提示

起诉到法院的行政争议,可能已经经过行政复议的处理,尤其是2023年修订的《行政复议法》已于2024年1月1日起正式实施,行政复议已成为行政争议解决的主渠道,也是行政系统内部纠错、内部监督的重要方式。

如果复议机关决定维持原行政行为的,原告可以将复议机关与作出原行政行为的行政机关作为共同被告,人民法院应当在审查原行政行为合法性的同时,一并审查复议决定的合法性。

如果复议机关改变原行政行为的,法院经审理后认为原行政行为合法、复议决定违法的,法院可以判决撤销复议决定或者确认复议决定违法,同时判决驳回原告针对原行政行为的诉讼请求。

原行政行为被撤销、确认违法或者失效,给原告造成损失的,应当由作出原行政行为的行政机关承担赔偿责任;因复议决定加重损害的,由复议机关对加重部分承担赔偿责任。

总之,原告将做出维持(包含部分维持)决定的复议机关和作出原行政行为的行政机关列为共同被告的,人民法院对原行政行为作出判决的同时,应当对复议决定一并作出相应判决。如果原告只列其中一方为被告,人民法院也可以依职权追加作出原行政行为的行政机关或者复议机关为共同被告,对原行政行为或者复议决定可以作出相应判决。

**第八十条　【公开宣判】人民法院对公开审理和不公开审理的案件,一律公开宣告判决。**

**当庭宣判的,应当在十日内发送判决书;定期宣判的,宣判后立即发给判决书。**

**宣告判决时,必须告知当事人上诉权利、上诉期限和上诉的人民法院。**

## 条文应用提示

作为原告的公民、法人或者其他组织,因为认为自己的合法权益受到了行政机关及其行政机关工作人员的行政行为侵犯,故而提起行政诉讼,而作为被告的行政机关及其工作人员要在法庭上对自己行为的合法性与合理性提出抗辩,人民法院经过审理后作出相应的裁判,无论是公开审理还是不公开审理,都必须公开宣告判决,让原告及被告知晓司法部门的裁判意见。

判决书依法制发,当庭宣判的,应当在十日内发送判决书;定期宣判的,宣判后立即发给判决书具体可以及时通过电子送达或者邮寄送达。

一审裁判文书尾部应该载明当事人的上诉权利、上诉期限和上诉的人民法院,二审裁判文书应载明此判决为终审判决,并注明相应的履行期限。

**第八十一条　【第一审审限】人民法院应当在立案之日起六个月内作出第一审判决。有特殊情况需要延长的，由高级人民法院批准，高级人民法院审理第一审案件需要延长的，由最高人民法院批准。**

**对应司法解释**

**《最高人民法院关于适用〈中华人民共和国行政诉讼法〉的解释》（法释〔2018〕1号　自2018年2月8日起施行）**

第五十条　行政诉讼法第八十一条、第八十三条、第八十八条规定的审理期限，是指从立案之日起至裁判宣告、调解书送达之日止的期间，但公告期间、鉴定期间、调解期间、中止诉讼期间、审理当事人提出的管辖异议以及处理人民法院之间的管辖争议期间不应计算在内。

再审案件按照第一审程序或者第二审程序审理的，适用行政诉讼法第八十一条、第八十八条规定的审理期限。审理期限自再审立案的次日起算。

基层人民法院申请延长审理期限，应当直接报请高级人民法院批准，同时报中级人民法院备案。

## 条文应用提示

行政诉讼原则上要求一审法院在立案之日起六个月之内作出第一审判决，二审法院应当在收到上诉状之日起三个月内作出终审判决。审理如不能在审限之内审结的，则需要延长审限，必须向高级人民法院报审并经由其批准的（同时报上一级人民法院备案）。高级人民法院行政庭审理的第一审案件需要延长审限的，依法应向最高人民法院报送，经批准的可以予以延长。

按照《最高人民法院关于适用〈中华人民共和国行政诉讼法〉的解释》的相关规定，审理期限是指从立案之日起至裁判宣告、调解书送达之日止的期间，但不包括公告期间、鉴定期间、调解期间、中止诉讼期间、审理当事人提出的管辖异议以及处理人民法院之间的管辖争议期间。

实践中人们感受到的，一审往往不止六个月，二审往往不止三个月，这是因为一是中间要扣除公告、鉴定、调解等相应的期间，二是会涉及审限延长的情形。在行政诉讼中，经报批后具体可延长多久以及可以报延几次,本条并无明确规定。

## 关联法律法规

**《最高人民法院行政审判庭关于规范申请延长行政案件审限报告的通知》(法行〔2000〕5号 自2000年3月1日起施行)**

各省、自治区、直辖市高级人民法院行政审判庭:

近一段时间,一些高级人民法院报送我院的申请延长行政案件审限的文书存在不够规范、不够统一的问题。有的延长审限呈批表未与延审报告同时上报;有的延审报告的案号与需要延长审限案件的案号不一致;还有的案号、当事人、简要案情等填写不清,反映不出案件的审级。

为规范行政案件延长审限审批制度,现将拟定的申请延长行政案件审理期限报告和行政案件延长审限呈批表式样下发试行,望认真执行。试行中有何问题和意见,望及时反馈。

**附:申请延长行政案件审限呈批表式样:**

**×××人民法院**
**关于申请延长×××诉×××一案**
**审理期限的报告**
(××××)×行初字第×号

×××人民法院:

我院××××年××月××日受理的×××诉×××一案,审理期限到××××年××月××日届满。因……(写明需要延长审理期限的原由),不能如期结案,需要延长审理期限……(写明具体期限)。

特此报告,请审批。

附:《××案件延长审限呈批表》一份(略)。

(院印)

××××年××月××日

**×××人民法院**
**关于申请延长×××诉×××上诉一案**
**审理期限的报告**

(×××)×行终字第×号

×××人民法院:

我院×××年××月××日受理的上诉人(原审原告、被告或者第三人)对×××人民法院作出的关于×××诉×××案(××××)×行初字第×号判决不服提出上诉一案,审理期限到××××年××月××日届满。因……(写明需要延长审理期限的原因),不能如期结案,需要延长审理期限……(写明具体期限)。

特此报告,请审批。

附:《××案件延长审限呈批表》一份(略)。

(院印)

××××年××月××日

# 第三节　简易程序

**第八十二条　【简易程序适用情形】人民法院审理下列第一审行政案件,认为事实清楚、权利义务关系明确、争议不大的,可以适用简易程序:**

**(一)被诉行政行为是依法当场作出的;**

**(二)案件涉及款额二千元以下的;**

**(三)属于政府信息公开案件的。**

**除前款规定以外的第一审行政案件,当事人各方同意适用简易程序的,可以适用简易程序。**

**发回重审、按照审判监督程序再审的案件不适用简易程序。**

**对应司法解释**

**《最高人民法院关于适用〈中华人民共和国行政诉讼法〉的解释》(法释〔2018〕1号 自2018年2月8日起施行)**

第一百零二条 行政诉讼法第八十二条规定的行政案件中的“事实清楚”，是指当事人对争议的事实陈述基本一致，并能提供相应的证据，无须人民法院调查收集证据即可查明事实；“权利义务关系明确”，是指行政法律关系中权利和义务能够明确区分；“争议不大”，是指当事人对行政行为的合法性、责任承担等没有实质分歧。

## 条文应用提示

行政诉讼中也存在简易程序，其主要适用于人民法院认为事实清楚、权利义务关系明确、争议不大的案件。具体而言是指：(1)当事人对争议的事实陈述基本一致，并能提供相应的证据；(2)涉案行政法律关系中权利义务较为清晰明确；(3)当事人对涉诉行政行为的合法性、责任承担等没有实质分歧。

本条具体列举了以下三种：(1)被诉行政行为是依法当场作出的。这类案件一般在道路交通执法领域比较常见。(2)案件涉及数额2000元以下的。这一规定存在模糊性，“涉及数额”是处罚数额还是案值数额？具体由法院确定。(3)属于政府信息公开案件的。这一规定主要是近年来政府信息公开案件曾现“井喷”现象，故而适用简易程序，提高审判效率。除此之外，如当事人各方同意适用简易程序的，也可以适用简易程序。

本条还明确规定，发回重审、按照审判监督程序再审的案件，不能适用简易程序。因为重审与再审案件意味着各方当事人对案件的事实认定或者在法律适用上存在极大争议，原审存在一定的问题，故而不适合适用简易程序。

**第八十三条 【简易程序的审判组织形式和审限】适用简易程序审理的行政案件，由审判员一人独任审理，并应当在立案之日起四十五日内审结。**

**对应司法解释**

**《最高人民法院关于适用〈中华人民共和国行政诉讼法〉的解释》(法释〔2018〕1号　自2018年2月8日起施行)**

第一百零三条　适用简易程序审理的行政案件,人民法院可以用口头通知、电话、短信、传真、电子邮件等简便方式传唤当事人、通知证人、送达裁判文书以外的诉讼文书。

以简便方式送达的开庭通知,未经当事人确认或者没有其他证据证明当事人已经收到的,人民法院不得缺席判决。

第一百零四条　适用简易程序案件的举证期限由人民法院确定,也可以由当事人协商一致并经人民法院准许,但不得超过十五日。被告要求书面答辩的,人民法院可以确定合理的答辩期间。

人民法院应当将举证期限和开庭日期告知双方当事人,并向当事人说明逾期举证以及拒不到庭的法律后果,由双方当事人在笔录和开庭传票的送达回证上签名或者捺印。

当事人双方均表示同意立即开庭或者缩短举证期限、答辩期间的,人民法院可以立即开庭审理或者确定近期开庭。

## 条文应用提示

适用简易程序审理的行政案件,一般采取独任审理模式,由一名审判员作为主审审理,审理期限为自立案之日起四十五日内审结,整个节奏是非常紧凑的。

**第八十四条　【简易程序和普通程序的转换】人民法院在审理过程中,发现案件不宜适用简易程序的,裁定转为普通程序。**

**对应司法解释**

**《最高人民法院关于适用〈中华人民共和国行政诉讼法〉的解释》(法释〔2018〕1号　自2018年2月8日起施行)**

第一百零五条　人民法院发现案情复杂,需要转为普通程序审理的,应当在审理期限届满前作出裁定并将合议庭组成人员及相关事项书面通知双方当事人。

案件转为普通程序审理的，审理期限自人民法院立案之日起计算。

**条文应用提示**

在行政诉讼一审审理过程中，如果发现案件并未如前判断的“事实清楚、权利义务关系明确、争议不大”的，可以作出裁定将先前的简易程序转化为普通程序，此裁定中应载明合议庭组成人员及相关事项，并书面通知原告、被告。此时审理期限自人民法院立案之日起计算，这也意味着已经在简易程序中消耗的时间也要计入普通程序的审限。

## 第四节　第二审程序

**第八十五条　【上诉】当事人不服人民法院第一审判决的，有权在判决书送达之日起十五日内向上一级人民法院提起上诉。当事人不服人民法院第一审裁定的，有权在裁定书送达之日起十日内向上一级人民法院提起上诉。逾期不提起上诉的，人民法院的第一审判决或者裁定发生法律效力。**

**对应司法解释**

**《最高人民法院关于适用〈中华人民共和国行政诉讼法〉的解释》(法释〔2018〕1号　自2018年2月8日起施行)**

第一百零一条　裁定适用于下列范围：

（一）不予立案；

（二）驳回起诉；

（三）管辖异议；

（四）终结诉讼；

（五）中止诉讼；

（六）移送或者指定管辖；

（七）诉讼期间停止行政行为的执行或者驳回停止执行的申请；

（八）财产保全；

（九）先予执行；

（十）准许或者不准许撤诉；

（十一）补正裁判文书中的笔误；

（十二）中止或者终结执行；

（十三）提审、指令再审或者发回重审；

（十四）准许或者不准许执行行政机关的行政行为；

（十五）其他需要裁定的事项。

对第一、二、三项裁定，当事人可以上诉。

裁定书应当写明裁定结果和作出该裁定的理由。裁定书由审判人员、书记员署名，加盖人民法院印章。口头裁定的，记入笔录。

第一百零七条　第一审人民法院作出判决和裁定后，当事人均提起上诉的，上诉各方均为上诉人。

诉讼当事人中的一部分人提出上诉，没有提出上诉的对方当事人为被上诉人，其他当事人依原审诉讼地位列明。

第一百零八条　当事人提出上诉，应当按照其他当事人或者诉讼代表人的人数提出上诉状副本。

原审人民法院收到上诉状，应当在五日内将上诉状副本发送其他当事人，对方当事人应当在收到上诉状副本之日起十五日内提出答辩状。

原审人民法院应当在收到答辩状之日起五日内将副本发送上诉人。对方当事人不提出答辩状的，不影响人民法院审理。

原审人民法院收到上诉状、答辩状，应当在五日内连同全部案卷和证据，报送第二审人民法院；已经预收的诉讼费用，一并报送。

## 条文应用提示

我国行政诉讼实行二审终审，当事人不服一审判决的，可以通过上诉寻求上一级人民法院的救济。上诉最直接的法律后果就是一审裁判文书不生效。

对于一审以判决结案的,当事人应在一审判决书送达之日起十五日内向上一级人民法院提起上诉。对于一审作出裁定的,当事人应在一审裁定书送达之日起十日内向上一级人民法院提出上诉。

实践中,上诉状一般通过原审人民法院提交。原审人民法院收到上诉状,应当在五日内将上诉状副本发送其他当事人,对方当事人应当在收到上诉状副本之日起十五日内提出答辩状,原审人民法院再把答辩状副本发送给上诉人,这样上诉人和被上诉人手中都有了对方提交的材料(被上诉一方不提交答辩状,不影响法院审理)。原审人民法院收到上诉状、答辩状的,应当在五日内连同一审全部卷宗和证据,报送第二审人民法院。

如果当事人不提出上诉或者逾期未提交上诉,则一审法院的裁判文书发生法律效力。

**第八十六条 【二审审理方式】人民法院对上诉案件,应当组成合议庭,开庭审理。经过阅卷、调查和询问当事人,对没有提出新的事实、证据或者理由,合议庭认为不需要开庭审理的,也可以不开庭审理。**

## 条文应用提示

行政诉讼的二审,原则上应该组成合议庭予以开庭审理。但是也有例外,就是经过阅卷、调查和询问当事人,没有新的事实、证据或者理由,合议庭经讨论后认为不需要开庭审理的,也可以进行书面审理。

这里需要注意两点:一是二审必须组成合议庭,这意味着二审作为上诉审,不能适用简易程序;二是二审的审理方式可以是开庭审理,也可以是书面审理,决定权在于合议庭。

## 典型案例参考

**吉某等诉某市人民政府行政决定案**(载《最高人民法院公报》2003 年第 4 期)

**【裁判要旨】**人民法院对于事实清楚的上诉案件,可以实行书面审理,本案中,由于当事人对原审判决认定的事实无异议,人民法院依法书面审理并办结此案。

**第八十七条　【二审审查范围】人民法院审理上诉案件，应当对原审人民法院的判决、裁定和被诉行政行为进行全面审查。**

## 条文应用提示

一审程序是基于原告行使起诉权而发生，二审程序基于当事人行使上诉权而发生，相较于一审，二审中还多了一个对原审人民法院的判决、裁定进行审查的工作。

在行政诉讼中，二审实行全面审查原则，审查范围既包括被诉行政行为的合法性、合理性问题，也包括对一审人民法院审理案件中认定事实、适用法律、审理程序等各方面。

"从审理程序看，一审法官做的是论述题，从事实查明到法律适用，白纸上写作文；二审法官做的是选择题，在一审判决、上诉方、被诉讼方的观点之间，斟酌选择裁判观点和裁判结果；再审审查法官做的是判断题，对终审判决是否有错，是否要提审改判做判断。其改判动力强度、改判变动影响，都不一样。"①

**第八十八条　【二审审限】人民法院审理上诉案件，应当在收到上诉状之日起三个月内作出终审判决。有特殊情况需要延长的，由高级人民法院批准，高级人民法院审理上诉案件需要延长的，由最高人民法院批准。**

**对应司法解释**

**《最高人民法院关于适用〈中华人民共和国行政诉讼法〉的解释》（法释〔2018〕1号　自2018年2月8日起施行）**

第五十条　行政诉讼法第八十一条、第八十三条、第八十八条规定的审理期限，是指从立案之日起至裁判宣告、调解书送达之日止的期间，但公告期间、鉴定期间、调解期间、中止诉讼期间、审理当事人提出的管辖异议以及处理人民法院之间的管辖争议期间不应计算在内。

---

① 参见李志刚、朱兰春：《通往正义之路：法官思维与律师思维十日谈》，法律出版社2024年版，第16页。

再审案件按照第一审程序或者第二审程序审理的，适用行政诉讼法第八十一条、第八十八条规定的审理期限。审理期限自再审立案的次日起算。

基层人民法院申请延长审理期限，应当直接报请高级人民法院批准，同时报中级人民法院备案。

## 条文应用提示

行政诉讼的一审审限一般为六个月，起止点为立案之日，截算点为一审裁判宣告、调解书送达之日。二审审限一般为三个月，起算点为收到上诉状之日，截算点为二审裁判宣告、调解书送达之日。

根据对本法第八十五条“上诉”的释义可知，上诉人一般通过原审人民法院提出上诉，原审人民法院要接收并发送当事人的上诉状、答辩状等材料，要预收诉讼费用，然后连同全部案卷和证据报送第二审人民法院。这意味着一审法院和二审法院收到上诉状的日期是不一样的。

根据本条关于二审审限的规定，二审审限的起算点为“收到上诉状之日”，具体是以一审法院收到上诉状之日，还是以二审法院收到上诉状之日为准？按照《最高人民法院关于适用〈中华人民共和国行政诉讼法〉的解释》第五十条，明确将本条的“收到起诉状之日”解释（确定）为“立案之日”。

此外，二审也会涉及审限延长问题。二审审限的延长，中级人民法院需要向高级人民法院报批。如果是高级人民法院审理上诉案件的，则向最高人民法院报批，经批准后得以延长审限。但是，对于可以报几次？每次能延期多久？相关法律及司法解释均没有明确规定。

**第八十九条　【二审裁判】人民法院审理上诉案件，按照下列情形，分别处理：**

**（一）原判决、裁定认定事实清楚，适用法律、法规正确的，判决或者裁定驳回上诉，维持原判决、裁定；**

**（二）原判决、裁定认定事实错误或者适用法律、法规错误的，依法改判、撤销或者变更；**

（三）原判决认定基本事实不清、证据不足的，发回原审人民法院重审，或者查清事实后改判；

（四）原判决遗漏当事人或者违法缺席判决等严重违反法定程序的，裁定撤销原判决，发回原审人民法院重审。

原审人民法院对发回重审的案件作出判决后，当事人提起上诉的，第二审人民法院不得再次发回重审。

人民法院审理上诉案件，需要改变原审判决的，应当同时对被诉行政行为作出判决。

**对应司法解释**

**《最高人民法院关于适用〈中华人民共和国行政诉讼法〉的解释》（法释〔2018〕1号　自2018年2月8日起施行）**

第一百零九条　第二审人民法院经审理认为原审人民法院不予立案或者驳回起诉的裁定确有错误且当事人的起诉符合起诉条件的，应当裁定撤销原审人民法院的裁定，指令原审人民法院依法立案或者继续审理。

第二审人民法院裁定发回原审人民法院重新审理的行政案件，原审人民法院应当另行组成合议庭进行审理。

原审判决遗漏了必须参加诉讼的当事人或者诉讼请求的，第二审人民法院应当裁定撤销原审判决，发回重审。

原审判决遗漏行政赔偿请求，第二审人民法院经审查认为依法不应当予以赔偿的，应当判决驳回行政赔偿请求。

原审判决遗漏行政赔偿请求，第二审人民法院经审理认为依法应当予以赔偿的，在确认被诉行政行为违法的同时，可以就行政赔偿问题进行调解；调解不成的，应当就行政赔偿部分发回重审。

当事人在第二审期间提出行政赔偿请求的，第二审人民法院可以进行调解；调解不成的，应当告知当事人另行起诉。

## 条文应用提示

按判决类型划分，可以将行政一审判决分为七类，分别是维持判决、撤销判决、确认判决、重作判决、履行判决、变更判决和行政诉讼赔偿判决,在本法第六十九条至第七十九条进行了具体规定。

行政诉讼二审实行全面审理的原则,按照不同情形,对应一审判决及裁定分别作出如下处理:

(1)驳回上诉,维持原裁判。这种判决形式体现了二审法院对于一审法院裁判的完全认可,认为一审裁判认定事实清楚,适用法律、法规正确,无可挑剔。

(2)依法改判、撤销或者变更判决。这种判决形式是二审法院对于一审法院裁判的纠错,认为一审裁判或者在事实认定,或者在法律适用上出现了错误。

(3)发回重审。这种判决形式是二审法院对一审法院的严重否认,认为一审认定基本事实不清、证据不足。一般而言,一审首要任务是要查证事实,二审进行法律审,如果一审事实都搞不清楚,则二审很难进行。这个时候,二审法院要么选择发回重审,要么自己查清事实后直接予以改判。此外,在一审严重违反法定程序的情形下,如遗漏当事人、该回避未回避、违法缺席判决等,严重程序违法的情形下很难保障实体公正,故而二审法院会裁定撤销原判决,要求发回重审。也就是说,一审未查清事实以及出现严重程序违法的情形下,二审应发回重审。

一旦二审发回重审,原审法院应按照一审程序重新对该案进行审理,再次作出判决。对这个判决,当事人不满再次上诉的,二审人民法院不得再次发回重审。这就意味着,发回重审只能发回一次。

根据二审全面审理的原则,二审法院审理上诉案件的,在改判的情况下,应当同时对被诉行政行为作出判决,这意味着二审中要对被诉行政行为的合法性与合理性作出认定,从而避免当事人的诉累。

二审判决为终审判决。

## 典型案例参考

**1. 陆某诉某房屋土地管理局拆迁行政裁决案**(载《最高人民法院公报》2007年第8期)

**【裁判要旨】**房屋拆迁过程中,被拆迁人、房屋承租人对于被拆房屋评估报告有异议的,有权申请复估。因此,基于正当程序原理,为保护被拆迁人、房屋承租人对被拆房屋评估报告依法申请复估的权利,拆迁人应将被拆房屋评估报告及时送达被拆迁人、房屋承租人。房屋拆迁行政裁决机关在裁决过程中，也应当对被拆房屋评估报告是否送达被拆迁人、房屋承租人的问题予以查明，并确保在裁决作出之前将评估报告送达被拆迁人、房屋承租人。房屋拆迁行政裁决机关未查明该问题即作出房屋拆迁行政裁决，且不能举证证明被拆房屋评估报告已经送达被拆迁人、房屋承租人的，所作房屋拆迁行政裁决属认定事实不清、主要证据不足，且违反法定程序。被拆迁人、房屋承租人诉至人民法院请求撤销该裁决的，人民法院应予支持。对于一审维持房屋拆迁行政裁决的判决，二审应予以撤销并改判。

**2. 甘某诉某大学开除学籍决定案**（载《最高人民法院公报》2012年第7期）

**【裁判要旨】**学生对高等院校作出的开除学籍等严重影响其受教育权利的决定可以依法提起行政诉讼。人民法院审理此类案件时，应当以相关法律、法规为依据，参照相关规章，并可参考涉案高等院校正式公布的不违反上位法规定精神的校纪校规。

## 第五节　审判监督程序

**第九十条　【当事人申请再审】当事人对已经发生法律效力的判决、裁定，认为确有错误的，可以向上一级人民法院申请再审，但判决、裁定不停止执行。**

**对应司法解释**

**《最高人民法院关于适用〈中华人民共和国行政诉讼法〉的解释》（法释〔2018〕1号　自2018年2月8日起施行）**

第一百一十条　当事人向上一级人民法院申请再审，应当在判决、裁定或者调解书发生法律效力后六个月内提出。有下列情形之一的，自知道或者应当知道之日起六个月内提出：

（一）有新的证据，足以推翻原判决、裁定的；

（二）原判决、裁定认定事实的主要证据是伪造的；

（三）据以作出原判决、裁定的法律文书被撤销或者变更的；

（四）审判人员审理该案件时有贪污受贿、徇私舞弊、枉法裁判行为的。

第一百一十一条　当事人申请再审的，应当提交再审申请书等材料。人民法院认为有必要的，可以自收到再审申请书之日起五日内将再审申请书副本发送对方当事人。对方当事人应当自收到再审申请书副本之日起十五日内提交书面意见。人民法院可以要求申请人和对方当事人补充有关材料，询问有关事项。

第一百一十二条　人民法院应当自再审申请案件立案之日起六个月内审查，有特殊情况需要延长的，由本院院长批准。

第一百一十三条　人民法院根据审查再审申请案件的需要决定是否询问当事人；新的证据可能推翻原判决、裁定的，人民法院应当询问当事人。

第一百一十四条　审查再审申请期间，被申请人及原审其他当事人依法提出再审申请的，人民法院应当将其列为再审申请人，对其再审事由一并审查，审查期限重新计算。经审查，其中一方再审申请人主张的再审事由成立的，应当裁定再审。各方再审申请人主张的再审事由均不成立的，一并裁定驳回再审申请。

第一百一十五条　审查再审申请期间，再审申请人申请人民法院委托鉴定、勘验的，人民法院不予准许。

审查再审申请期间，再审申请人撤回再审申请的，是否准许，由人民法院裁定。

再审申请人经传票传唤，无正当理由拒不接受询问的，按撤回再审申请处理。

人民法院准许撤回再审申请或者按撤回再审申请处理后，再审申请人再次申请再审的，不予立案，但有行政诉讼法第九十一条第二项、第三项、第七项、第八项规定情形，自知道或者应当知道之日起六个月内提出的除外。

第一百一十六条　当事人主张的再审事由成立，且符合行政诉讼法和本解释规定的申请再审条件的，人民法院应当裁定再审。

当事人主张的再审事由不成立，或者当事人申请再审超过法定申请再审期限、超出法定再审事由范围等不符合行政诉讼法和本解释规定的申请再审条件的，人民法院应当裁定驳回再审申请。

第一百一十八条　按照审判监督程序决定再审的案件，裁定中止原判决、裁定、调解书的执行，但支付抚恤金、最低生活保障费或者社会保险待遇的案件，可以不中止执行。

上级人民法院决定提审或者指令下级人民法院再审的，应当作出裁定，裁定应当写明中止原判决的执行；情况紧急的，可以将中止执行的裁定口头通知负责执行的人民法院或者作出生效判决、裁定的人民法院，但应当在口头通知后十日内发出裁定书。

第一百一十九条　人民法院按照审判监督程序再审的案件，发生法律效力的判决、裁定是由第一审法院作出的，按照第一审程序审理，所作的判决、裁定，当事人可以上诉；发生法律效力的判决、裁定是由第二审法院作出的，按照第二审程序审理，所作的判决、裁定，是发生法律效力的判决、裁定；上级人民法院按照审判监督程序提审的，按照第二审程序审理，所作的判决、裁定是发生法律效力的判决、裁定。

人民法院审理再审案件，应当另行组成合议庭。

第一百二十条　人民法院审理再审案件应当围绕再审请求和被诉行政行为合法性进行。当事人的再审请求超出原审诉讼请求，符合另案诉讼条件的，告知当事人可以另行起诉。

被申请人及原审其他当事人在庭审辩论结束前提出的再审请求，符合本解释规定的申请期限的，人民法院应当一并审理。

人民法院经再审，发现已经发生法律效力的判决、裁定损害国家利益、社会公共利益、他人合法权益的，应当一并审理。

第一百二十一条　再审审理期间，有下列情形之一的，裁定终结再审程序：

（一）再审申请人在再审期间撤回再审请求，人民法院准许的；

（二）再审申请人经传票传唤，无正当理由拒不到庭的，或者未经法庭许可中途退庭，按撤回再审请求处理的；

（三）人民检察院撤回抗诉的；

（四）其他应当终结再审程序的情形。

因人民检察院提出抗诉裁定再审的案件，申请抗诉的当事人有前款规定的情形，且不损害国家利益、社会公共利益或者他人合法权益的，人民法院裁定终结再审程序。

再审程序终结后，人民法院裁定中止执行的原生效判决自动恢复执行。

第一百二十二条 人民法院审理再审案件，认为原生效判决、裁定确有错误，在撤销原生效判决或者裁定的同时，可以对生效判决、裁定的内容作出相应裁判，也可以裁定撤销生效判决或者裁定，发回作出生效判决、裁定的人民法院重新审理。

## 条文应用提示

对于已经发生法律效力的判决、裁定，当事人认为确有错误的，可以向上一级人民法院申请再审。比如，经基层人民法院一审及中级人民法院二审、终审后，当事人可以向高级人民法院申请再审。如果是高级人民法院做出生效裁判后，当事人不服的，向最高人民法院申请再审。

当事人再审申请应当符合以下条件：

（1）再审申请人是生效裁判文书列明的当事人，或者其他因不能归责于本人的事由未被裁判文书列为当事人，但与行政行为有利害关系的公民、法人或者其他组织；（2）受理再审申请的法院是作出生效裁判的上一级人民法院；（3）申请再审的裁判属于《行政诉讼法》第九十条规定的生效裁判；（4）申请再审的事由属于《行政诉讼法》第九十一条规定的情形；（5）当事人在生效裁判发生法律效力后六个月内提出。

当事人申请再审不是无限次的，对于再审申请被驳回后再次提出申请的，以及对再审判决、裁定提出申请的，人民法院不予立案。再审法院认为申请人主张的再审事由成立的，应当裁定再审；认为再审事由不成立的，则裁定驳回再审申请，这意味着，当事人提起再审申请基本上只有一次机会，被驳回再审申请或者提起再审后仍不服再审裁决的，只能请求检察院抗诉或者申请监察建议。

再审期间，原生效判决、裁定不停止执行。这里要区分申请再审以及决定再审，按照审判监督程序决定再审的案件，或者由上级人民法院决定提审或者指令下级人民法院再审，则应当作出裁定，裁定应当写明中止原判决的执行。

**第九十一条 【再审事由】当事人的申请符合下列情形之一的，人民法院应当再审：**

**（一）不予立案或者驳回起诉确有错误的；**

**（二）有新的证据，足以推翻原判决、裁定的；**

**（三）原判决、裁定认定事实的主要证据不足、未经质证或者系伪造的；**

**（四）原判决、裁定适用法律、法规确有错误的；**

**（五）违反法律规定的诉讼程序，可能影响公正审判的；**

**（六）原判决、裁定遗漏诉讼请求的；**

**（七）据以作出原判决、裁定的法律文书被撤销或者变更的；**

**（八）审判人员在审理该案件时有贪污受贿、徇私舞弊、枉法裁判行为的。**

**对应司法解释**

**《最高人民法院关于适用〈中华人民共和国行政诉讼法〉的解释》（法释〔2018〕1号 自2018年2月8日起施行）**

第一百一十条 当事人向上一级人民法院申请再审，应当在判决、裁定或者调解书发生法律效力后六个月内提出。有下列情形之一的，自知道或者应当知道之日起六个月内提出：

（一）有新的证据，足以推翻原判决、裁定的；

（二）原判决、裁定认定事实的主要证据是伪造的；

（三）据以作出原判决、裁定的法律文书被撤销或者变更的；

（四）审判人员审理该案件时有贪污受贿、徇私舞弊、枉法裁判行为的。

第一百一十三条 人民法院根据审查再审申请案件的需要决定是否询问当事人；新的证据可能推翻原判决、裁定的，人民法院应当询问当事人。

## 条文应用提示

本条具体规定了当事人提起再审的八种情形,符合这八种情形的,人民法院应当再审。我国的行政、民事、刑事三大诉讼现均采取二审终审,当事人可以申请再审,但最终由法院决定是否提起再审,直至进入再审程序是比较难的。

当事人申请再审,应当在判决、裁定、调解书发生法律效力后六个月内提出。申请再审期间为人民法院向当事人送达裁判文书之日起至再审申请人向上一级人民法院申请再审之日止。申请再审期间为不变期间,不适用中止、中断、延长的规定。

再审申请人应当提交再审申请书,申请书原件份数按被申请人及原审其他当事人总数再加一份提交。再审申请书应当载明下列事项:(1)再审申请人、被申请人及原审其他当事人的基本情况;(2)原审人民法院的名称,原审判决、裁定或者调解书的案号;(3)具体的再审请求;(4)申请再审的具体法定事由(须列明所依据的行政诉讼法的具体条、款、项)及事实、理由;(5)受理再审申请的人民法院名称;(6)再审申请人的签名、捺印或者盖章;(7)递交再审申请书的日期。

再审申请书尽量避免书写人身攻击等内容,避免引起矛盾激化。

再审申请人除应提交符合规定的再审申请书外,还应当提交以下材料:

(1)身份证明材料。再审申请人是自然人的,应当提交身份证明复印件。再审申请人是法人或者其他组织的,应当提交营业执照复印件、组织机构代码证书复印件、法定代表人或者主要负责人身份证明;法人或者其他组织不能提供组织机构代码证书复印件的,应当提交情况说明。

(2)委托证明材料。委托他人代为申请再审的,除提交授权委托书外,委托代理人是律师的,应提交律师事务所函原件和律师执业证复印件;委托代理人是基层法律服务工作者的,应提交基层法律服务所函原件和法律服务工作者执业证复印件,以及当事人一方位于本辖区内的证明材料。委托代理人是当事人的近亲属,应提交代理人身份证明复印件和与当事人有近亲属关系的证明材料;委托代理人是当事人的工作人员的,应提交代理人身份证明复印件和与当事人有合法劳动人事关系的证明材料;委托代理人是当事人所在社区、单位以及有关社会团体推荐的公民的,应提交代理人身份证明复印件、推荐材料和当事人隶属于该社区、单位的证明材料。

(3)原裁判文书。申请再审的判决、裁定、调解书经核对无误的复印件;判决、裁定、调解书系二审裁判的,应同时提交一审裁判文书经核对无误的清晰的复印件。

(4)一审起诉状复印件、二审上诉状复印件。

(5)在原审诉讼过程中提交的主要证据材料。

(6)支持再审申请事由和再审请求的证据材料。

(7)行政机关作出相关行政行为的证据材料。

(8)其向行政机关提出申请,但行政机关不作为的相关证据材料。

(9)再审申请人有新证据的,应按照被申请人及原审其他当事人总数提交。

严谨的做法是,再审申请人提交再审申请书等材料应使用A4型纸,同时应当附与书面材料内容一致的可编辑的一审、二审裁判文书和再审申请书的电子文本(Word文本),并提供所有纸质文件的便携式格式文本(PDF文本),将上述两种格式的电子文本刻录在同一张光盘中,与纸质材料一并提交。但最关键的,还是再审事由是扎实有据的。

## 关联法律法规

**《最高人民法院关于办理行政申请再审案件若干问题的规定》(法释〔2021〕6号　自2021年4月1日起施行)**

为切实保障当事人申请再审的权利,切实有效解决行政争议,结合人民法院行政审判工作实践,根据《中华人民共和国行政诉讼法》的规定,制定本解释。

第一条　当事人不服高级人民法院已经发生法律效力的判决、裁定,依照行政诉讼法第九十条的规定向最高人民法院申请再审的,最高人民法院应当依法审查,分别情况予以处理。

第二条　下列行政申请再审案件中,原判决、裁定适用法律、法规确有错误的,最高人民法院应当裁定再审:

(一)在全国具有普遍法律适用指导意义的案件;

(二)在全国范围内或者省、自治区、直辖市有重大影响的案件;

(三)跨省、自治区、直辖市的案件;

（四）重大涉外或者涉及香港特别行政区、澳门特别行政区、台湾地区的案件；

（五）涉及重大国家利益、社会公共利益的案件；

（六）经高级人民法院审判委员会讨论决定的案件；

（七）最高人民法院认为应当再审的其他案件。

第三条　行政申请再审案件有下列情形之一的，最高人民法院可以决定由作出生效判决、裁定的高级人民法院审查：

（一）案件基本事实不清、诉讼程序违法、遗漏诉讼请求的；

（二）再审申请人或者第三人人数众多的；

（三）由高级人民法院审查更适宜实质性化解行政争议的；

（四）最高人民法院认为可以由高级人民法院审查的其他情形。

第四条　已经发生法律效力的判决、裁定认定事实清楚，适用法律、法规正确，当事人主张的再审事由不成立的，最高人民法院可以迳行裁定驳回再审申请。

第五条　当事人不服人民法院再审判决、裁定的，可以依法向人民检察院申请抗诉或者检察建议。

第六条　本解释自2021年4月1日起施行。本解释施行后，最高人民法院此前作出的相关司法解释与本解释相抵触的，以本解释为准。

附件：1. 中华人民共和国最高人民法院决定书（最高人民法院决定由高级人民法院审查用）

2. 中华人民共和国最高人民法院通知书（最高人民法院决定由高级人民法院审查时通知再审申请人用）

3. 中华人民共和国最高人民法院行政裁定书（最高人民法院迳行驳回再审申请用）

**附件1：**

**中华人民共和国最高人民法院**

**决　定　书**

（××××）最高法行决×号

××××高级人民法院：

根据《中华人民共和国行政诉讼法》第九十条、《最高人民法院关于办理行政申请再审案件若干问题的规定》第三条的规定，现将再审申请人×××诉×××(机关名称)一案，交由你院审查。请你院依照《中华人民共和国行政诉讼法》及其司法解释的相关规定进行审查处理。

××××年××月××日
(院印)

**附件2：**

**中华人民共和国最高人民法院**
**通　知　书**

(××××)最高法行通×号

×××(再审申请人)：

根据《中华人民共和国行政诉讼法》第九十条、《最高人民法院关于办理行政申请再审案件若干问题的规定》第三条的规定，本院将再审申请人×××诉×××(机关名称)一案，交由××××高级人民法院审查。请等待审查结果。对高级人民法院审查后作出的判决、裁定仍然不服的，可以依照《最高人民法院关于适用〈中华人民共和国行政诉讼法〉的解释》第一百一十七条的规定向人民检察院申请抗诉或者检察建议。

特此通知。

××××年××月××日
(院印)

**附件3：**

**中华人民共和国最高人民法院**
**行政裁定书**

(××××)最高法行申×号

再审申请人(一、二审诉讼地位)：×××，……。

被申请人(一、二审诉讼地位)：×××，……。

(以上写明当事人和其他诉讼参与人的姓名或者名称等基本信息)

再审申请人×××因诉×××(机关名称)一案，不服××××高级人民法院×

××号行政判决(裁定),向本院申请再审。本院依法对本案进行了审查,现已审查终结。

×××向本院申请再审,请求……(简要列明请求和理由)。

本院认为,×××的再审申请不符合《中华人民共和国行政诉讼法》第九十一条规定的情形。依照《最高人民法院关于适用〈中华人民共和国行政诉讼法〉的解释》第一百一十六条第二款、《最高人民法院关于办理行政申请再审案件若干问题的规定》第四条之规定,裁定如下:

驳回×××的再审申请。

审　判　长　×××
审　判　员　×××
审　判　员　×××
××××年××月××日
（院印）
法官助理　×××
书　记　员　×××

**第九十二条　【人民法院依职权再审】各级人民法院院长对本院已经发生法律效力的判决、裁定,发现有本法第九十一条规定情形之一,或者发现调解违反自愿原则或者调解书内容违法,认为需要再审的,应当提交审判委员会讨论决定。**

**最高人民法院对地方各级人民法院已经发生法律效力的判决、裁定,上级人民法院对下级人民法院已经发生法律效力的判决、裁定,发现有本法第九十一条规定情形之一,或者发现调解违反自愿原则或者调解书内容违法的,有权提审或者指令下级人民法院再审。**

## 条文应用提示

行政诉讼再审的提起主要有三种渠道:当事人申请再审、人民法院依职权再审、检察院抗诉。

本法第九十一条规定了当事人申请再审,即当事人对已经发生法律效力的判决、裁定,认为有错误的,可以向上一级人民法院申请再审。

第九十二条规定了人民法院依职权再审,即(1)各级人民法院院长对本院已经发生法律效力的判决、裁定、调解书,发现确有错误,认为需要再审的;(2)最高人民法院对地方各级人民法院已经发生法律效力的判决、裁定、调解书,发现确有错误的;(3)上级人民法院对下级人民法院已经发生法律效力的判决、裁定、调解书,发现确有错误的,有权提审或指令下级人民法院再审。这里的确有错误,主要是发现有本法第九十一条规定情形之一或者调解违反自愿原则或者调解书内容违法。

人民法院依据职权再审,一是本院审委会决定再审,二是上级法院依法提审,三是上级法院指令下级法院再审。这种程序下启动的再审程序,属于法院的内部纠错,一般会带来裁判结果的逆转。

## 关联法律法规

**《最高人民法院关于加强和规范案件提级管辖和再审提审工作的指导意见》(法发〔2023〕13号　自2023年8月1日起施行)**

为加强人民法院审级监督体系建设,做深做实新时代能动司法,推动以审判工作现代化服务保障中国式现代化,现根据相关法律和司法解释的规定,结合审判工作实际,就加强和规范人民法院案件提级管辖、再审提审工作,制定本意见。

### 一、一般规定

第一条　健全完善案件提级管辖、再审提审工作机制,是完善四级法院审级职能定位改革的重要内容,有利于促进诉源治理、统一法律适用、维护群众权益。各级人民法院应当通过积极、规范、合理适用提级管辖,推动将具有指导意义、涉及重大利益、可能受到干预的案件交由较高层级人民法院审理,发挥典型案件裁判的示范引领作用,实现政治效果、社会效果、法律效果的有机统一。中级以上人民法院应当加大再审提审适用力度,精准履行审级监督和再审纠错职能。最高人民法院聚焦提审具有普遍法律适用指导意义、存在重大法律适用分歧的典型案件,充分发挥最高审判机关监督指导全国审判工作、确保法律正确统一适用的职能。

第二条　本意见所称"提级管辖",是指根据《中华人民共和国刑事诉讼法》第二十四条、《中华人民共和国民事诉讼法》第三十九条、《中华人民共和国行政诉讼法》第二十四条的规定,下级人民法院将所管辖的第一审案件转移至上级人民法院审理，包括上级人民法院依下级人民法院报请提级管辖、上级人民法院依职权提级管辖。

第三条　本意见所称"再审提审"，是指根据《中华人民共和国民事诉讼法》第二百零五条第二款、第二百一十一条第二款，《中华人民共和国行政诉讼法》第九十一条、第九十二条第二款的规定，上级人民法院对下级人民法院已经发生法律效力的民事、行政判决、裁定，认为确有错误并有必要提审的，裁定由本院再审，包括上级人民法院依职权提审、上级人民法院依当事人再审申请提审、最高人民法院依高级人民法院报请提审。

## 二、完善提级管辖机制

第四条　下级人民法院对已经受理的第一审刑事、民事、行政案件，认为属于下列情形之一，不宜由本院审理的，应当报请上一级人民法院审理：

（一）涉及重大国家利益、社会公共利益的；

（二）在辖区内属于新类型，且案情疑难复杂的；

（三）具有诉源治理效应，有助于形成示范性裁判，推动同类纠纷统一、高效、妥善化解的；

（四）具有法律适用指导意义的；

（五）上一级人民法院或者其辖区内人民法院之间近三年裁判生效的同类案件存在重大法律适用分歧的；

（六）由上一级人民法院一审更有利于公正审理的。

上级人民法院对辖区内人民法院已经受理的第一审刑事、民事、行政案件，认为属于上述情形之一，有必要由本院审理的，可以决定提级管辖。

第五条　"在辖区内属于新类型，且案情疑难复杂的"案件，主要指案件所涉领域、法律关系、规制范围等在辖区内具有首案效应或者相对少见，在法律适用上存在难点和争议。

"具有诉源治理效应，有助于形成示范性裁判，推动同类纠纷统一、高效、妥善化解的"案件，是指案件具有示范引领价值，通过确立典型案件的裁判规则，能够对处理类似纠纷形成规范指引，引导当事人作出理性选择，促进批量纠纷系统化解，实现纠纷源头治理。

"具有法律适用指导意义的"案件，是指法律、法规、司法解释、司法指导性文件等没有明确规定，需要通过典型案件裁判进一步明确法律适用；

司法解释、司法指导性文件、指导性案例发布时所依据的客观情况发生重大变化，继续适用有关规则审理明显有违公平正义。

“由上一级人民法院一审更有利于公正审理的”案件，是指案件因所涉领域、主体、利益等因素，可能受地方因素影响或者外部干预，下级人民法院不宜行使管辖权。

第六条　下级人民法院报请上一级人民法院提级管辖的案件，应当经本院院长或者分管院领导批准，以书面形式请示。请示应当包含案件基本情况、报请提级管辖的事实和理由等内容，并附必要的案件材料。

第七条　民事、行政第一审案件报请提级管辖的，应当在当事人答辩期届满后，至迟于案件法定审理期限届满三十日前向上一级人民法院报请。

刑事第一审案件报请提级管辖的，应当至迟于案件法定审理期限届满十五日前向上一级人民法院报请。

第八条　上一级人民法院收到案件报请提级管辖的请示和材料后，由立案庭编立“辖”字号，转相关审判庭组成合议庭审查。上一级人民法院应当在编立案号之日起三十日内完成审查，但法律和司法解释对审查时限另有规定的除外。

合议庭经审查并报本院院长或者分管院领导批准后，根据本意见所附诉讼文书样式，作出同意或者不同意提级管辖的法律文书。相关法律文书一经作出即生效。

第九条　上级人民法院根据本意见第二十一条规定的渠道，发现下级人民法院受理的第一审案件可能需要提级管辖的，可以及时与相关人民法院沟通，并书面通知提供必要的案件材料。

上级人民法院认为案件应当提级管辖的，经本院院长或者分管院领导批准后，根据本意见所附诉讼文书样式，作出提级管辖的法律文书。

第十条　上级人民法院作出的提级管辖法律文书，应当载明以下内容：

（一）案件基本信息；

（二）本院决定提级管辖的理由和分析意见。

上级人民法院不同意提级管辖的，应当在相关法律文书中载明理由和分析意见。

第十一条　上级人民法院决定提级管辖的,应当在作出法律文书后五日内,将法律文书送原受诉人民法院。原受诉人民法院收到提级管辖的法律文书后,应当在五日内送达当事人,并在十日内将案卷材料移送上级人民法院。上级人民法院应当在收到案卷材料后五日内立案。对检察机关提起公诉的案件,上级人民法院决定提级管辖的,应当书面通知同级人民检察院,原受诉人民法院应当将案卷材料退回同级人民检察院,并书面通知当事人。

上级人民法院决定不予提级管辖的,应当在作出法律文书后五日内,将法律文书送原受诉人民法院并退回相关案卷材料。案件由原受诉人民法院继续审理。

第十二条　上级人民法院决定提级管辖的案件,应当依法组成合议庭适用第一审普通程序审理。

原受诉人民法院已经依法完成的送达、保全、鉴定等程序性工作,上级人民法院可以不再重复开展。

第十三条　中级人民法院、高级人民法院决定提级管辖的案件,应当报上一级人民法院立案庭备案。

第十四条　按照本意见提级管辖的案件,审理期限自上级人民法院立案之日起重新计算。

下级人民法院向上级人民法院报送提级管辖请示的期间和上级人民法院审查处理期间,均不计入案件审理期限。

对依报请不同意提级管辖的案件,自原受诉人民法院收到相关法律文书之日起恢复案件审限计算。

**三、规范民事、行政再审提审机制**

第十五条　上级人民法院对下级人民法院已经发生法律效力的民事、行政判决、裁定,认为符合再审条件的,一般应当提审。

对于符合再审条件的民事、行政判决、裁定,存在下列情形之一的,最高人民法院、高级人民法院可以指令原审人民法院再审,或者指定与原审人民法院同级的其他人民法院再审,但法律和司法解释另有规定的除外:

(一)原判决、裁定认定事实的主要证据未经质证的;

(二)对审理案件需要的主要证据,当事人因客观原因不能自行收集,书面申请人民法院调查收集,人民法院未调查收集的;

(三)违反法律规定,剥夺当事人辩论权利的;

(四)发生法律效力的判决、裁定是由第一审法院作出的;

(五)当事人一方人数众多或者当事人双方均为公民的民事案件;

(六)经审判委员会讨论决定的其他情形。

第十六条 最高人民法院依法受理的民事、行政申请再审审查案件,除法律和司法解释规定应当提审的情形外,符合下列情形之一的,也应当裁定提审:

(一)在全国有重大影响的;

(二)具有普遍法律适用指导意义的;

(三)所涉法律适用问题在最高人民法院内部存在重大分歧的;

(四)所涉法律适用问题在不同高级人民法院之间裁判生效的同类案件存在重大分歧的;

(五)由最高人民法院提审更有利于案件公正审理的;

(六)最高人民法院认为应当提审的其他情形。

最高人民法院依职权主动发现地方各级人民法院已经发生法律效力的民事、行政判决、裁定确有错误,并且符合前款规定的,应当提审。

第十七条 高级人民法院对于本院和辖区内人民法院作出的已经发生法律效力的民事、行政判决、裁定,认为适用法律确有错误,且属于本意见第十六条第一款第一项至第五项所列情形之一的,经本院审判委员会讨论决定后,可以报请最高人民法院提审。

第十八条 高级人民法院报请最高人民法院再审提审的案件,应当向最高人民法院提交书面请示,请示应当包括以下内容:

(一)案件基本情况;

(二)本院再审申请审查情况;

(三)报请再审提审的理由;

(四)合议庭评议意见、审判委员会讨论意见;

(五)必要的案件材料。

第十九条 最高人民法院收到高级人民法院报送的再审提审请示及材料后,由立案庭编立"监"字号,转相关审判庭组成合议庭审查,并在三个月以内作出下述处理:

(一)符合提审条件的,作出提审裁定;

(二)不符合提审条件的,作出不同意提审的批复。

最高人民法院不同意提审的,应当在批复中说明意见和理由。

第二十条 案件报请最高人民法院再审提审的期间和最高人民法院审查处理期间,不计入申请再审审查案件办理期限。

对不同意再审提审的案件,自高级人民法院收到批复之日起,恢复申请再审审查案件的办理期限计算。

## 四、完善提级管辖、再审提审的保障机制

第二十一条 上级人民法院应当健全完善特殊类型案件的发现、监测、甄别机制,注重通过以下渠道,主动启动提级管辖或者再审提审程序:

(一)办理下级人民法院关于法律适用问题的请示;

(二)开展审务督察、司法巡查、案件评查;

(三)办理检察监督意见;

(四)办理人大代表、政协委员关注的事项或者问题;

(五)办理涉及具体案件的群众来信来访;

(六)处理当事人提出的提级管辖或者再审提审请求;

(七)开展案件舆情监测;

(八)办理有关国家机关、社会团体等移送的其他事项。

第二十二条 对于提级管辖、再审提审案件,相关人民法院应当加大监督管理力度,配套完善激励、考核机制,把提级管辖、再审提审案件的规则示范意义、对下指导效果、诉源治理成效、成果转化情况、社会各界反映等作为重要评价内容。

第二十三条 最高人民法院各审判庭应当强化对下监督指导,统筹做好本审判条线相关案件的提级管辖、再审提审工作,全面掌握案件情况,及时办理请示事项。各高级人民法院应当定期向最高人民法院报送提级管辖案件情况,加强辖区内人民法院各审判业务条线的沟通交流、问题反馈和业务指导,结合辖区审判工作实际,细化明确提级管辖、再审提审案件的范围、情形和程序。

第二十四条 最高人民法院、高级人民法院应当健全完善提级管辖、再审提审案件的裁判规则转化机制,将提级管辖案件的裁判统一纳入人民法院案例库,积极将具有法律适用指导意义的提级管辖、再审提审案件作为指导性案例、参考性案例培育,推动将具有规则确立意义、示范引领

作用的裁判转化为司法解释、司法指导性文件、司法建议、调解指引等。加大对提级管辖、再审提审案件的宣传力度,将宣传重点聚焦到增强人民群众获得感、促进提升司法公信力、有力破除“诉讼主客场”现象上来,积极通过庭审公开、文书说理、案例发布、新闻报道、座谈交流等方式,充分展示相关审判工作成效,促进公众和社会法治意识的养成,为有序推进相关工作营造良好氛围。

## 五、附　　则

第二十五条　本意见由最高人民法院解释。各高级人民法院可以根据相关法律、司法解释和本意见,结合审判工作实际,制定或者修订本地区关于提级管辖、再审提审的实施细则,报最高人民法院备案。

第二十六条　本意见自2023年8月1日起施行。之前有关规定与本意见不一致的,按照本意见执行。

附件:1. 刑事请示(下级人民法院报请提级管辖用)

2. 民事请示(下级人民法院报请提级管辖用)

3. 行政请示(下级人民法院报请提级管辖用)

4. 刑事决定书(上级人民法院依报请同意提级管辖用)

5. 民事裁定书(上级人民法院依报请同意提级管辖用)

6. 行政决定书(上级人民法院依报请同意提级管辖用)

7. 刑事决定书(上级人民法院不同意提级管辖用)

8. 民事批复(上级人民法院不同意提级管辖用)

9. 行政决定书(上级人民法院不同意提级管辖用)

10. 刑事决定书(上级人民法院依职权提级管辖用)

11. 民事裁定书(上级人民法院依职权提级管辖用)

12. 行政裁定书(上级人民法院依职权提级管辖用)

13. 民事请示(高级人民法院将依申请再审的案件报请最高人民法院再审提审用)

14. 民事请示(高级人民法院将依职权再审的案件报请最高人民法院再审提审用)

15. 行政请示(高级人民法院将依申请再审的案件报请最高人民法院再审提审用)

16. 行政请示(高级人民法院将依职权再审的案件报请最高人民法院

再审提审用)

17. 民事裁定书(最高人民法院依高级人民法院报请同意提审该院依申请再审的案件用)

18. 民事裁定书(最高人民法院依高级人民法院报请同意提审该院依职权再审的案件用)

19. 行政裁定书(最高人民法院依高级人民法院报请同意提审该院依申请再审的案件用)

20. 行政裁定书(最高人民法院依高级人民法院报请同意提审该院依职权再审的案件用)

21. 民事批复(最高人民法院不同意高级人民法院报请再审提审用)

22. 行政批复(最高人民法院不同意高级人民法院报请再审提审用)

**第九十三条　【抗诉和检察建议】最高人民检察院对各级人民法院已经发生法律效力的判决、裁定,上级人民检察院对下级人民法院已经发生法律效力的判决、裁定,发现有本法第九十一条规定情形之一,或者发现调解书损害国家利益、社会公共利益的,应当提出抗诉。**

**地方各级人民检察院对同级人民法院已经发生法律效力的判决、裁定,发现有本法第九十一条规定情形之一,或者发现调解书损害国家利益、社会公共利益的,可以向同级人民法院提出检察建议,并报上级人民检察院备案;也可以提请上级人民检察院向同级人民法院提出抗诉。**

**各级人民检察院对审判监督程序以外的其他审判程序中审判人员的违法行为,有权向同级人民法院提出检察建议。**

**对应司法解释**

**《最高人民法院关于适用〈中华人民共和国行政诉讼法〉的解释》(法释〔2018〕1号　自2018年2月8日起施行)**

第一百一十七条　有下列情形之一的,当事人可以向人民检察院申请抗诉或者检察建议:

(一)人民法院驳回再审申请的;

(二)人民法院逾期未对再审申请作出裁定的;

（三）再审判决、裁定有明显错误的。

人民法院基于抗诉或者检察建议作出再审判决、裁定后，当事人申请再审的，人民法院不予立案。

第一百二十四条　人民检察院提出抗诉的案件，接受抗诉的人民法院应当自收到抗诉书之日起三十日内作出再审的裁定；有行政诉讼法第九十一条第二、三项规定情形之一的，可以指令下一级人民法院再审，但经该下一级人民法院再审过的除外。

人民法院在审查抗诉材料期间，当事人之间已经达成和解协议的，人民法院可以建议人民检察院撤回抗诉。

第一百二十五条　人民检察院提出抗诉的案件，人民法院再审开庭时，应当在开庭三日前通知人民检察院派员出庭。

第一百二十六条　人民法院收到再审检察建议后，应当组成合议庭，在三个月内进行审查，发现原判决、裁定、调解书确有错误，需要再审的，依照行政诉讼法第九十二条规定裁定再审，并通知当事人；经审查，决定不予再审的，应当书面回复人民检察院。

第一百二十七条　人民法院审理因人民检察院抗诉或者检察建议裁定再审的案件，不受此前已经作出的驳回当事人再审申请裁定的限制。

## 条文应用提示

法律赋予了当事人申请检察监督的权利。当事人申请检察建议或抗诉是与起诉权、上诉权、申请再审权一样的诉讼权利。检察机关受理当事人监督申请后，应当进行审查，并作出是否支持其监督申请的决定。这一规定既是对当事人诉讼权利的保障，也体现了检察机关对审判机关的法律监督。

法律确立了一次申请的原则，《民事诉讼法》第二百一十九条对于当事人申请检察监督的次数限定为一次，这有利于维护司法秩序的稳定性，并可以有效节约司法资源。

监督方式的决定权在于检察院。《民事诉讼法》第二百一十九条规定了检察建议和抗诉两种监督方式。

2014 年修改《行政诉讼法》，借鉴《民事诉讼法》第 215 条的规定，创造了地方各级人民检察院对同级人民法院已经发生法律效力的判决、裁定、调解书提出检察建议的监督方式。

检察建议有别于抗诉。就法律效果而言,抗诉必然引起再审,而检察建议不必然引起再审。就层级而言,除最高检针对最高院的平级抗诉外,抗诉多发生在上级检察院对下级法院,检察建议则是各级检察院对同级法院。就内容而言,抗诉就是针对法院已经生效的裁判文书,而检察建议可以分为再审检察建议及一般检察建议,后者可以针对审判人员及其在审判、执行过程中的违法行为提出。

根据《关于对民事审判活动与新政诉讼实行法律监督的若干意见(试行)》第7条第2款的规定:“人民法院收到再审检察建议后,应当在三个月内进行审查并将审查结果书面回复人民检察院。人民法院认为需要再审的,应当通知当事人。人民检察院认为人民法院不予再审的决定不当的,应当提请上级人民检察院提出抗诉。”

在监督方式的适用上,当事人更倾向于申请检察院提起抗诉,采取抗诉或者检察建议的最终决定权在检察院。《民事诉讼法》第二百一十九条规定了当事人一次申请的规定,也就是说,对于当事人申请检察监督的次数限定为一次,但是要正确理解这一个“一次”,比如,当事人因不服生效裁判申请检察监督后,又以出现新的证据,足以推翻原判决、裁定等规定的情形,再次到检察机关申请检察监督的,检察机关应当受理。《民事诉讼法》也并未规定法院只能再审一次,如果再审法院审理民事抗诉案件作出的判决、裁定、调解书仍符合抗诉条件,法院对检察院提出的检察建议未在规定期限内作出处理并书面回复或者处理结果错误的,检察院可以依职权继续进行法律监督。

# 第八章　执　　行

**第九十四条　【生效裁判和调解书的执行】当事人必须履行人民法院发生法律效力的判决、裁定、调解书。**

**对应司法解释**

**《最高人民法院关于适用〈中华人民共和国行政诉讼法〉的解释》（法释〔2018〕1号　自2018年2月8日起施行）**

第一百五十二条　对发生法律效力的行政判决书、行政裁定书、行政赔偿判决书和行政调解书，负有义务的一方当事人拒绝履行的，对方当事人可以依法申请人民法院强制执行。

人民法院判决行政机关履行行政赔偿、行政补偿或者其他行政给付义务，行政机关拒不履行的，对方当事人可以依法向法院申请强制执行。

第一百五十三条　申请执行的期限为二年。申请执行时效的中止、中断，适用法律有关规定。

申请执行的期限从法律文书规定的履行期间最后一日起计算；法律文书规定分期履行的，从规定的每次履行期间的最后一日起计算；法律文书中没有规定履行期限的，从该法律文书送达当事人之日起计算。

逾期申请的，除有正当理由外，人民法院不予受理。

第一百五十四条　发生法律效力的行政判决书、行政裁定书、行政赔偿判决书和行政调解书，由第一审人民法院执行。

第一审人民法院认为情况特殊，需要由第二审人民法院执行的，可以报请第二审人民法院执行；第二审人民法院可以决定由其执行，也可以决定由第一审人民法院执行。

## 条文应用提示

当事人包括原告、被告和第三人。对发生法律效力的行政判决书、行政裁定书、行政赔偿判决书和行政调解书,负有义务的一方当事人应该主动履行。如果负有义务的公民、法人或者其他组织拒绝履行的,有的行政机关拥有强制执行权,则可以直接强制执行,有的行政机关没有强制执行权,则需要申请人民法院强制执行。如人民法院判决行政机关履行行政赔偿、行政补偿或者其他行政给付义务,行政机关拒不履行的,对方当事人可以依法向法院申请强制执行。

**第九十五条 【申请强制执行和执行管辖】公民、法人或者其他组织拒绝履行判决、裁定、调解书的,行政机关或者第三人可以向第一审人民法院申请强制执行,或者由行政机关依法强制执行。**

**对应司法解释**

**《最高人民法院关于适用〈中华人民共和国行政诉讼法〉的解释》(法释〔2018〕1号 自2018年2月8日起施行)**

第一百五十六条 没有强制执行权的行政机关申请人民法院强制执行其行政行为,应当自被执行人的法定起诉期限届满之日起三个月内提出。逾期申请的,除有正当理由外,人民法院不予受理。

第一百五十七条 行政机关申请人民法院强制执行其行政行为的,由申请人所在地的基层人民法院受理;执行对象为不动产的,由不动产所在地的基层人民法院受理。

基层人民法院认为执行确有困难的,可以报请上级人民法院执行;上级人民法院可以决定由其执行,也可以决定由下级人民法院执行。

第一百五十八条 行政机关根据法律的授权对平等主体之间民事争议作出裁决后,当事人在法定期限内不起诉又不履行,作出裁决的行政机关在申请执行的期限内未申请人民法院强制执行的,生效行政裁决确定的权利人或者其继承人、权利承受人在六个月内可以申请人民法院强制执行。

享有权利的公民、法人或者其他组织申请人民法院强制执行生效行政裁决，参照行政机关申请人民法院强制执行行政行为的规定。

第一百五十九条 行政机关或者行政行为确定的权利人申请人民法院强制执行前，有充分理由认为被执行人可能逃避执行的，可以申请人民法院采取财产保全措施。后者申请强制执行的，应当提供相应的财产担保。

第一百六十条 人民法院受理行政机关申请执行其行政行为的案件后，应当在七日内由行政审判庭对行政行为的合法性进行审查，并作出是否准予执行的裁定。

人民法院在作出裁定前发现行政行为明显违法并损害被执行人合法权益的，应当听取被执行人和行政机关的意见，并自受理之日起三十日内作出是否准予执行的裁定。

需要采取强制执行措施的，由本院负责强制执行非诉行政行为的机构执行。

第一百六十一条 被申请执行的行政行为有下列情形之一的，人民法院应当裁定不准予执行：

（一）实施主体不具有行政主体资格的；

（二）明显缺乏事实根据的；

（三）明显缺乏法律、法规依据的；

（四）其他明显违法并损害被执行人合法权益的情形。

行政机关对不准予执行的裁定有异议，在十五日内向上一级人民法院申请复议的，上一级人民法院应当在收到复议申请之日起三十日内作出裁定。

## 条文应用提示

公民、法人或者其他组织拖延履行或明确拒绝履行生效裁判的，有强制执行权的行政机关可以直接依法强制执行，没有强制执行权的行政机关需要向第一审人民法院申请强制执行。

这里要注意区分行政机关申请人民法院强制执行其行政行为的案件和行政机关申请人民法院强制执行生效判决、裁定、调解书的案件，后者已经经过了司法审查，可以直接予以执行，但前者尚未经过司法审查，法院受理后应当由行政审判庭对行政行为的合法性进行审查,并作出是否准予执行的裁定。

行政机关对民事争议作出裁决后,当事人在法定期限内不起诉又不履行的,作出裁决的行政机关可以申请人民法院强制执行,其超期未申请的,生效行政裁决确定的权利人或者其继承人、权力承受人在六个月内可以申请人民法院强制执行。行政机关或者行政行为确定的权利人在申请人民法院强制执行的时候,可以申请人民法院采取财产保全措施。

**第九十六条　【对行政机关拒绝履行的执行措施】行政机关拒绝履行判决、裁定、调解书的,第一审人民法院可以采取下列措施:**

**(一)对应当归还的罚款或者应当给付的款额,通知银行从该行政机关的账户内划拨;**

**(二)在规定期限内不履行的,从期满之日起,对该行政机关负责人按日处五十元至一百元的罚款;**

**(三)将行政机关拒绝履行的情况予以公告;**

**(四)向监察机关或者该行政机关的上一级行政机关提出司法建议。接受司法建议的机关,根据有关规定进行处理,并将处理情况告知人民法院;**

**(五)拒不履行判决、裁定、调解书,社会影响恶劣的,可以对该行政机关直接负责的主管人员和其他直接责任人员予以拘留;情节严重,构成犯罪的,依法追究刑事责任。**

## 条文应用提示

行政机关更应依法行政,尊重司法,及时履行生效判决。一旦发生行政机关拒绝履行生效判决、裁定、调解书的情况,一审法院可以采取多种措施,比如:(1)针对财产方面,直接从该行政机关的账户内划拨;(2)针对人员方面,对行政机关负责人、直接负责的主管人员或其他直接责任人员处以罚款、拘留甚至追究刑事责任;(3)针对社会影响方面,对拒绝履行的情况予以公告、向监察机关或者上级机关提出司法建议,从而予以强制或督促、惩罚、监督行政机关主动履行生效裁判确定的义务。但实践上,如上执行措施比较罕见。行政机关及其负责人更应及时履行生效裁判。

**第九十七条　【非诉执行】公民、法人或者其他组织对行政行为在法定期限内不提起诉讼又不履行的，行政机关可以申请人民法院强制执行，或者依法强制执行。**

**对应司法解释**

**《最高人民法院关于适用〈中华人民共和国行政诉讼法〉的解释》（法释〔2018〕1号　自2018年2月8日起施行）**

第一百五十五条　行政机关根据行政诉讼法第九十七条的规定申请执行其行政行为，应当具备以下条件：

（一）行政行为依法可以由人民法院执行；

（二）行政行为已经生效并具有可执行内容；

（三）申请人是作出该行政行为的行政机关或者法律、法规、规章授权的组织；

（四）被申请人是该行政行为所确定的义务人；

（五）被申请人在行政行为确定的期限内或者行政机关催告期限内未履行义务；

（六）申请人在法定期限内提出申请；

（七）被申请执行的行政案件属于受理执行申请的人民法院管辖。

行政机关申请人民法院执行，应当提交行政强制法第五十五条规定的相关材料。

人民法院对符合条件的申请，应当在五日内立案受理，并通知申请人；对不符合条件的申请，应当裁定不予受理。行政机关对不予受理裁定有异议，在十五日内向上一级人民法院申请复议的，上一级人民法院应当在收到复议申请之日起十五日内作出裁定。

## 应用提示

实践中，公民、法人或者其他组织对行政行为不服的，可以通过行政复议或者行政诉讼予以救济，但也有部分主体既不提起复议或者行政诉讼从而解决行政争议，也不履行行政行为设定的义务。面对这种情况，有强制执行权的行政机关可以依法强制执行，没有强制执行权的行政机关则需要向人民法院申请强制执行。法律已经授予行政机关强制执行权的，人民法院不受理行政机关提出的非诉行政执行申请。

# 第九章　涉外行政诉讼

第九十八条　【涉外行政诉讼的法律适用原则】外国人、无国籍人、外国组织在中华人民共和国进行行政诉讼，适用本法。法律另有规定的除外。

**条文应用提示**

外国人、无国籍人、外国组织认为行政机关和行政机关工作人员的行政行为侵犯其合法权益，有权依照本法提起行政诉讼，具体参照本法的相关规定进行。

第九十九条　【同等与对等原则】外国人、无国籍人、外国组织在中华人民共和国进行行政诉讼，同中华人民共和国公民、组织有同等的诉讼权利和义务。

外国法院对中华人民共和国公民、组织的行政诉讼权利加以限制的，人民法院对该国公民、组织的行政诉讼权利，实行对等原则。

**条文应用提示**

本条包含了两层意思：一是在行政诉讼中，外国人、无国籍人、外国组织同我国公民、组织拥有同等的诉讼权利和义务；二是如果该外国法院对我国的公民、组织的行政诉讼权利进行限制的，那么我国也相应地予以同样的限制，这体现了维护国家主权的原则。

第一百条　【中国律师代理】外国人、无国籍人、外国组织在中华人民共和国进行行政诉讼，委托律师代理诉讼，应当委托中华人民共和国律师机构的律师。

## 条文应用提示

外国人、无国籍人、外国组织在我国境内进行行政诉讼的，如果要委托律师代理诉讼，则必须委托中国律师。这一点与我国《民事诉讼法》及《律师法》的相关规定是相一致的。律师制度是国家司法制度的组成部分，外国律师参加非本国法院的诉讼活动，关系到一个国家的司法主权问题。一国的司法制度只能适用本国，一个主权国家是不允许外国律师在本国执行律师职务的。而且，不同法系不同国别之间的法律制度巨大差异，外国律师一般也不了解法院地国家的法律，无法真正在诉讼中帮助到当事人。

需要强调的是，行政诉讼中外国人如委托律师只能委托中国律师，但并不排斥外国当事人委托其本国公民或者其他国家的公民作为诉讼代理人，不排斥外国驻华使领馆官员受本国公民的委托，以个人名义担任该国当事人的诉讼代理人，也不排斥外国当事人委托中国公民作为诉讼代理人。但是这种委托必须经过公证、认证等证明手续后才具有效力。

## 关联法律法规

**《中华人民共和国民事诉讼法》(2023年9月1日)**

第二百七十三条　人民法院审理涉外民事案件，应当使用中华人民共和国通用的语言、文字。当事人要求提供翻译的，可以提供，费用由当事人承担。

第二百七十四条　外国人、无国籍人、外国企业和组织在人民法院起诉、应诉，需要委托律师代理诉讼的，必须委托中华人民共和国的律师。

第二百七十五条　在中华人民共和国领域内没有住所的外国人、无国籍人、外国企业和组织委托中华人民共和国律师或者其他人代理诉讼，从中华人民共和国领域外寄交或者托交的授权委托书，应当经所在国公证机关证明，并经中华人民共和国驻该国使领馆认证，或者履行中华人民共和国与该所在国订立的有关条约中规定的证明手续后，才具有效力。

# 第十章　附　　则

**第一百零一条　【适用民事诉讼法规定】人民法院审理行政案件，关于期间、送达、财产保全、开庭审理、调解、中止诉讼、终结诉讼、简易程序、执行等，以及人民检察院对行政案件受理、审理、裁判、执行的监督，本法没有规定的，适用《中华人民共和国民事诉讼法》的相关规定。**

## 条文应用提示

行政诉讼与民事诉讼是两种性质不同的诉讼活动和诉讼程序法，两者在立法宗旨、诉讼当事人、举证责任和审判方式等方面都有很大差别。但是，两者也具有共同一致性，如某些基本原则的规定、案件审判组织的规定、审理程序和执行程序的规定等。

许多国家的行政诉讼制度经历了从民事诉讼中分离的过程，比如，法国的行政法院体系就独立于普通法院。在1989年我国《行政诉讼法》颁布之前，行政争议通常是通过民事诉讼程序解决的。《行政诉讼法》的颁布标志着行政诉讼作为独立的诉讼制度正式确立，与民事诉讼分离，并成为与民事、刑事并列的三大诉讼制度。

我国现行《行政诉讼法》对行政诉讼活动的特殊性予以针对性规定，如诉讼当事人、举证责任等；对相同的程序问题，诸如期间、送达、财产保全、开庭审理、调解、中止诉讼、终结诉讼、简易程序、执行，以及人民检察院对行政案件受理、审理、裁判、执行的监督，如《行政诉讼法》中没有规定的，则可适用《民事诉讼法》的相关规定，这反映了行政诉讼法与民事诉讼法的共同一致性。

**第一百零二条　【诉讼费用】人民法院审理行政案件，应当收取诉讼费用。诉讼费用由败诉方承担，双方都有责任的由双方分担。收取诉讼费用的具体办法另行规定。**

**对应司法解释**

**《最高人民法院关于适用〈中华人民共和国行政诉讼法〉的解释》（法释〔2018〕1号　自2018年2月8日起施行）**

第一百四十四条　人民法院一并审理相关民事争议，应当按行政案件、民事案件的标准分别收取诉讼费用。

## 条文应用提示

行政诉讼的立法目的在于解决行政争议，保护公民、法人和其他组织的合法权益，监督行政机关依法行使职权。基于这样的目的，行政诉讼不按争议标的大小或者诉讼请求的金额收取诉讼费用。行政诉讼的收费标准一般为50元，特殊事由案件为100元。根据《行政诉讼法》以及《诉讼费用交纳办法》的相关规定，商标、专利、海事行政案件的诉讼费用每件交纳100元；其他行政案件每件交纳50元。

因为行政诉讼的诉讼费极低，而民事诉讼则需按照诉讼请求的金额或者价额按比例分段累计交纳，如果一个案子的标的大，诉讼费动辄上万元甚至几十万、几百万元，此时选择行政诉讼或者民事诉讼解决纷争，亦成为重要的诉讼策略选择。

人民法院一并审理相关民事争议的，应当按照行政案件、民事案件的标准分别收取诉讼费用。

## 关联法律法规

**《诉讼费用交纳办法》（中华人民共和国国务院令第481号　自2007年4月1日起施行）**

第二条　当事人进行民事诉讼、行政诉讼，应当依照本办法交纳诉讼费用。

本办法规定可以不交纳或者免予交纳诉讼费用的除外。

第八条　下列案件不交纳案件受理费：

……

（四）行政赔偿案件。

第十三条　案件受理费分别按照下列标准交纳：

……

(五)行政案件按照下列标准交纳:

1. 商标、专利、海事行政案件每件交纳100元;

2. 其他行政案件每件交纳50元。

……

第二十九条　诉讼费用由败诉方负担,胜诉方自愿承担的除外。

部分胜诉、部分败诉的,人民法院根据案件的具体情况决定当事人各自负担的诉讼费用数额。

共同诉讼当事人败诉的,人民法院根据其对诉讼标的的利害关系,决定当事人各自负担的诉讼费用数额。

第三十条　第二审人民法院改变第一审人民法院作出的判决、裁定的,应当相应变更第一审人民法院对诉讼费用负担的决定。

第三十一条　经人民法院调解达成协议的案件,诉讼费用的负担由双方当事人协商解决;协商不成的,由人民法院决定。

第四十三条　当事人不得单独对人民法院关于诉讼费用的决定提起上诉。

当事人单独对人民法院关于诉讼费用的决定有异议的,可以向作出决定的人民法院院长申请复核。复核决定应当自收到当事人申请之日起15日内作出。

当事人对人民法院决定诉讼费用的计算有异议的,可以向作出决定的人民法院请求复核。计算确有错误的,作出决定的人民法院应当予以更正。

**第一百零三条　【施行日期】本法自1990年10月1日起施行。**

**对应司法解释**

**《最高人民法院关于适用〈中华人民共和国行政诉讼法〉的解释》(法释〔2018〕1号　自2018年2月8日起施行)**

**十三、附　　则**

第一百六十二条　公民、法人或者其他组织对2015年5月1日之前作出的行政行为提起诉讼,请求确认行政行为无效的,人民法院不予立案。

## 条文应用提示

1989年4月4日，第七届全国人民代表大会第二次会议通过《行政诉讼法》，从此我国行政诉讼有了专门的立法。

2014年11月1日，根据第十二届全国人民代表大会常务委员会第十一次会议《关于修改〈中华人民共和国行政诉讼法〉的决定》第一次修正。

2017年6月27日，根据第十二届全国人民代表大会常务委员会第二十八次会议《关于修改〈中华人民共和国民事诉讼法〉和〈中华人民共和国行政诉讼法〉的决定》第二次修正。

2022年12月17日，最高人民法院就《中华人民共和国行政诉讼法（修正草案）》向全国人大常委会作说明，修正草案共对《行政诉讼法》作出2处调整，拟修改条文2条。

2023年8月21日，十四届全国人大常委会第十次委员长会议审议通过了全国人大宪法和法律委员会关于终止审议行政诉讼法修正草案的报告，罕见地终止了修正进度。

2023年9月12日，最高人民法院印发《关于四级法院审级职能定位改革试点结束后相关工作要求的通知》（以下简称《通知》），最高人民法院认为试点实践还不能为修改法律提供充分依据，修改《民事诉讼法》《行政诉讼法》相关条文的时机尚不成熟。

根据最高人民法院的相关通知，按照《关于完善四级法院审级职能定位改革试点的实施办法》（以下简称《试点实施办法》）第二条的规定，试点期间，以县级、地市级人民政府为被告的第一审政府信息公开案件，不履行法定职责的案件，行政复议机关不予受理或程序性驳回复议申请的案件，土地、山林等自然资源权属争议行政裁决案件由基层人民法院管辖，上述案件统称“四类行政案件”。《通知》要求，试点结束后，原试点地区法院新收的“四类行政案件”，应严格按照《行政诉讼法》第十五条的规定确定管辖，对于试点结束后尚未办理的“四类行政案件”，可以区分情况处理：第一，对于试点期间已收取诉讼材料，试点结束时尚未立案的，为充分保障当事人诉讼权益，应当告知其向有管辖权的人民法院提起诉讼，并退回相关材料。第二，对于试点期间已经立案受理，至试点结束后尚未审结的，为确保诉讼的连续性和稳定性，受诉人民法院应当继续审理。

试点期间,按照《试点实施办法》第十一条的规定,当事人不服高级人民法院作出的发生法律效力的民事、行政判决、裁定,原则上应当向原审高级人民法院申请再审。试点结束后,最高人民法院不再执行上述规定,按照《民事诉讼法》《行政诉讼法》相关规定受理当事人的再审申请。《通知》要求,各高级人民法院在试点期间已经受理的不服本院生效民事、行政裁判的申请再审审查案件,应当依法继续审理。高级人民法院正在办理或已经办结的上述申请再审审查案件,再审申请人又向最高人民法院提出再审申请的,按照相关法律和司法解释的规定处理。

试点结束后,最高人民法院案件数量出现明显增长,民事、行政申请再审审查案件占比大幅提升。

2024 年 1 月 1 日,新修订的《行政复议法》正式生效。此次对《行政复议法》的修订属于全面、系统的大修,修改后的条文共计 7 章 90 条。新修订的《行政复议法》强化了行政复议吸纳和化解行政争议能力。2024 年全国新收行政复议案件 74.96 万件,从数据上看也佐证了行政复议作为行政争议解决主渠道的定位。

行政复议和行政诉讼并称行政争诉制度,它们不仅共享重要的适法条件和法律标准,而且服务于共同的目标:对行政行为的合法性进行审查,解决行政争议。我国行政诉讼案件近年年均收案稳定在 30 万件左右,行政诉讼代表司法权,通过对行政行为的审查,对行政权予以监督,对公民、法人和其他组织的合法权益予以保障,代表了社会公平正义的最后一道防线,是法治社会的构筑基石。

## 关联法律法规

**《最高人民法院关于四级法院审级职能定位改革试点结束后相关工作要求的通知》(法〔2023〕154 号　自 2023 年 9 月 27 日起施行)**

一、自 2023 年 9 月 28 日起,不再执行《最高人民法院关于完善四级法院审级职能定位改革试点的实施办法》(法〔2021〕242 号,以下简称《试点实施办法》)。最高人民法院、各高级人民法院恢复施行现行《中华人民共和国民事诉讼法》(以下简称《民事诉讼法》)第二百零六条(即《授权决定》中的《民事诉讼法》第一百九十九条)、《中华人民共和国行政诉讼法》(以下简称《行政诉讼法》)第九十条的规定。北京、天津、辽宁、上海、江苏、浙江、山东、河南、广东、重庆、四川、陕西省(市)辖区内的中级、基层人民法院恢复施行《行政诉讼法》第十五条的规定。

二、试点省(市)辖区内的基层人民法院在2023年9月28日前按照《试点实施办法》第二条受理的四类行政案件,尚未审结的,依法继续审理;已经收取材料但尚未登记立案的,告知当事人按照《行政诉讼法》第十五条的规定,向有管辖权的人民法院提起诉讼,并退回相关材料。

三、各高级人民法院在2023年9月28日前已经受理的不服本院民事、行政生效裁判的申请再审审查案件,依法继续办理。高级人民法院正在办理或已经办结的上述申请再审审查案件,再审申请人又向最高人民法院提出再审申请的,按照相关法律和司法解释的规定处理。

四、各高级人民法院应当科学研判试点结束后本院及辖区法院案件数量结构变化情况,及时健全相关工作程序、优化审判资源配置、完善审判机构职能划分,做好相关政策变化对外释明告知,确保各项工作平稳有序开展。

# 附录一　最高人民法院关于适用《中华人民共和国行政诉讼法》的解释

（2017年11月13日最高人民法院审判委员会第1726次会议通过　自2018年2月8日起施行　法释〔2018〕1号）

为正确适用《中华人民共和国行政诉讼法》（以下简称行政诉讼法），结合人民法院行政审判工作实际，制定本解释。

## 一、受案范围

**第一条**　公民、法人或者其他组织对行政机关及其工作人员的行政行为不服，依法提起诉讼的，属于人民法院行政诉讼的受案范围。

下列行为不属于人民法院行政诉讼的受案范围：

（一）公安、国家安全等机关依照刑事诉讼法的明确授权实施的行为；

（二）调解行为以及法律规定的仲裁行为；

（三）行政指导行为；

（四）驳回当事人对行政行为提起申诉的重复处理行为；

（五）行政机关作出的不产生外部法律效力的行为；

（六）行政机关为作出行政行为而实施的准备、论证、研究、层报、咨询等过程性行为；

（七）行政机关根据人民法院的生效裁判、协助执行通知书作出的执行行为，但行政机关扩大执行范围或者采取违法方式实施的除外；

（八）上级行政机关基于内部层级监督关系对下级行政机关作出的听取报告、执法检查、督促履责等行为；

（九）行政机关针对信访事项作出的登记、受理、交办、转送、复查、复核意见等行为；

（十）对公民、法人或者其他组织权利义务不产生实际影响的行为。

**第二条**　行政诉讼法第十三条第一项规定的“国家行为”，是指国务院、中央军事委员会、国防部、外交部等根据宪法和法律的授权，以国家的名义实施的有关国防和外交事务的行为，以及经宪法和法律授权的国家机关宣布紧急状态等行为。

行政诉讼法第十三条第二项规定的“具有普遍约束力的决定、命令”，是指行政机关针对不特定对象发布的能反复适用的规范性文件。

行政诉讼法第十三条第三项规定的“对行政机关工作人员的奖惩、任免等决定”，是指行政机关作出的涉及行政机关工作人员公务员权利义务的决定。

行政诉讼法第十三条第四项规定的“法律规定由行政机关最终裁决的行政行为”中的“法律”，是指全国人民代表大会及其常务委员会制定、通过的规范性文件。

## 二、管　　辖

**第三条**　各级人民法院行政审判庭审理行政案件和审查行政机关申请执行其行政行为的案件。

专门人民法院、人民法庭不审理行政案件，也不审查和执行行政机关申请执行其行政行为的案件。铁路运输法院等专门人民法院审理行政案件，应当执行行政诉讼法第十八条第二款的规定。

**第四条**　立案后，受诉人民法院的管辖权不受当事人住所地改变、追加被告等事实和法律状态变更的影响。

**第五条**　有下列情形之一的，属于行政诉讼法第十五条第三项规定的“本辖区内重大、复杂的案件”：

（一）社会影响重大的共同诉讼案件；

（二）涉外或者涉及香港特别行政区、澳门特别行政区、台湾地区的案件；

（三）其他重大、复杂案件。

**第六条**　当事人以案件重大复杂为由，认为有管辖权的基层人民法院不宜行使管辖权或者根据行政诉讼法第五十二条的规定，向中级人民法院起诉，中级人民法院应当根据不同情况在七日内分别作出以下处理：

（一）决定自行审理；

（二）指定本辖区其他基层人民法院管辖；

（三）书面告知当事人向有管辖权的基层人民法院起诉。

**第七条** 基层人民法院对其管辖的第一审行政案件，认为需要由中级人民法院审理或者指定管辖的，可以报请中级人民法院决定。中级人民法院应当根据不同情况在七日内分别作出以下处理：

（一）决定自行审理；

（二）指定本辖区其他基层人民法院管辖；

（三）决定由报请的人民法院审理。

**第八条** 行政诉讼法第十九条规定的"原告所在地"，包括原告的户籍所在地、经常居住地和被限制人身自由地。

对行政机关基于同一事实，既采取限制公民人身自由的行政强制措施，又采取其他行政强制措施或者行政处罚不服的，由被告所在地或者原告所在地的人民法院管辖。

**第九条** 行政诉讼法第二十条规定的"因不动产提起的行政诉讼"是指因行政行为导致不动产物权变动而提起的诉讼。

不动产已登记的，以不动产登记簿记载的所在地为不动产所在地；不动产未登记的，以不动产实际所在地为不动产所在地。

**第十条** 人民法院受理案件后，被告提出管辖异议的，应当在收到起诉状副本之日起十五日内提出。

对当事人提出的管辖异议，人民法院应当进行审查。异议成立的，裁定将案件移送有管辖权的人民法院；异议不成立的，裁定驳回。

人民法院对管辖异议审查后确定有管辖权的，不因当事人增加或者变更诉讼请求等改变管辖，但违反级别管辖、专属管辖规定的除外。

**第十一条** 有下列情形之一的，人民法院不予审查：

（一）人民法院发回重审或者按第一审程序再审的案件，当事人提出管辖异议的；

（二）当事人在第一审程序中未按照法律规定的期限和形式提出管辖异议，在第二审程序中提出的。

## 三、诉讼参加人

**第十二条** 有下列情形之一的，属于行政诉讼法第二十五条第一款规定的“与行政行为有利害关系”：

（一）被诉的行政行为涉及其相邻权或者公平竞争权的；

（二）在行政复议等行政程序中被追加为第三人的；

（三）要求行政机关依法追究加害人法律责任的；

（四）撤销或者变更行政行为涉及其合法权益的；

（五）为维护自身合法权益向行政机关投诉，具有处理投诉职责的行政机关作出或者未作出处理的；

（六）其他与行政行为有利害关系的情形。

**第十三条**　债权人以行政机关对债务人所作的行政行为损害债权实现为由提起行政诉讼的，人民法院应当告知其就民事争议提起民事诉讼，但行政机关作出行政行为时依法应予保护或者应予考虑的除外。

**第十四条**　行政诉讼法第二十五条第二款规定的“近亲属”，包括配偶、父母、子女、兄弟姐妹、祖父母、外祖父母、孙子女、外孙子女和其他具有扶养、赡养关系的亲属。

公民因被限制人身自由而不能提起诉讼的，其近亲属可以依其口头或者书面委托以该公民的名义提起诉讼。近亲属起诉时无法与被限制人身自由的公民取得联系，近亲属可以先行起诉，并在诉讼中补充提交委托证明。

**第十五条**　合伙企业向人民法院提起诉讼的，应当以核准登记的字号为原告。未依法登记领取营业执照的个人合伙的全体合伙人为共同原告；全体合伙人可以推选代表人，被推选的代表人，应当由全体合伙人出具推选书。

个体工商户向人民法院提起诉讼的，以营业执照上登记的经营者为原告。有字号的，以营业执照上登记的字号为原告，并应当注明该字号经营者的基本信息。

**第十六条**　股份制企业的股东大会、股东会、董事会等认为行政机关作出的行政行为侵犯企业经营自主权的，可以企业名义提起诉讼。

联营企业、中外合资或者合作企业的联营、合资、合作各方，认为联营、合资、合作企业权益或者自己一方合法权益受行政行为侵害的，可以自己的名义提起诉讼。

非国有企业被行政机关注销、撤销、合并、强令兼并、出售、分立或者改变企业隶属关系的,该企业或者其法定代表人可以提起诉讼。

**第十七条** 事业单位、社会团体、基金会、社会服务机构等非营利法人的出资人、设立人认为行政行为损害法人合法权益的,可以自己的名义提起诉讼。

**第十八条** 业主委员会对于行政机关作出的涉及业主共有利益的行政行为,可以自己的名义提起诉讼。

业主委员会不起诉的,专有部分占建筑物总面积过半数或者占总户数过半数的业主可以提起诉讼。

**第十九条** 当事人不服经上级行政机关批准的行政行为,向人民法院提起诉讼的,以在对外发生法律效力的文书上署名的机关为被告。

**第二十条** 行政机关组建并赋予行政管理职能但不具有独立承担法律责任能力的机构,以自己的名义作出行政行为,当事人不服提起诉讼的,应当以组建该机构的行政机关为被告。

法律、法规或者规章授权行使行政职权的行政机关内设机构、派出机构或者其他组织,超出法定授权范围实施行政行为,当事人不服提起诉讼的,应当以实施该行为的机构或者组织为被告。

没有法律、法规或者规章规定,行政机关授权其内设机构、派出机构或者其他组织行使行政职权的,属于行政诉讼法第二十六条规定的委托。当事人不服提起诉讼的,应当以该行政机关为被告。

**第二十一条** 当事人对由国务院、省级人民政府批准设立的开发区管理机构作出的行政行为不服提起诉讼的,以该开发区管理机构为被告;对由国务院、省级人民政府批准设立的开发区管理机构所属职能部门作出的行政行为不服提起诉讼的,以其职能部门为被告;对其他开发区管理机构所属职能部门作出的行政行为不服提起诉讼的,以开发区管理机构为被告;开发区管理机构没有行政主体资格的,以设立该机构的地方人民政府为被告。

**第二十二条** 行政诉讼法第二十六条第二款规定的"复议机关改变原行政行为",是指复议机关改变原行政行为的处理结果。复议机关改变原行政行为所认定的主要事实和证据、改变原行政行为所适用的规范依据,但未改变原行政行为处理结果的,视为复议机关维持原行政行为。

复议机关确认原行政行为无效,属于改变原行政行为。

复议机关确认原行政行为违法，属于改变原行政行为，但复议机关以违反法定程序为由确认原行政行为违法的除外。

**第二十三条**　行政机关被撤销或者职权变更，没有继续行使其职权的行政机关的，以其所属的人民政府为被告；实行垂直领导的，以垂直领导的上一级行政机关为被告。

**第二十四条**　当事人对村民委员会或者居民委员会依据法律、法规、规章的授权履行行政管理职责的行为不服提起诉讼的，以村民委员会或者居民委员会为被告。

当事人对村民委员会、居民委员会受行政机关委托作出的行为不服提起诉讼的，以委托的行政机关为被告。

当事人对高等学校等事业单位以及律师协会、注册会计师协会等行业协会依据法律、法规、规章的授权实施的行政行为不服提起诉讼的，以该事业单位、行业协会为被告。

当事人对高等学校等事业单位以及律师协会、注册会计师协会等行业协会受行政机关委托作出的行为不服提起诉讼的，以委托的行政机关为被告。

**第二十五条**　市、县级人民政府确定的房屋征收部门组织实施房屋征收与补偿工作过程中作出行政行为，被征收人不服提起诉讼的，以房屋征收部门为被告。

征收实施单位受房屋征收部门委托，在委托范围内从事的行为，被征收人不服提起诉讼的，应当以房屋征收部门为被告。

**第二十六条**　原告所起诉的被告不适格，人民法院应当告知原告变更被告；原告不同意变更的，裁定驳回起诉。

应当追加被告而原告不同意追加的，人民法院应当通知其以第三人的身份参加诉讼，但行政复议机关作共同被告的除外。

**第二十七条**　必须共同进行诉讼的当事人没有参加诉讼的，人民法院应当依法通知其参加；当事人也可以向人民法院申请参加。

人民法院应当对当事人提出的申请进行审查，申请理由不成立的，裁定驳回；申请理由成立的，书面通知其参加诉讼。

前款所称的必须共同进行诉讼，是指按照行政诉讼法第二十七条的规定，当事人一方或者双方为两人以上，因同一行政行为发生行政争议，人民法院必须合并审理的诉讼。

**第二十八条** 人民法院追加共同诉讼的当事人时，应当通知其他当事人。应当追加的原告，已明确表示放弃实体权利的，可不予追加；既不愿意参加诉讼，又不放弃实体权利的，应追加为第三人，其不参加诉讼，不能阻碍人民法院对案件的审理和裁判。

**第二十九条** 行政诉讼法第二十八条规定的"人数众多"，一般指十人以上。

根据行政诉讼法第二十八条的规定，当事人一方人数众多的，由当事人推选代表人。当事人推选不出的，可以由人民法院在起诉的当事人中指定代表人。

行政诉讼法第二十八条规定的代表人为二至五人。代表人可以委托一至二人作为诉讼代理人。

**第三十条** 行政机关的同一行政行为涉及两个以上利害关系人，其中一部分利害关系人对行政行为不服提起诉讼，人民法院应当通知没有起诉的其他利害关系人作为第三人参加诉讼。

与行政案件处理结果有利害关系的第三人，可以申请参加诉讼，或者由人民法院通知其参加诉讼。人民法院判决其承担义务或者减损其权益的第三人，有权提出上诉或者申请再审。

行政诉讼法第二十九条规定的第三人，因不能归责于本人的事由未参加诉讼，但有证据证明发生法律效力的判决、裁定、调解书损害其合法权益的，可以依照行政诉讼法第九十条的规定，自知道或者应当知道其合法权益受到损害之日起六个月内，向上一级人民法院申请再审。

**第三十一条** 当事人委托诉讼代理人，应当向人民法院提交由委托人签名或者盖章的授权委托书。委托书应当载明委托事项和具体权限。公民在特殊情况下无法书面委托的，也可以由他人代书，并由自己捺印等方式确认，人民法院应当核实并记录在卷；被诉行政机关或者其他有义务协助的机关拒绝人民法院向被限制人身自由的公民核实的，视为委托成立。当事人解除或者变更委托的，应当书面报告人民法院。

**第三十二条** 依照行政诉讼法第三十一条第二款第二项规定，与当事人有合法劳动人事关系的职工，可以当事人工作人员的名义作为诉讼代理人。以当事人的工作人员身份参加诉讼活动，应当提交以下证据之一加以证明：

（一）缴纳社会保险记录凭证；

（二）领取工资凭证；

（三）其他能够证明其为当事人工作人员身份的证据。

**第三十三条**　根据行政诉讼法第三十一条第二款第三项规定，有关社会团体推荐公民担任诉讼代理人的，应当符合下列条件：

（一）社会团体属于依法登记设立或者依法免予登记设立的非营利性法人组织；

（二）被代理人属于该社会团体的成员，或者当事人一方住所地位于该社会团体的活动地域；

（三）代理事务属于该社会团体章程载明的业务范围；

（四）被推荐的公民是该社会团体的负责人或者与该社会团体有合法劳动人事关系的工作人员。

专利代理人经中华全国专利代理人协会推荐，可以在专利行政案件中担任诉讼代理人。

## 四、证　　据

**第三十四条**　根据行政诉讼法第三十六条第一款的规定，被告申请延期提供证据的，应当在收到起诉状副本之日起十五日内以书面方式向人民法院提出。人民法院准许延期提供的，被告应当在正当事由消除后十五日内提供证据。逾期提供的，视为被诉行政行为没有相应的证据。

**第三十五条**　原告或者第三人应当在开庭审理前或者人民法院指定的交换证据清单之日提供证据。因正当事由申请延期提供证据的，经人民法院准许，可以在法庭调查中提供。逾期提供证据的，人民法院应当责令其说明理由；拒不说明理由或者理由不成立的，视为放弃举证权利。

原告或者第三人在第一审程序中无正当事由未提供而在第二审程序中提供的证据，人民法院不予接纳。

**第三十六条**　当事人申请延长举证期限，应当在举证期限届满前向人民法院提出书面申请。

申请理由成立的，人民法院应当准许，适当延长举证期限，并通知其他当事人。申请理由不成立的，人民法院不予准许，并通知申请人。

**第三十七条**　根据行政诉讼法第三十九条的规定,对当事人无争议,但涉及国家利益、公共利益或者他人合法权益的事实,人民法院可以责令当事人提供或者补充有关证据。

**第三十八条**　对于案情比较复杂或者证据数量较多的案件,人民法院可以组织当事人在开庭前向对方出示或者交换证据,并将交换证据清单的情况记录在卷。

当事人在庭前证据交换过程中没有争议并记录在卷的证据,经审判人员在庭审中说明后,可以作为认定案件事实的依据。

**第三十九条**　当事人申请调查收集证据,但该证据与待证事实无关联、对证明待证事实无意义或者其他无调查收集必要的,人民法院不予准许。

**第四十条**　人民法院在证人出庭作证前应当告知其如实作证的义务以及作伪证的法律后果。

证人因履行出庭作证义务而支出的交通、住宿、就餐等必要费用以及误工损失,由败诉一方当事人承担。

**第四十一条**　有下列情形之一,原告或者第三人要求相关行政执法人员出庭说明的,人民法院可以准许:

(一)对现场笔录的合法性或者真实性有异议的;

(二)对扣押财产的品种或者数量有异议的;

(三)对检验的物品取样或者保管有异议的;

(四)对行政执法人员身份的合法性有异议的;

(五)需要出庭说明的其他情形。

**第四十二条**　能够反映案件真实情况、与待证事实相关联、来源和形式符合法律规定的证据,应当作为认定案件事实的根据。

**第四十三条**　有下列情形之一的,属于行政诉讼法第四十三条第三款规定的"以非法手段取得的证据":

(一)严重违反法定程序收集的证据材料;

(二)以违反法律强制性规定的手段获取且侵害他人合法权益的证据材料;

(三)以利诱、欺诈、胁迫、暴力等手段获取的证据材料。

**第四十四条**　人民法院认为有必要的,可以要求当事人本人或者行政机关执法人员到庭,就案件有关事实接受询问。在询问之前,可以要求其签署保证书。

保证书应当载明据实陈述、如有虚假陈述愿意接受处罚等内容。当事人或者行政机关执法人员应当在保证书上签名或者捺印。

负有举证责任的当事人拒绝到庭、拒绝接受询问或者拒绝签署保证书,待证事实又欠缺其他证据加以佐证的,人民法院对其主张的事实不予认定。

**第四十五条**　被告有证据证明其在行政程序中依照法定程序要求原告或者第三人提供证据,原告或者第三人依法应当提供而没有提供,在诉讼程序中提供的证据,人民法院一般不予采纳。

**第四十六条**　原告或者第三人确有证据证明被告持有的证据对原告或者第三人有利的,可以在开庭审理前书面申请人民法院责令行政机关提交。

申请理由成立的,人民法院应当责令行政机关提交,因提交证据所产生的费用,由申请人预付。行政机关无正当理由拒不提交的,人民法院可以推定原告或者第三人基于该证据主张的事实成立。

持有证据的当事人以妨碍对方当事人使用为目的,毁灭有关证据或者实施其他致使证据不能使用行为的,人民法院可以推定对方当事人基于该证据主张的事实成立,并可依照行政诉讼法第五十九条规定处理。

**第四十七条**　根据行政诉讼法第三十八条第二款的规定,在行政赔偿、补偿案件中,因被告的原因导致原告无法就损害情况举证的,应当由被告就该损害情况承担举证责任。

对于各方主张损失的价值无法认定的,应当由负有举证责任的一方当事人申请鉴定,但法律、法规、规章规定行政机关在作出行政行为时依法应当评估或者鉴定的除外;负有举证责任的当事人拒绝申请鉴定的,由其承担不利的法律后果。

当事人的损失因客观原因无法鉴定的,人民法院应当结合当事人的主张和在案证据,遵循法官职业道德,运用逻辑推理和生活经验、生活常识等,酌情确定赔偿数额。

## 五、期间、送达

**第四十八条**　期间包括法定期间和人民法院指定的期间。

期间以时、日、月、年计算。期间开始的时和日，不计算在期间内。

期间届满的最后一日是节假日的，以节假日后的第一日为期间届满的日期。

期间不包括在途时间，诉讼文书在期满前交邮的，视为在期限内发送。

**第四十九条**　行政诉讼法第五十一条第二款规定的立案期限，因起诉状内容欠缺或者有其他错误通知原告限期补正的，从补正后递交人民法院的次日起算。由上级人民法院转交下级人民法院立案的案件，从受诉人民法院收到起诉状的次日起算。

**第五十条**　行政诉讼法第八十一条、第八十三条、第八十八条规定的审理期限，是指从立案之日起至裁判宣告、调解书送达之日止的期间，但公告期间、鉴定期间、调解期间、中止诉讼期间、审理当事人提出的管辖异议以及处理人民法院之间的管辖争议期间不应计算在内。

再审案件按照第一审程序或者第二审程序审理的，适用行政诉讼法第八十一条、第八十八条规定的审理期限。审理期限自再审立案的次日起算。

基层人民法院申请延长审理期限，应当直接报请高级人民法院批准，同时报中级人民法院备案。

**第五十一条**　人民法院可以要求当事人签署送达地址确认书，当事人确认的送达地址为人民法院法律文书的送达地址。

当事人同意电子送达的，应当提供并确认传真号、电子信箱等电子送达地址。

当事人送达地址发生变更的，应当及时书面告知受理案件的人民法院；未及时告知的，人民法院按原地址送达，视为依法送达。

人民法院可以通过国家邮政机构以法院专递方式进行送达。

**第五十二条**　人民法院可以在当事人住所地以外向当事人直接送达诉讼文书。当事人拒绝签署送达回证的，采用拍照、录像等方式记录送达过程即视为送达。审判人员、书记员应当在送达回证上注明送达情况并签名。

## 六、起诉与受理

**第五十三条**　人民法院对符合起诉条件的案件应当立案,依法保障当事人行使诉讼权利。

对当事人依法提起的诉讼,人民法院应当根据行政诉讼法第五十一条的规定接收起诉状。能够判断符合起诉条件的,应当当场登记立案;当场不能判断是否符合起诉条件的,应当在接收起诉状后七日内决定是否立案;七日内仍不能作出判断的,应当先予立案。

**第五十四条**　依照行政诉讼法第四十九条的规定,公民、法人或者其他组织提起诉讼时应当提交以下起诉材料:

(一)原告的身份证明材料以及有效联系方式;

(二)被诉行政行为或者不作为存在的材料;

(三)原告与被诉行政行为具有利害关系的材料;

(四)人民法院认为需要提交的其他材料。

由法定代理人或者委托代理人代为起诉的,还应当在起诉状中写明或者在口头起诉时向人民法院说明法定代理人或者委托代理人的基本情况,并提交法定代理人或者委托代理人的身份证明和代理权限证明等材料。

**第五十五条**　依照行政诉讼法第五十一条的规定,人民法院应当就起诉状内容和材料是否完备以及是否符合行政诉讼法规定的起诉条件进行审查。

起诉状内容或者材料欠缺的,人民法院应当给予指导和释明,并一次性全面告知当事人需要补正的内容、补充的材料及期限。在指定期限内补正并符合起诉条件的,应当登记立案。当事人拒绝补正或者经补正仍不符合起诉条件的,退回诉状并记录在册;坚持起诉的,裁定不予立案,并载明不予立案的理由。

**第五十六条**　法律、法规规定应当先申请复议,公民、法人或者其他组织未申请复议直接提起诉讼的,人民法院裁定不予立案。

依照行政诉讼法第四十五条的规定,复议机关不受理复议申请或者在法定期限内不作出复议决定,公民、法人或者其他组织不服,依法向人民法院提起诉讼的，人民法院应当依法立案。

**第五十七条**　法律、法规未规定行政复议为提起行政诉讼必经程序，公民、法人或者其他组织既提起诉讼又申请行政复议的，由先立案的机关管辖；同时立案的，由公民、法人或者其他组织选择。公民、法人或者其他组织已经申请行政复议，在法定复议期间内又向人民法院提起诉讼的，人民法院裁定不予立案。

**第五十八条**　法律、法规未规定行政复议为提起行政诉讼必经程序，公民、法人或者其他组织向复议机关申请行政复议后，又经复议机关同意撤回复议申请，在法定起诉期限内对原行政行为提起诉讼的，人民法院应当依法立案。

**第五十九条**　公民、法人或者其他组织向复议机关申请行政复议后，复议机关作出维持决定的，应当以复议机关和原行为机关为共同被告，并以复议决定送达时间确定起诉期限。

**第六十条**　人民法院裁定准许原告撤诉后，原告以同一事实和理由重新起诉的，人民法院不予立案。

准予撤诉的裁定确有错误，原告申请再审的，人民法院应当通过审判监督程序撤销原准予撤诉的裁定，重新对案件进行审理。

**第六十一条**　原告或者上诉人未按规定的期限预交案件受理费，又不提出缓交、减交、免交申请，或者提出申请未获批准的，按自动撤诉处理。在按撤诉处理后，原告或者上诉人在法定期限内再次起诉或者上诉，并依法解决诉讼费预交问题的，人民法院应予立案。

**第六十二条**　人民法院判决撤销行政机关的行政行为后，公民、法人或者其他组织对行政机关重新作出的行政行为不服向人民法院起诉的，人民法院应当依法立案。

**第六十三条**　行政机关作出行政行为时，没有制作或者没有送达法律文书，公民、法人或者其他组织只要能证明行政行为存在，并在法定期限内起诉的，人民法院应当依法立案。

**第六十四条**　行政机关作出行政行为时，未告知公民、法人或者其他组织起诉期限的，起诉期限从公民、法人或者其他组织知道或者应当知道起诉期限之日起计算，但从知道或者应当知道行政行为内容之日起最长不得超过一年。

复议决定未告知公民、法人或者其他组织起诉期限的，适用前款规定。

**第六十五条**　公民、法人或者其他组织不知道行政机关作出的行政行为内容的，其起诉期限从知道或者应当知道该行政行为内容之日起计算，但最长不得超过行政诉讼法第四十六条第二款规定的起诉期限。

**第六十六条**　公民、法人或者其他组织依照行政诉讼法第四十七条第一款的规定，对行政机关不履行法定职责提起诉讼的，应当在行政机关履行法定职责期限届满之日起六个月内提出。

**第六十七条**　原告提供被告的名称等信息足以使被告与其他行政机关相区别的，可以认定为行政诉讼法第四十九条第二项规定的“有明确的被告”。

起诉状列写被告信息不足以认定明确的被告的，人民法院可以告知原告补正；原告补正后仍不能确定明确的被告的，人民法院裁定不予立案。

**第六十八条**　行政诉讼法第四十九条第三项规定的“有具体的诉讼请求”是指：

（一）请求判决撤销或者变更行政行为；

（二）请求判决行政机关履行特定法定职责或者给付义务；

（三）请求判决确认行政行为违法；

（四）请求判决确认行政行为无效；

（五）请求判决行政机关予以赔偿或者补偿；

（六）请求解决行政协议争议；

（七）请求一并审查规章以下规范性文件；

（八）请求一并解决相关民事争议；

（九）其他诉讼请求。

当事人单独或者一并提起行政赔偿、补偿诉讼的，应当有具体的赔偿、补偿事项以及数额；请求一并审查规章以下规范性文件的，应当提供明确的文件名称或者审查对象；请求一并解决相关民事争议的，应当有具体的民事诉讼请求。

当事人未能正确表达诉讼请求的，人民法院应当要求其明确诉讼请求。

**第六十九条**　有下列情形之一,已经立案的,应当裁定驳回起诉:

(一)不符合行政诉讼法第四十九条规定的;

(二)超过法定起诉期限且无行政诉讼法第四十八条规定情形的;

(三)错列被告且拒绝变更的;

(四)未按照法律规定由法定代理人、指定代理人、代表人为诉讼行为的;

(五)未按照法律、法规规定先向行政机关申请复议的;

(六)重复起诉的;

(七)撤回起诉后无正当理由再行起诉的;

(八)行政行为对其合法权益明显不产生实际影响的;

(九)诉讼标的已为生效裁判或者调解书所羁束的;

(十)其他不符合法定起诉条件的情形。

前款所列情形可以补正或者更正的,人民法院应当指定期间责令补正或者更正;在指定期间已经补正或者更正的,应当依法审理。

人民法院经过阅卷、调查或者询问当事人,认为不需要开庭审理的,可以迳行裁定驳回起诉。

**第七十条**　起诉状副本送达被告后,原告提出新的诉讼请求的,人民法院不予准许,但有正当理由的除外。

## 七、审理与判决

**第七十一条**　人民法院适用普通程序审理案件,应当在开庭三日前用传票传唤当事人。对证人、鉴定人、勘验人、翻译人员,应当用通知书通知其到庭。当事人或者其他诉讼参与人在外地的,应当留有必要的在途时间。

**第七十二条**　有下列情形之一的,可以延期开庭审理:

(一)应当到庭的当事人和其他诉讼参与人有正当理由没有到庭的;

(二)当事人临时提出回避申请且无法及时作出决定的;

(三)需要通知新的证人到庭,调取新的证据,重新鉴定、勘验,或者需要补充调查的;

(四)其他应当延期的情形。

**第七十三条**　根据行政诉讼法第二十七条的规定,有下列情形之一的，人民法院可以决定合并审理：

（一）两个以上行政机关分别对同一事实作出行政行为，公民、法人或者其他组织不服向同一人民法院起诉的；

（二）行政机关就同一事实对若干公民、法人或者其他组织分别作出行政行为，公民、法人或者其他组织不服分别向同一人民法院起诉的；

（三）在诉讼过程中，被告对原告作出新的行政行为，原告不服向同一人民法院起诉的；

（四）人民法院认为可以合并审理的其他情形。

**第七十四条**　当事人申请回避，应当说明理由，在案件开始审理时提出；回避事由在案件开始审理后知道的，应当在法庭辩论终结前提出。

被申请回避的人员，在人民法院作出是否回避的决定前，应当暂停参与本案的工作，但案件需要采取紧急措施的除外。

对当事人提出的回避申请，人民法院应当在三日内以口头或者书面形式作出决定。对当事人提出的明显不属于法定回避事由的申请，法庭可以依法当庭驳回。

申请人对驳回回避申请决定不服的，可以向作出决定的人民法院申请复议一次。复议期间，被申请回避的人员不停止参与本案的工作。对申请人的复议申请，人民法院应当在三日内作出复议决定，并通知复议申请人。

**第七十五条**　在一个审判程序中参与过本案审判工作的审判人员，不得再参与该案其他程序的审判。

发回重审的案件，在一审法院作出裁判后又进入第二审程序的，原第二审程序中合议庭组成人员不受前款规定的限制。

**第七十六条**　人民法院对于因一方当事人的行为或者其他原因，可能使行政行为或者人民法院生效裁判不能或者难以执行的案件，根据对方当事人的申请，可以裁定对其财产进行保全、责令其作出一定行为或者禁止其作出一定行为；当事人没有提出申请的，人民法院在必要时也可以裁定采取上述保全措施。

人民法院采取保全措施，可以责令申请人提供担保；申请人不提供担保的，裁定驳回申请。

人民法院接受申请后，对情况紧急的，必须在四十八小时内作出裁定;裁定采取保全措施的,应当立即开始执行。

当事人对保全的裁定不服的,可以申请复议;复议期间不停止裁定的执行。

**第七十七条**　利害关系人因情况紧急,不立即申请保全将会使其合法权益受到难以弥补的损害的,可以在提起诉讼前向被保全财产所在地、被申请人住所地或者对案件有管辖权的人民法院申请采取保全措施。申请人应当提供担保,不提供担保的,裁定驳回申请。

人民法院接受申请后,必须在四十八小时内作出裁定;裁定采取保全措施的,应当立即开始执行。

申请人在人民法院采取保全措施后三十日内不依法提起诉讼的,人民法院应当解除保全。

当事人对保全的裁定不服的,可以申请复议;复议期间不停止裁定的执行。

**第七十八条**　保全限于请求的范围,或者与本案有关的财物。

财产保全采取查封、扣押、冻结或者法律规定的其他方法。人民法院保全财产后,应当立即通知被保全人。

财产已被查封、冻结的,不得重复查封、冻结。

涉及财产的案件,被申请人提供担保的,人民法院应当裁定解除保全。

申请有错误的,申请人应当赔偿被申请人因保全所遭受的损失。

**第七十九条**　原告或者上诉人申请撤诉,人民法院裁定不予准许的,原告或者上诉人经传票传唤无正当理由拒不到庭,或者未经法庭许可中途退庭的,人民法院可以缺席判决。

第三人经传票传唤无正当理由拒不到庭,或者未经法庭许可中途退庭的,不发生阻止案件审理的效果。

根据行政诉讼法第五十八条的规定,被告经传票传唤无正当理由拒不到庭,或者未经法庭许可中途退庭的,人民法院可以按期开庭或者继续开庭审理,对到庭的当事人诉讼请求、双方的诉辩理由以及已经提交的证据及其他诉讼材料进行审理后,依法缺席判决。

**第八十条**　原告或者上诉人在庭审中明确拒绝陈述或者以其他方式拒绝陈述,导致庭审无法进行,经法庭释明法律后果后仍不陈述意见的,视为放弃陈述权利，由其承担不利的法律后果。

当事人申请撤诉或者依法可以按撤诉处理的案件，当事人有违反法律的行为需要依法处理的，人民法院可以不准许撤诉或者不按撤诉处理。

法庭辩论终结后原告申请撤诉，人民法院可以准许，但涉及到国家利益和社会公共利益的除外。

**第八十一条**　被告在一审期间改变被诉行政行为的，应当书面告知人民法院。

原告或者第三人对改变后的行政行为不服提起诉讼的，人民法院应当就改变后的行政行为进行审理。

被告改变原违法行政行为，原告仍要求确认原行政行为违法的，人民法院应当依法作出确认判决。

原告起诉被告不作为，在诉讼中被告作出行政行为，原告不撤诉的，人民法院应当就不作为依法作出确认判决。

**第八十二条**　当事人之间恶意串通，企图通过诉讼等方式侵害国家利益、社会公共利益或者他人合法权益的，人民法院应当裁定驳回起诉或者判决驳回其请求，并根据情节轻重予以罚款、拘留；构成犯罪的，依法追究刑事责任。

**第八十三条**　行政诉讼法第五十九条规定的罚款、拘留可以单独适用，也可以合并适用。

对同一妨害行政诉讼行为的罚款、拘留不得连续适用。发生新的妨害行政诉讼行为的，人民法院可以重新予以罚款、拘留。

**第八十四条**　人民法院审理行政诉讼法第六十条第一款规定的行政案件，认为法律关系明确、事实清楚，在征得当事人双方同意后，可以迳行调解。

**第八十五条**　调解达成协议，人民法院应当制作调解书。调解书应当写明诉讼请求、案件的事实和调解结果。

调解书由审判人员、书记员署名，加盖人民法院印章，送达双方当事人。

调解书经双方当事人签收后，即具有法律效力。调解书生效日期根据最后收到调解书的当事人签收的日期确定。

**第八十六条**　人民法院审理行政案件，调解过程不公开，但当事人同意公开的除外。

经人民法院准许，第三人可以参加调解。人民法院认为有必要的，可以通知第三人参加调解。

调解协议内容不公开，但为保护国家利益、社会公共利益、他人合法权益，人民法院认为确有必要公开的除外。

当事人一方或者双方不愿调解、调解未达成协议的，人民法院应当及时判决。

当事人自行和解或者调解达成协议后，请求人民法院按照和解协议或者调解协议的内容制作判决书的，人民法院不予准许。

**第八十七条**　在诉讼过程中，有下列情形之一的，中止诉讼：

（一）原告死亡，须等待其近亲属表明是否参加诉讼的；

（二）原告丧失诉讼行为能力，尚未确定法定代理人的；

（三）作为一方当事人的行政机关、法人或者其他组织终止，尚未确定权利义务承受人的；

（四）一方当事人因不可抗力的事由不能参加诉讼的；

（五）案件涉及法律适用问题，需要送请有权机关作出解释或者确认的；

（六）案件的审判须以相关民事、刑事或者其他行政案件的审理结果为依据，而相关案件尚未审结的；

（七）其他应当中止诉讼的情形。

中止诉讼的原因消除后，恢复诉讼。

**第八十八条**　在诉讼过程中，有下列情形之一的，终结诉讼：

（一）原告死亡，没有近亲属或者近亲属放弃诉讼权利的；

（二）作为原告的法人或者其他组织终止后，其权利义务的承受人放弃诉讼权利的。

因本解释第八十七条第一款第一、二、三项原因中止诉讼满九十日仍无人继续诉讼的，裁定终结诉讼，但有特殊情况的除外。

**第八十九条**　复议决定改变原行政行为错误，人民法院判决撤销复议决定时，可以一并责令复议机关重新作出复议决定或者判决恢复原行政行为的法律效力。

**第九十条**　人民法院判决被告重新作出行政行为，被告重新作出的行政行为与原行政行为的结果相同，但主要事实或者主要理由有改变的，不属于行政诉讼法第七十一条规定的情形。

人民法院以违反法定程序为由，判决撤销被诉行政行为的，行政机关重新作出行政行为不受行政诉讼法第七十一条规定的限制。

行政机关以同一事实和理由重新作出与原行政行为基本相同的行政行为，人民法院应当根据行政诉讼法第七十条、第七十一条的规定判决撤销或者部分撤销，并根据行政诉讼法第九十六条的规定处理。

**第九十一条**　原告请求被告履行法定职责的理由成立，被告违法拒绝履行或者无正当理由逾期不予答复的，人民法院可以根据行政诉讼法第七十二条的规定，判决被告在一定期限内依法履行原告请求的法定职责；尚需被告调查或者裁量的，应当判决被告针对原告的请求重新作出处理。

**第九十二条**　原告申请被告依法履行支付抚恤金、最低生活保障待遇或者社会保险待遇等给付义务的理由成立，被告依法负有给付义务而拒绝或者拖延履行义务的，人民法院可以根据行政诉讼法第七十三条的规定，判决被告在一定期限内履行相应的给付义务。

**第九十三条**　原告请求被告履行法定职责或者依法履行支付抚恤金、最低生活保障待遇或者社会保险待遇等给付义务，原告未先向行政机关提出申请的，人民法院裁定驳回起诉。

人民法院经审理认为原告所请求履行的法定职责或者给付义务明显不属于行政机关权限范围的，可以裁定驳回起诉。

**第九十四条**　公民、法人或者其他组织起诉请求撤销行政行为，人民法院经审查认为行政行为无效的，应当作出确认无效的判决。

公民、法人或者其他组织起诉请求确认行政行为无效，人民法院审查认为行政行为不属于无效情形，经释明，原告请求撤销行政行为的，应当继续审理并依法作出相应判决；原告请求撤销行政行为但超过法定起诉期限的，裁定驳回起诉；原告拒绝变更诉讼请求的，判决驳回其诉讼请求。

**第九十五条**　人民法院经审理认为被诉行政行为违法或者无效，可能给原告造成损失，经释明，原告请求一并解决行政赔偿争议的，人民法院可以就赔偿事项进行调解；调解不成的，应当一并判决。人民法院也可以告知其就赔偿事项另行提起诉讼。

**第九十六条** 有下列情形之一,且对原告依法享有的听证、陈述、申辩等重要程序性权利不产生实质损害的,属于行政诉讼法第七十四条第一款第二项规定的“程序轻微违法”:

(一)处理期限轻微违法;

(二)通知、送达等程序轻微违法;

(三)其他程序轻微违法的情形。

**第九十七条** 原告或者第三人的损失系由其自身过错和行政机关的违法行政行为共同造成的,人民法院应当依据各方行为与损害结果之间有无因果关系以及在损害发生和结果中作用力的大小,确定行政机关相应的赔偿责任。

**第九十八条** 因行政机关不履行、拖延履行法定职责,致使公民、法人或者其他组织的合法权益遭受损害的,人民法院应当判决行政机关承担行政赔偿责任。在确定赔偿数额时,应当考虑该不履行、拖延履行法定职责的行为在损害发生过程和结果中所起的作用等因素。

**第九十九条** 有下列情形之一的,属于行政诉讼法第七十五条规定的“重大且明显违法”:

(一)行政行为实施主体不具有行政主体资格;

(二)减损权利或者增加义务的行政行为没有法律规范依据;

(三)行政行为的内容客观上不可能实施;

(四)其他重大且明显违法的情形。

**第一百条** 人民法院审理行政案件,适用最高人民法院司法解释的,应当在裁判文书中援引。

人民法院审理行政案件,可以在裁判文书中引用合法有效的规章及其他规范性文件。

**第一百零一条** 裁定适用于下列范围:

(一)不予立案;

(二)驳回起诉;

(三)管辖异议;

(四)终结诉讼;

(五)中止诉讼;

(六)移送或者指定管辖;

（七）诉讼期间停止行政行为的执行或者驳回停止执行的申请；

（八）财产保全；

（九）先予执行；

（十）准许或者不准许撤诉；

（十一）补正裁判文书中的笔误；

（十二）中止或者终结执行；

（十三）提审、指令再审或者发回重审；

（十四）准许或者不准许执行行政机关的行政行为；

（十五）其他需要裁定的事项。

对第一、二、三项裁定，当事人可以上诉。

裁定书应当写明裁定结果和作出该裁定的理由。裁定书由审判人员、书记员署名，加盖人民法院印章。口头裁定的，记入笔录。

**第一百零二条**　行政诉讼法第八十二条规定的行政案件中的“事实清楚”，是指当事人对争议的事实陈述基本一致，并能提供相应的证据，无须人民法院调查收集证据即可查明事实；“权利义务关系明确”，是指行政法律关系中权利和义务能够明确区分；“争议不大”，是指当事人对行政行为的合法性、责任承担等没有实质分歧。

**第一百零三条**　适用简易程序审理的行政案件，人民法院可以用口头通知、电话、短信、传真、电子邮件等简便方式传唤当事人、通知证人、送达裁判文书以外的诉讼文书。

以简便方式送达的开庭通知，未经当事人确认或者没有其他证据证明当事人已经收到的，人民法院不得缺席判决。

**第一百零四条**　适用简易程序案件的举证期限由人民法院确定，也可以由当事人协商一致并经人民法院准许，但不得超过十五日。被告要求书面答辩的，人民法院可以确定合理的答辩期间。

人民法院应当将举证期限和开庭日期告知双方当事人，并向当事人说明逾期举证以及拒不到庭的法律后果，由双方当事人在笔录和开庭传票的送达回证上签名或者捺印。

当事人双方均表示同意立即开庭或者缩短举证期限、答辩期间的，人民法院可以立即开庭审理或者确定近期开庭。

**第一百零五条**　人民法院发现案情复杂，需要转为普通程序审理的，应当在审理期限届满前作出裁定并将合议庭组成人员及相关事项书面通知双方当事人。

案件转为普通程序审理的，审理期限自人民法院立案之日起计算。

**第一百零六条**　当事人就已经提起诉讼的事项在诉讼过程中或者裁判生效后再次起诉，同时具有下列情形的，构成重复起诉：

（一）后诉与前诉的当事人相同；

（二）后诉与前诉的诉讼标的相同；

（三）后诉与前诉的诉讼请求相同，或者后诉的诉讼请求被前诉裁判所包含。

**第一百零七条**　第一审人民法院作出判决和裁定后，当事人均提起上诉的，上诉各方均为上诉人。

诉讼当事人中的一部分人提出上诉，没有提出上诉的对方当事人为被上诉人，其他当事人依原审诉讼地位列明。

**第一百零八条**　当事人提出上诉，应当按照其他当事人或者诉讼代表人的人数提出上诉状副本。

原审人民法院收到上诉状，应当在五日内将上诉状副本发送其他当事人，对方当事人应当在收到上诉状副本之日起十五日内提出答辩状。

原审人民法院应当在收到答辩状之日起五日内将副本发送上诉人。对方当事人不提出答辩状的，不影响人民法院审理。

原审人民法院收到上诉状、答辩状，应当在五日内连同全部案卷和证据，报送第二审人民法院；已经预收的诉讼费用，一并报送。

**第一百零九条**　第二审人民法院经审理认为原审人民法院不予立案或者驳回起诉的裁定确有错误且当事人的起诉符合起诉条件的，应当裁定撤销原审人民法院的裁定，指令原审人民法院依法立案或者继续审理。

第二审人民法院裁定发回原审人民法院重新审理的行政案件，原审人民法院应当另行组成合议庭进行审理。

原审判决遗漏了必须参加诉讼的当事人或者诉讼请求的，第二审人民法院应当裁定撤销原审判决，发回重审。

原审判决遗漏行政赔偿请求，第二审人民法院经审查认为依法不应当予以赔偿的，应当判决驳回行政赔偿请求。

原审判决遗漏行政赔偿请求，第二审人民法院经审理认为依法应当予以赔偿的，在确认被诉行政行为违法的同时，可以就行政赔偿问题进行调解；调解不成的，应当就行政赔偿部分发回重审。

当事人在第二审期间提出行政赔偿请求的，第二审人民法院可以进行调解；调解不成的，应当告知当事人另行起诉。

**第一百一十条**　当事人向上一级人民法院申请再审，应当在判决、裁定或者调解书发生法律效力后六个月内提出。有下列情形之一的，自知道或者应当知道之日起六个月内提出：

（一）有新的证据，足以推翻原判决、裁定的；

（二）原判决、裁定认定事实的主要证据是伪造的；

（三）据以作出原判决、裁定的法律文书被撤销或者变更的；

（四）审判人员审理该案件时有贪污受贿、徇私舞弊、枉法裁判行为的。

**第一百一十一条**　当事人申请再审的，应当提交再审申请书等材料。人民法院认为有必要的，可以自收到再审申请书之日起五日内将再审申请书副本发送对方当事人。对方当事人应当自收到再审申请书副本之日起十五日内提交书面意见。人民法院可以要求申请人和对方当事人补充有关材料，询问有关事项。

**第一百一十二条**　人民法院应当自再审申请案件立案之日起六个月内审查，有特殊情况需要延长的，由本院院长批准。

**第一百一十三条**　人民法院根据审查再审申请案件的需要决定是否询问当事人；新的证据可能推翻原判决、裁定的，人民法院应当询问当事人。

**第一百一十四条**　审查再审申请期间，被申请人及原审其他当事人依法提出再审申请的，人民法院应当将其列为再审申请人，对其再审事由一并审查，审查期限重新计算。经审查，其中一方再审申请人主张的再审事由成立的，应当裁定再审。各方再审申请人主张的再审事由均不成立的，一并裁定驳回再审申请。

**第一百一十五条**　审查再审申请期间，再审申请人申请人民法院委托鉴定、勘验的，人民法院不予准许。

审查再审申请期间，再审申请人撤回再审申请的，是否准许，由人民法院裁定。

再审申请人经传票传唤，无正当理由拒不接受询问的，按撤回再审申请处理。

人民法院准许撤回再审申请或者按撤回再审申请处理后，再审申请人再次申请再审的，不予立案，但有行政诉讼法第九十一条第二项、第三项、第七项、第八项规定情形，自知道或者应当知道之日起六个月内提出的除外。

**第一百一十六条**　当事人主张的再审事由成立，且符合行政诉讼法和本解释规定的申请再审条件的，人民法院应当裁定再审。

当事人主张的再审事由不成立，或者当事人申请再审超过法定申请再审期限、超出法定再审事由范围等不符合行政诉讼法和本解释规定的申请再审条件的，人民法院应当裁定驳回再审申请。

**第一百一十七条**　有下列情形之一的，当事人可以向人民检察院申请抗诉或者检察建议：

（一）人民法院驳回再审申请的；

（二）人民法院逾期未对再审申请作出裁定的；

（三）再审判决、裁定有明显错误的。

人民法院基于抗诉或者检察建议作出再审判决、裁定后，当事人申请再审的，人民法院不予立案。

**第一百一十八条**　按照审判监督程序决定再审的案件，裁定中止原判决、裁定、调解书的执行，但支付抚恤金、最低生活保障费或者社会保险待遇的案件，可以不中止执行。

上级人民法院决定提审或者指令下级人民法院再审的，应当作出裁定，裁定应当写明中止原判决的执行；情况紧急的，可以将中止执行的裁定口头通知负责执行的人民法院或者作出生效判决、裁定的人民法院，但应当在口头通知后十日内发出裁定书。

**第一百一十九条**　人民法院按照审判监督程序再审的案件，发生法律效力的判决、裁定是由第一审法院作出的，按照第一审程序审理，所作的判决、裁定，当事人可以上诉；发生法律效力的判决、裁定是由第二审法院作出的，按照第二审程序审理，所作的判决、裁定，是发生法律效力的判决、裁定；上级人民法院按照审判监督程序提审的，按照第二审程序审理，所作的判决、裁定是发生法律效力的判决、裁定。

人民法院审理再审案件,应当另行组成合议庭。

**第一百二十条**　人民法院审理再审案件应当围绕再审请求和被诉行政行为合法性进行。当事人的再审请求超出原审诉讼请求,符合另案诉讼条件的,告知当事人可以另行起诉。

被申请人及原审其他当事人在庭审辩论结束前提出的再审请求,符合本解释规定的申请期限的,人民法院应当一并审理。

人民法院经再审,发现已经发生法律效力的判决、裁定损害国家利益、社会公共利益、他人合法权益的,应当一并审理。

**第一百二十一条**　再审审理期间,有下列情形之一的,裁定终结再审程序:

(一)再审申请人在再审期间撤回再审请求,人民法院准许的;

(二)再审申请人经传票传唤,无正当理由拒不到庭的,或者未经法庭许可中途退庭,按撤回再审请求处理的;

(三)人民检察院撤回抗诉的;

(四)其他应当终结再审程序的情形。

因人民检察院提出抗诉裁定再审的案件,申请抗诉的当事人有前款规定的情形,且不损害国家利益、社会公共利益或者他人合法权益的,人民法院裁定终结再审程序。

再审程序终结后,人民法院裁定中止执行的原生效判决自动恢复执行。

**第一百二十二条**　人民法院审理再审案件,认为原生效判决、裁定确有错误,在撤销原生效判决或者裁定的同时,可以对生效判决、裁定的内容作出相应裁判,也可以裁定撤销生效判决或者裁定,发回作出生效判决、裁定的人民法院重新审理。

**第一百二十三条**　人民法院审理二审案件和再审案件,对原审法院立案、不予立案或者驳回起诉错误的,应当分别情况作如下处理:

(一)第一审人民法院作出实体判决后,第二审人民法院认为不应当立案的,在撤销第一审人民法院判决的同时,可以迳行驳回起诉;

(二)第二审人民法院维持第一审人民法院不予立案裁定错误的,再审法院应当撤销第一审、第二审人民法院裁定,指令第一审人民法院受理;

(三)第二审人民法院维持第一审人民法院驳回起诉裁定错误的,再审法院应当撤销第一审、第二审人民法院裁定,指令第一审人民法院审理。

**第一百二十四条** 人民检察院提出抗诉的案件,接受抗诉的人民法院应当自收到抗诉书之日起三十日内作出再审的裁定;有行政诉讼法第九十一条第二、三项规定情形之一的,可以指令下一级人民法院再审,但经该下一级人民法院再审过的除外。

人民法院在审查抗诉材料期间,当事人之间已经达成和解协议的,人民法院可以建议人民检察院撤回抗诉。

**第一百二十五条** 人民检察院提出抗诉的案件,人民法院再审开庭时,应当在开庭三日前通知人民检察院派员出庭。

**第一百二十六条** 人民法院收到再审检察建议后,应当组成合议庭,在三个月内进行审查,发现原判决、裁定、调解书确有错误,需要再审的,依照行政诉讼法第九十二条规定裁定再审,并通知当事人;经审查,决定不予再审的,应当书面回复人民检察院。

**第一百二十七条** 人民法院审理因人民检察院抗诉或者检察建议裁定再审的案件,不受此前已经作出的驳回当事人再审申请裁定的限制。

## 八、行政机关负责人出庭应诉

**第一百二十八条** 行政诉讼法第三条第三款规定的行政机关负责人,包括行政机关的正职、副职负责人以及其他参与分管的负责人。

行政机关负责人出庭应诉的,可以另行委托一至二名诉讼代理人。行政机关负责人不能出庭的,应当委托行政机关相应的工作人员出庭,不得仅委托律师出庭。

**第一百二十九条** 涉及重大公共利益、社会高度关注或者可能引发群体性事件等案件以及人民法院书面建议行政机关负责人出庭的案件,被诉行政机关负责人应当出庭。

被诉行政机关负责人出庭应诉的,应当在当事人及其诉讼代理人基本情况、案件由来部分予以列明。

行政机关负责人有正当理由不能出庭应诉的,应当向人民法院提交情况说明,并加盖行政机关印章或者由该机关主要负责人签字认可。

行政机关拒绝说明理由的，不发生阻止案件审理的效果，人民法院可以向监察机关、上一级行政机关提出司法建议。

**第一百三十条**　行政诉讼法第三条第三款规定的“行政机关相应的工作人员”，包括该行政机关具有国家行政编制身份的工作人员以及其他依法履行公职的人员。

被诉行政行为是地方人民政府作出的，地方人民政府法制工作机构的工作人员，以及被诉行政行为具体承办机关工作人员，可以视为被诉人民政府相应的工作人员。

**第一百三十一条**　行政机关负责人出庭应诉的，应当向人民法院提交能够证明该行政机关负责人职务的材料。

行政机关委托相应的工作人员出庭应诉的，应当向人民法院提交加盖行政机关印章的授权委托书，并载明工作人员的姓名、职务和代理权限。

**第一百三十二条**　行政机关负责人和行政机关相应的工作人员均不出庭，仅委托律师出庭的或者人民法院书面建议行政机关负责人出庭应诉，行政机关负责人不出庭应诉的，人民法院应当记录在案和在裁判文书中载明，并可以建议有关机关依法作出处理。

## 九、复议机关作共同被告

**第一百三十三条**　行政诉讼法第二十六条第二款规定的“复议机关决定维持原行政行为”，包括复议机关驳回复议申请或者复议请求的情形，但以复议申请不符合受理条件为由驳回的除外。

**第一百三十四条**　复议机关决定维持原行政行为的，作出原行政行为的行政机关和复议机关是共同被告。原告只起诉作出原行政行为的行政机关或者复议机关的，人民法院应当告知原告追加被告。原告不同意追加的，人民法院应当将另一机关列为共同被告。

行政复议决定既有维持原行政行为内容，又有改变原行政行为内容或者不予受理申请内容的，作出原行政行为的行政机关和复议机关为共同被告。

复议机关作共同被告的案件，以作出原行政行为的行政机关确定案件的级别管辖。

**第一百三十五条**　复议机关决定维持原行政行为的，人民法院应当在审查原行政行为合法性的同时，一并审查复议决定的合法性。

作出原行政行为的行政机关和复议机关对原行政行为合法性共同承担举证责任，可以由其中一个机关实施举证行为。复议机关对复议决定的合法性承担举证责任。

复议机关作共同被告的案件，复议机关在复议程序中依法收集和补充的证据，可以作为人民法院认定复议决定和原行政行为合法的依据。

**第一百三十六条**　人民法院对原行政行为作出判决的同时，应当对复议决定一并作出相应判决。

人民法院依职权追加作出原行政行为的行政机关或者复议机关为共同被告的，对原行政行为或者复议决定可以作出相应判决。

人民法院判决撤销原行政行为和复议决定的，可以判决作出原行政行为的行政机关重新作出行政行为。

人民法院判决作出原行政行为的行政机关履行法定职责或者给付义务的，应当同时判决撤销复议决定。

原行政行为合法、复议决定违法的，人民法院可以判决撤销复议决定或者确认复议决定违法，同时判决驳回原告针对原行政行为的诉讼请求。

原行政行为被撤销、确认违法或者无效，给原告造成损失的，应当由作出原行政行为的行政机关承担赔偿责任；因复议决定加重损害的，由复议机关对加重部分承担赔偿责任。

原行政行为不符合复议或者诉讼受案范围等受理条件，复议机关作出维持决定的，人民法院应当裁定一并驳回对原行政行为和复议决定的起诉。

## 十、相关民事争议的一并审理

**第一百三十七条**　公民、法人或者其他组织请求一并审理行政诉讼法第六十一条规定的相关民事争议，应当在第一审开庭审理前提出；有正当理由的，也可以在法庭调查中提出。

**第一百三十八条**　人民法院决定在行政诉讼中一并审理相关民事争议，或者案件当事人一致同意相关民事争议在行政诉讼中一并解决，人民法院准许的，由受理行政案件的人民法院管辖。

公民、法人或者其他组织请求一并审理相关民事争议，人民法院经审查发现行政案件已经超过起诉期限，民事案件尚未立案的，告知当事人另行提起民事诉讼；民事案件已经立案的，由原审判组织继续审理。

人民法院在审理行政案件中发现民事争议为解决行政争议的基础，当事人没有请求人民法院一并审理相关民事争议的，人民法院应当告知当事人依法申请一并解决民事争议。当事人就民事争议另行提起民事诉讼并已立案的，人民法院应当中止行政诉讼的审理。民事争议处理期间不计算在行政诉讼审理期限内。

**第一百三十九条**　有下列情形之一的，人民法院应当作出不予准许一并审理民事争议的决定，并告知当事人可以依法通过其他渠道主张权利：

（一）法律规定应当由行政机关先行处理的；

（二）违反民事诉讼法专属管辖规定或者协议管辖约定的；

（三）约定仲裁或者已经提起民事诉讼的；

（四）其他不宜一并审理民事争议的情形。

对不予准许的决定可以申请复议一次。

**第一百四十条**　人民法院在行政诉讼中一并审理相关民事争议的，民事争议应当单独立案，由同一审判组织审理。

人民法院审理行政机关对民事争议所作裁决的案件，一并审理民事争议的，不另行立案。

**第一百四十一条**　人民法院一并审理相关民事争议，适用民事法律规范的相关规定，法律另有规定的除外。

当事人在调解中对民事权益的处分，不能作为审查被诉行政行为合法性的根据。

**第一百四十二条**　对行政争议和民事争议应当分别裁判。

当事人仅对行政裁判或者民事裁判提出上诉的，未上诉的裁判在上诉期满后即发生法律效力。第一审人民法院应当将全部案卷一并移送第二审人民法院，由行政审判庭审理。第二审人民法院发现未上诉的生效裁判确有错误的，应当按照审判监督程序再审。

**第一百四十三条**　行政诉讼原告在宣判前申请撤诉的，是否准许由人民法院裁定。人民法院裁定准许行政诉讼原告撤诉，但其对已经提起的一并审理相关民事争议不撤诉的,人民法院应当继续审理。

**第一百四十四条** 人民法院一并审理相关民事争议,应当按行政案件、民事案件的标准分别收取诉讼费用。

## 十一、规范性文件的一并审查

**第一百四十五条** 公民、法人或者其他组织在对行政行为提起诉讼时一并请求对所依据的规范性文件审查的,由行政行为案件管辖法院一并审查。

**第一百四十六条** 公民、法人或者其他组织请求人民法院一并审查行政诉讼法第五十三条规定的规范性文件,应当在第一审开庭审理前提出;有正当理由的,也可以在法庭调查中提出。

**第一百四十七条** 人民法院在对规范性文件审查过程中,发现规范性文件可能不合法的,应当听取规范性文件制定机关的意见。

制定机关申请出庭陈述意见的,人民法院应当准许。

行政机关未陈述意见或者未提供相关证明材料的,不能阻止人民法院对规范性文件进行审查。

**第一百四十八条** 人民法院对规范性文件进行一并审查时,可以从规范性文件制定机关是否超越权限或者违反法定程序、作出行政行为所依据的条款以及相关条款等方面进行。

有下列情形之一的,属于行政诉讼法第六十四条规定的“规范性文件不合法”:

(一)超越制定机关的法定职权或者超越法律、法规、规章的授权范围的;

(二)与法律、法规、规章等上位法的规定相抵触的;

(三)没有法律、法规、规章依据,违法增加公民、法人和其他组织义务或者减损公民、法人和其他组织合法权益的;

(四)未履行法定批准程序、公开发布程序,严重违反制定程序的;

(五)其他违反法律、法规以及规章规定的情形。

**第一百四十九条** 人民法院经审查认为行政行为所依据的规范性文件合法的,应当作为认定行政行为合法的依据;经审查认为规范性文件不合法的,不作为人民法院认定行政行为合法的依据,并在裁判理由中予以阐明。作出生效裁判的人民法院应当向规范性文件的制定机关提出处理建议,并可以抄送制定机关的同级人民政府、上一级行政机关、监察机关以及规范性文件的备案机关。

规范性文件不合法的,人民法院可以在裁判生效之日起三个月内,向规范性文件制定机关提出修改或者废止该规范性文件的司法建议。

规范性文件由多个部门联合制定的,人民法院可以向该规范性文件的主办机关或者共同上一级行政机关发送司法建议。

接收司法建议的行政机关应当在收到司法建议之日起六十日内予以书面答复。情况紧急的,人民法院可以建议制定机关或者其上一级行政机关立即停止执行该规范性文件。

**第一百五十条** 人民法院认为规范性文件不合法的,应当在裁判生效后报送上一级人民法院进行备案。涉及国务院部门、省级行政机关制定的规范性文件,司法建议还应当分别层报最高人民法院、高级人民法院备案。

**第一百五十一条** 各级人民法院院长对本院已经发生法律效力的判决、裁定,发现规范性文件合法性认定错误,认为需要再审的,应当提交审判委员会讨论。

最高人民法院对地方各级人民法院已经发生法律效力的判决、裁定,上级人民法院对下级人民法院已经发生法律效力的判决、裁定,发现规范性文件合法性认定错误的,有权提审或者指令下级人民法院再审。

## 十二、执　　行

**第一百五十二条** 对发生法律效力的行政判决书、行政裁定书、行政赔偿判决书和行政调解书,负有义务的一方当事人拒绝履行的,对方当事人可以依法申请人民法院强制执行。

人民法院判决行政机关履行行政赔偿、行政补偿或者其他行政给付义务,行政机关拒不履行的,对方当事人可以依法向法院申请强制执行。

**第一百五十三条** 申请执行的期限为二年。申请执行时效的中止、中断,适用法律有关规定。

申请执行的期限从法律文书规定的履行期间最后一日起计算;法律文书规定分期履行的,从规定的每次履行期间的最后一日起计算;法律文书中没有规定履行期限的,从该法律文书送达当事人之日起计算。

逾期申请的,除有正当理由外,人民法院不予受理。

**第一百五十四条** 发生法律效力的行政判决书、行政裁定书、行政赔偿判决书和行政调解书,由第一审人民法院执行。

第一审人民法院认为情况特殊,需要由第二审人民法院执行的,可以报请第二审人民法院执行;第二审人民法院可以决定由其执行,也可以决定由第一审人民法院执行。

**第一百五十五条** 行政机关根据行政诉讼法第九十七条的规定申请执行其行政行为,应当具备以下条件:

(一)行政行为依法可以由人民法院执行;

(二)行政行为已经生效并具有可执行内容;

(三)申请人是作出该行政行为的行政机关或者法律、法规、规章授权的组织;

(四)被申请人是该行政行为所确定的义务人;

(五)被申请人在行政行为确定的期限内或者行政机关催告期限内未履行义务;

(六)申请人在法定期限内提出申请;

(七)被申请执行的行政案件属于受理执行申请的人民法院管辖。

行政机关申请人民法院执行,应当提交行政强制法第五十五条规定的相关材料。

人民法院对符合条件的申请,应当在五日内立案受理,并通知申请人;对不符合条件的申请,应当裁定不予受理。行政机关对不予受理裁定有异议,在十五日内向上一级人民法院申请复议的,上一级人民法院应当在收到复议申请之日起十五日内作出裁定。

**第一百五十六条** 没有强制执行权的行政机关申请人民法院强制执行其行政行为,应当自被执行人的法定起诉期限届满之日起三个月内提出。逾期申请的,除有正当理由外,人民法院不予受理。

**第一百五十七条** 行政机关申请人民法院强制执行其行政行为的,由申请人所在地的基层人民法院受理;执行对象为不动产的,由不动产所在地的基层人民法院受理。

基层人民法院认为执行确有困难的,可以报请上级人民法院执行;上级人民法院可以决定由其执行,也可以决定由下级人民法院执行。

**第一百五十八条**　行政机关根据法律的授权对平等主体之间民事争议作出裁决后,当事人在法定期限内不起诉又不履行,作出裁决的行政机关在申请执行的期限内未申请人民法院强制执行的,生效行政裁决确定的权利人或者其继承人、权利承受人在六个月内可以申请人民法院强制执行。

享有权利的公民、法人或者其他组织申请人民法院强制执行生效行政裁决,参照行政机关申请人民法院强制执行行政行为的规定。

**第一百五十九条**　行政机关或者行政行为确定的权利人申请人民法院强制执行前,有充分理由认为被执行人可能逃避执行的,可以申请人民法院采取财产保全措施。后者申请强制执行的,应当提供相应的财产担保。

**第一百六十条**　人民法院受理行政机关申请执行其行政行为的案件后,应当在七日内由行政审判庭对行政行为的合法性进行审查,并作出是否准予执行的裁定。

人民法院在作出裁定前发现行政行为明显违法并损害被执行人合法权益的,应当听取被执行人和行政机关的意见,并自受理之日起三十日内作出是否准予执行的裁定。

需要采取强制执行措施的,由本院负责强制执行非诉行政行为的机构执行。

**第一百六十一条**　被申请执行的行政行为有下列情形之一的,人民法院应当裁定不准予执行:

(一)实施主体不具有行政主体资格的;

(二)明显缺乏事实根据的;

(三)明显缺乏法律、法规依据的;

(四)其他明显违法并损害被执行人合法权益的情形。

行政机关对不准予执行的裁定有异议,在十五日内向上一级人民法院申请复议的,上一级人民法院应当在收到复议申请之日起三十日内作出裁定。

## 十三、附　　则

**第一百六十二条**　公民、法人或者其他组织对2015年5月1日之前作出的行政行为提起诉讼，请求确认行政行为无效的，人民法院不予立案。

**第一百六十三条**　本解释自2018年2月8日起施行。

本解释施行后，《最高人民法院关于执行〈中华人民共和国行政诉讼法〉若干问题的解释》（法释〔2000〕8号）、《最高人民法院关于适用〈中华人民共和国行政诉讼法〉若干问题的解释》（法释〔2015〕9号）同时废止。最高人民法院以前发布的司法解释与本解释不一致的，不再适用。

# 附录二 最高人民法院关于行政诉讼证据若干问题的规定

（2002年6月4日最高人民法院审判委员会第1224次会议通过 2002年7月24日发布 自2002年10月1日起施行 法释〔2002〕21号）

为准确认定案件事实，公正、及时地审理行政案件，根据《中华人民共和国行政诉讼法》（以下简称行政诉讼法）等有关法律规定，结合行政审判实际，制定本规定。

## 一、举证责任分配和举证期限

**第一条** 根据行政诉讼法第三十二条和第四十三条的规定，被告对作出的具体行政行为负有举证责任，应当在收到起诉状副本之日起十日内，提供据以作出被诉具体行政行为的全部证据和所依据的规范性文件。被告不提供或者无正当理由逾期提供证据的，视为被诉具体行政行为没有相应的证据。

被告因不可抗力或者客观上不能控制的其他正当事由，不能在前款规定的期限内提供证据的，应当在收到起诉状副本之日起十日内向人民法院提出延期提供证据的书面申请。人民法院准许延期提供的，被告应当在正当事由消除后十日内提供证据。逾期提供的，视为被诉具体行政行为没有相应的证据。

**第二条** 原告或者第三人提出其在行政程序中没有提出的反驳理由或者证据的，经人民法院准许，被告可以在第一审程序中补充相应的证据。

**第三条** 根据行政诉讼法第三十三条的规定，在诉讼过程中，被告及其诉讼代理人不得自行向原告和证人收集证据。

**第四条** 公民、法人或者其他组织向人民法院起诉时，应当提供其符合起诉条件的相应的证据材料。

在起诉被告不作为的案件中，原告应当提供其在行政程序中曾经提出申请的证据材料。但有下列情形的除外：

(一)被告应当依职权主动履行法定职责的；

(二)原告因被告受理申请的登记制度不完备等正当事由不能提供相关证据材料并能够作出合理说明的。

被告认为原告起诉超过法定期限的，由被告承担举证责任。

**第五条**　在行政赔偿诉讼中，原告应当对被诉具体行政行为造成损害的事实提供证据。

**第六条**　原告可以提供证明被诉具体行政行为违法的证据。原告提供的证据不成立的，不免除被告对被诉具体行政行为合法性的举证责任。

**第七条**　原告或者第三人应当在开庭审理前或者人民法院指定的交换证据之日提供证据。因正当事由申请延期提供证据的，经人民法院准许，可以在法庭调查中提供。逾期提供证据的，视为放弃举证权利。

原告或者第三人在第一审程序中无正当事由未提供而在第二审程序中提供的证据，人民法院不予接纳。

**第八条**　人民法院向当事人送达受理案件通知书或者应诉通知书时，应当告知其举证范围、举证期限和逾期提供证据的法律后果，并告知因正当事由不能按期提供证据时应当提出延期提供证据的申请。

**第九条**　根据行政诉讼法第三十四条第一款的规定，人民法院有权要求当事人提供或者补充证据。

对当事人无争议，但涉及国家利益、公共利益或者他人合法权益的事实，人民法院可以责令当事人提供或者补充有关证据。

## 二、提供证据的要求

**第十条**　根据行政诉讼法第三十一条第一款第(一)项的规定，当事人向人民法院提供书证的，应当符合下列要求：

(一)提供书证的原件，原本、正本和副本均属于书证的原件。提供原件确有困难的，可以提供与原件核对无误的复印件、照片、节录本；

(二)提供由有关部门保管的书证原件的复制件、影印件或者抄录件的，应当注明出处，经该部门核对无异后加盖其印章；

（三）提供报表、图纸、会计帐册、专业技术资料、科技文献等书证的，应当附有说明材料；

（四）被告提供的被诉具体行政行为所依据的询问、陈述、谈话类笔录，应当有行政执法人员、被询问人、陈述人、谈话人签名或者盖章。

法律、法规、司法解释和规章对书证的制作形式另有规定的，从其规定。

**第十一条**　根据行政诉讼法第三十一条第一款第（二）项的规定，当事人向人民法院提供物证的，应当符合下列要求：

（一）提供原物。提供原物确有困难的，可以提供与原物核对无误的复制件或者证明该物证的照片、录像等其他证据；

（二）原物为数量较多的种类物的，提供其中的一部分。

**第十二条**　根据行政诉讼法第三十一条第一款第（三）项的规定，当事人向人民法院提供计算机数据或者录音、录像等视听资料的，应当符合下列要求：

（一）提供有关资料的原始载体。提供原始载体确有困难的，可以提供复制件；

（二）注明制作方法、制作时间、制作人和证明对象等；

（三）声音资料应当附有该声音内容的文字记录。

**第十三条**　根据行政诉讼法第三十一条第一款第（四）项的规定，当事人向人民法院提供证人证言的，应当符合下列要求：

（一）写明证人的姓名、年龄、性别、职业、住址等基本情况；

（二）有证人的签名，不能签名的，应当以盖章等方式证明；

（三）注明出具日期；

（四）附有居民身份证复印件等证明证人身份的文件。

**第十四条**　根据行政诉讼法第三十一条第一款第（六）项的规定，被告向人民法院提供的在行政程序中采用的鉴定结论，应当载明委托人和委托鉴定的事项、向鉴定部门提交的相关材料、鉴定的依据和使用的科学技术手段、鉴定部门和鉴定人鉴定资格的说明，并应有鉴定人的签名和鉴定部门的盖章。通过分析获得的鉴定结论，应当说明分析过程。

**第十五条**　根据行政诉讼法第三十一条第一款第（七）项的规定，被告向人民法院提供的现场笔录，应当载明时间、地点和事件等内容，并由执法人员和当事人签名。当事人拒绝签名或者不能签名的,应当注明原因。有其他人在现场的,可由其他人签名。法律、法规和规章对现场笔录的制作形式另有规定的,从其规定。

**第十六条**　当事人向人民法院提供的在中华人民共和国领域外形成的证据,应当说明来源,经所在国公证机关证明,并经中华人民共和国驻该国使领馆认证,或者履行中华人民共和国与证据所在国订立的有关条约中规定的证明手续。

当事人提供的在中华人民共和国香港特别行政区、澳门特别行政区和台湾地区内形成的证据,应当具有按照有关规定办理的证明手续。

**第十七条**　当事人向人民法院提供外文书证或者外国语视听资料的,应当附有由具有翻译资质的机构翻译的或者其他翻译准确的中文译本,由翻译机构盖章或者翻译人员签名。

**第十八条**　证据涉及国家秘密、商业秘密或者个人隐私的,提供人应当作出明确标注,并向法庭说明,法庭予以审查确认。

**第十九条**　当事人应当对其提交的证据材料分类编号,对证据材料的来源、证明对象和内容作简要说明,签名或者盖章,注明提交日期。

**第二十条**　人民法院收到当事人提交的证据材料,应当出具收据,注明证据的名称、份数、页数、件数、种类等以及收到的时间,由经办人员签名或者盖章。

**第二十一条**　对于案情比较复杂或者证据数量较多的案件,人民法院可以组织当事人在开庭前向对方出示或者交换证据,并将交换证据的情况记录在卷。

## 三、调取和保全证据

**第二十二条**　根据行政诉讼法第三十四条第二款的规定,有下列情形之一的,人民法院有权向有关行政机关以及其他组织、公民调取证据:

(一)涉及国家利益、公共利益或者他人合法权益的事实认定的;

(二)涉及依职权追加当事人、中止诉讼、终结诉讼、回避等程序性事项的。

**第二十三条**　原告或者第三人不能自行收集,但能够提供确切线索的,可以申请人民法院调取下列证据材料:

（一）由国家有关部门保存而须由人民法院调取的证据材料；

（二）涉及国家秘密、商业秘密、个人隐私的证据材料；

（三）确因客观原因不能自行收集的其他证据材料。

人民法院不得为证明被诉具体行政行为的合法性，调取被告在作出具体行政行为时未收集的证据。

**第二十四条**　当事人申请人民法院调取证据的，应当在举证期限内提交调取证据申请书。

调取证据申请书应当写明下列内容：

（一）证据持有人的姓名或者名称、住址等基本情况；

（二）拟调取证据的内容；

（三）申请调取证据的原因及其要证明的案件事实。

**第二十五条**　人民法院对当事人调取证据的申请，经审查符合调取证据条件的，应当及时决定调取；不符合调取证据条件的，应当向当事人或者其诉讼代理人送达通知书，说明不准许调取的理由。当事人及其诉讼代理人可以在收到通知书之日起三日内向受理申请的人民法院书面申请复议一次。

人民法院应当在收到复议申请之日起五日内作出答复。人民法院根据当事人申请，经调取未能取得相应证据的，应当告知申请人并说明原因。

**第二十六条**　人民法院需要调取的证据在异地的，可以书面委托证据所在地人民法院调取。受托人民法院应当在收到委托书后，按照委托要求及时完成调取证据工作，送交委托人民法院。受托人民法院不能完成委托内容的，应当告知委托的人民法院并说明原因。

**第二十七条**　当事人根据行政诉讼法第三十六条的规定向人民法院申请保全证据的，应当在举证期限届满前以书面形式提出，并说明证据的名称和地点、保全的内容和范围、申请保全的理由等事项。

当事人申请保全证据的，人民法院可以要求其提供相应的担保。

法律、司法解释规定诉前保全证据的，依照其规定办理。

**第二十八条**　人民法院依照行政诉讼法第三十六条规定保全证据的，可以根据具体情况，采取查封、扣押、拍照、录音、录像、复制、鉴定、勘验、制作询问笔录等保全措施。

人民法院保全证据时，可以要求当事人或者其诉讼代理人到场。

**第二十九条**　原告或者第三人有证据或者有正当理由表明被告据以认定案件事实的鉴定结论可能有错误，在举证期限内书面申请重新鉴定的，人民法院应予准许。

**第三十条**　当事人对人民法院委托的鉴定部门作出的鉴定结论有异议申请重新鉴定，提出证据证明存在下列情形之一的，人民法院应予准许：

（一）鉴定部门或者鉴定人不具有相应的鉴定资格的；

（二）鉴定程序严重违法的；

（三）鉴定结论明显依据不足的；

（四）经过质证不能作为证据使用的其他情形。

对有缺陷的鉴定结论，可以通过补充鉴定、重新质证或者补充质证等方式解决。

**第三十一条**　对需要鉴定的事项负有举证责任的当事人，在举证期限内无正当理由不提出鉴定申请、不预交鉴定费用或者拒不提供相关材料，致使对案件争议的事实无法通过鉴定结论予以认定的，应当对该事实承担举证不能的法律后果。

**第三十二条**　人民法院对委托或者指定的鉴定部门出具的鉴定书，应当审查是否具有下列内容：

（一）鉴定的内容；

（二）鉴定时提交的相关材料；

（三）鉴定的依据和使用的科学技术手段；

（四）鉴定的过程；

（五）明确的鉴定结论；

（六）鉴定部门和鉴定人鉴定资格的说明；

（七）鉴定人及鉴定部门签名盖章。

前款内容欠缺或者鉴定结论不明确的，人民法院可以要求鉴定部门予以说明、补充鉴定或者重新鉴定。

**第三十三条**　人民法院可以依当事人申请或者依职权勘验现场。

勘验现场时，勘验人必须出示人民法院的证件，并邀请当地基层组织或者当事人所在单位派人参加。当事人或其成年亲属应当到场，拒不到场的，不影响勘验的进行，但应当在勘验笔录中说明情况。

**第三十四条**　审判人员应当制作勘验笔录，记载勘验的时间、地点、勘验人、在场人、勘验的经过和结果，由勘验人、当事人、在场人签名。

勘验现场时绘制的现场图，应当注明绘制的时间、方位、绘制人姓名和身份等内容。

当事人对勘验结论有异议的，可以在举证期限内申请重新勘验，是否准许由人民法院决定。

## 四、证据的对质辨认和核实

**第三十五条**　证据应当在法庭上出示，并经庭审质证。未经庭审质证的证据，不能作为定案的依据。

当事人在庭前证据交换过程中没有争议并记录在卷的证据，经审判人员在庭审中说明后，可以作为认定案件事实的依据。

**第三十六条**　经合法传唤，因被告无正当理由拒不到庭而需要依法缺席判决的，被告提供的证据不能作为定案的依据，但当事人在庭前交换证据中没有争议的证据除外。

**第三十七条**　涉及国家秘密、商业秘密和个人隐私或者法律规定的其他应当保密的证据，不得在开庭时公开质证。

**第三十八条**　当事人申请人民法院调取的证据，由申请调取证据的当事人在庭审中出示，并由当事人质证。

人民法院依职权调取的证据，由法庭出示，并可就调取该证据的情况进行说明，听取当事人意见。

**第三十九条**　当事人应当围绕证据的关联性、合法性和真实性，针对证据有无证明效力以及证明效力大小，进行质证。

经法庭准许，当事人及其代理人可以就证据问题相互发问，也可以向证人、鉴定人或者勘验人发问。

当事人及其代理人相互发问，或者向证人、鉴定人、勘验人发问时，发问的内容应当与案件事实有关联，不得采用引诱、威胁、侮辱等语言或者方式。

**第四十条**　对书证、物证和视听资料进行质证时，当事人应当出示证据的原件或者原物。但有下列情况之一的除外：

（一）出示原件或者原物确有困难并经法庭准许可以出示复制件或者复制品；

（二）原件或者原物已不存在，可以出示证明复制件、复制品与原件、原物一致的其他证据。

视听资料应当当庭播放或者显示，并由当事人进行质证。

**第四十一条**　凡是知道案件事实的人，都有出庭作证的义务。有下列情形之一的，经人民法院准许，当事人可以提交书面证言：

（一）当事人在行政程序或者庭前证据交换中对证人证言无异议的；

（二）证人因年迈体弱或者行动不便无法出庭的；

（三）证人因路途遥远、交通不便无法出庭的；

（四）证人因自然灾害等不可抗力或者其他意外事件无法出庭的；

（五）证人因其他特殊原因确实无法出庭的。

**第四十二条**　不能正确表达意志的人不能作证。

根据当事人申请，人民法院可以就证人能否正确表达意志进行审查或者交由有关部门鉴定。必要时，人民法院也可以依职权交由有关部门鉴定。

**第四十三条**　当事人申请证人出庭作证的，应当在举证期限届满前提出，并经人民法院许可。人民法院准许证人出庭作证的，应当在开庭审理前通知证人出庭作证。

当事人在庭审过程中要求证人出庭作证的，法庭可以根据审理案件的具体情况，决定是否准许以及是否延期审理。

**第四十四条**　有下列情形之一，原告或者第三人可以要求相关行政执法人员作为证人出庭作证：

（一）对现场笔录的合法性或者真实性有异议的；

（二）对扣押财产的品种或者数量有异议的；

（三）对检验的物品取样或者保管有异议的；

（四）对行政执法人员的身份的合法性有异议的；

（五）需要出庭作证的其他情形。

**第四十五条**　证人出庭作证时，应当出示证明其身份的证件。法庭应当告知其诚实作证的法律义务和作伪证的法律责任。

出庭作证的证人不得旁听案件的审理。法庭询问证人时，其他证人不得在场,但组织证人对质的除外。

**第四十六条** 证人应当陈述其亲历的具体事实。证人根据其经历所作的判断、推测或者评论,不能作为定案的依据。

**第四十七条** 当事人要求鉴定人出庭接受询问的,鉴定人应当出庭。鉴定人因正当事由不能出庭的,经法庭准许,可以不出庭,由当事人对其书面鉴定结论进行质证。

鉴定人不能出庭的正当事由,参照本规定第四十一条的规定。

对于出庭接受询问的鉴定人,法庭应当核实其身份、与当事人及案件的关系,并告知鉴定人如实说明鉴定情况的法律义务和故意作虚假说明的法律责任。

**第四十八条** 对被诉具体行政行为涉及的专门性问题,当事人可以向法庭申请由专业人员出庭进行说明,法庭也可以通知专业人员出庭说明。必要时,法庭可以组织专业人员进行对质。

当事人对出庭的专业人员是否具备相应专业知识、学历、资历等专业资格等有异议的,可以进行询问。由法庭决定其是否可以作为专业人员出庭。

专业人员可以对鉴定人进行询问。

**第四十九条** 法庭在质证过程中,对与案件没有关联的证据材料,应予排除并说明理由。

法庭在质证过程中,准许当事人补充证据的,对补充的证据仍应进行质证。

法庭对经过庭审质证的证据,除确有必要外,一般不再进行质证。

**第五十条** 在第二审程序中,对当事人依法提供的新的证据,法庭应当进行质证;当事人对第一审认定的证据仍有争议的,法庭也应当进行质证。

**第五十一条** 按照审判监督程序审理的案件,对当事人依法提供的新的证据,法庭应当进行质证;因原判决、裁定认定事实的证据不足而提起再审所涉及的主要证据,法庭也应当进行质证。

**第五十二条** 本规定第五十条和第五十一条中的“新的证据”是指以下证据:

(一)在一审程序中应当准予延期提供而未获准许的证据;

（二）当事人在一审程序中依法申请调取而未获准许或者未取得，人民法院在第二审程序中调取的证据；

（三）原告或者第三人提供的在举证期限届满后发现的证据。

## 五、证据的审核认定

**第五十三条** 人民法院裁判行政案件，应当以证据证明的案件事实为依据。

**第五十四条** 法庭应当对经过庭审质证的证据和无需质证的证据进行逐一审查和对全部证据综合审查，遵循法官职业道德，运用逻辑推理和生活经验，进行全面、客观和公正地分析判断，确定证据材料与案件事实之间的证明关系，排除不具有关联性的证据材料，准确认定案件事实。

**第五十五条** 法庭应当根据案件的具体情况，从以下方面审查证据的合法性：

（一）证据是否符合法定形式；

（二）证据的取得是否符合法律、法规、司法解释和规章的要求；

（三）是否有影响证据效力的其他违法情形。

**第五十六条** 法庭应当根据案件的具体情况，从以下方面审查证据的真实性：

（一）证据形成的原因；

（二）发现证据时的客观环境；

（三）证据是否为原件、原物，复制件、复制品与原件、原物是否相符；

（四）提供证据的人或者证人与当事人是否具有利害关系；

（五）影响证据真实性的其他因素。

**第五十七条** 下列证据材料不能作为定案依据：

（一）严重违反法定程序收集的证据材料；

（二）以偷拍、偷录、窃听等手段获取侵害他人合法权益的证据材料；

（三）以利诱、欺诈、胁迫、暴力等不正当手段获取的证据材料；

（四）当事人无正当事由超出举证期限提供的证据材料；

（五）在中华人民共和国领域以外或者在中华人民共和国香港特别行政区、澳门特别行政区和台湾地区形成的未办理法定证明手续的证据材料；

（六）当事人无正当理由拒不提供原件、原物，又无其他证据印证，且对方当事人不予认可的证据的复制件或者复制品；

（七）被当事人或者他人进行技术处理而无法辨明真伪的证据材料；

（八）不能正确表达意志的证人提供的证言；

（九）不具备合法性和真实性的其他证据材料。

**第五十八条**　以违反法律禁止性规定或者侵犯他人合法权益的方法取得的证据，不能作为认定案件事实的依据。

**第五十九条**　被告在行政程序中依照法定程序要求原告提供证据，原告依法应当提供而拒不提供，在诉讼程序中提供的证据，人民法院一般不予采纳。

**第六十条**　下列证据不能作为认定被诉具体行政行为合法的依据：

（一）被告及其诉讼代理人在作出具体行政行为后或者在诉讼程序中自行收集的证据；

（二）被告在行政程序中非法剥夺公民、法人或者其他组织依法享有的陈述、申辩或者听证权利所采用的证据；

（三）原告或者第三人在诉讼程序中提供的、被告在行政程序中未作为具体行政行为依据的证据。

**第六十一条**　复议机关在复议程序中收集和补充的证据，或者作出原具体行政行为的行政机关在复议程序中未向复议机关提交的证据，不能作为人民法院认定原具体行政行为合法的依据。

**第六十二条**　对被告在行政程序中采纳的鉴定结论，原告或者第三人提出证据证明有下列情形之一的，人民法院不予采纳：

（一）鉴定人不具备鉴定资格；

（二）鉴定程序严重违法；

（三）鉴定结论错误、不明确或者内容不完整。

**第六十三条**　证明同一事实的数个证据，其证明效力一般可以按照下列情形分别认定：

（一）国家机关以及其他职能部门依职权制作的公文文书优于其他书证；

（二）鉴定结论、现场笔录、勘验笔录、档案材料以及经过公证或者登记的书证优于其他书证、视听资料和证人证言；

（三）原件、原物优于复制件、复制品；

（四）法定鉴定部门的鉴定结论优于其他鉴定部门的鉴定结论；

（五）法庭主持勘验所制作的勘验笔录优于其他部门主持勘验所制作的勘验笔录；

（六）原始证据优于传来证据；

（七）其他证人证言优于与当事人有亲属关系或者其他密切关系的证人提供的对该当事人有利的证言；

（八）出庭作证的证人证言优于未出庭作证的证人证言；

（九）数个种类不同、内容一致的证据优于一个孤立的证据。

**第六十四条** 以有形载体固定或者显示的电子数据交换、电子邮件以及其他数据资料，其制作情况和真实性经对方当事人确认，或者以公证等其他有效方式予以证明的，与原件具有同等的证明效力。

**第六十五条** 在庭审中一方当事人或者其代理人在代理权限范围内对另一方当事人陈述的案件事实明确表示认可的，人民法院可以对该事实予以认定。但有相反证据足以推翻的除外。

**第六十六条** 在行政赔偿诉讼中，人民法院主持调解时当事人为达成调解协议而对案件事实的认可，不得在其后的诉讼中作为对其不利的证据。

**第六十七条** 在不受外力影响的情况下，一方当事人提供的证据，对方当事人明确表示认可的，可以认定该证据的证明效力；对方当事人予以否认，但不能提供充分的证据进行反驳的，可以综合全案情况审查认定该证据的证明效力。

**第六十八条** 下列事实法庭可以直接认定：

（一）众所周知的事实；

（二）自然规律及定理；

（三）按照法律规定推定的事实；

（四）已经依法证明的事实；

（五）根据日常生活经验法则推定的事实。

前款（一）、（三）、（四）、（五）项，当事人有相反证据足以推翻的除外。

**第六十九条** 原告确有证据证明被告持有的证据对原告有利，被告无正当事由拒不提供的，可以推定原告的主张成立。

**第七十条**　生效的人民法院裁判文书或者仲裁机构裁决文书确认的事实,可以作为定案依据。但是如果发现裁判文书或者裁决文书认定的事实有重大问题的,应当中止诉讼,通过法定程序予以纠正后恢复诉讼。

**第七十一条**　下列证据不能单独作为定案依据:

(一)未成年人所作的与其年龄和智力状况不相适应的证言;

(二)与一方当事人有亲属关系或者其他密切关系的证人所作的对该当事人有利的证言,或者与一方当事人有不利关系的证人所作的对该当事人不利的证言;

(三)应当出庭作证而无正当理由不出庭作证的证人证言;

(四)难以识别是否经过修改的视听资料;

(五)无法与原件、原物核对的复制件或者复制品;

(六)经一方当事人或者他人改动,对方当事人不予认可的证据材料;

(七)其他不能单独作为定案依据的证据材料。

**第七十二条**　庭审中经过质证的证据,能够当庭认定的,应当当庭认定;不能当庭认定的,应当在合议庭合议时认定。

人民法院应当在裁判文书中阐明证据是否采纳的理由。

**第七十三条**　法庭发现当庭认定的证据有误,可以按照下列方式纠正:

(一)庭审结束前发现错误的,应当重新进行认定;

(二)庭审结束后宣判前发现错误的,在裁判文书中予以更正并说明理由,也可以再次开庭予以认定;

(三)有新的证据材料可能推翻已认定的证据的,应当再次开庭予以认定。

## 六、附　　则

**第七十四条**　证人、鉴定人及其近亲属的人身和财产安全受法律保护。

人民法院应当对证人、鉴定人的住址和联系方式予以保密。

**第七十五条**　证人、鉴定人因出庭作证或者接受询问而支出的合理费用,由提供证人、鉴定人的一方当事人先行支付,由败诉一方当事人承担。

**第七十六条**　证人、鉴定人作伪证的,依照行政诉讼法第四十九条第一款第(二)项的规定追究其法律责任。

**第七十七条**　诉讼参与人或者其他人有对审判人员或者证人、鉴定人、勘验人及其近亲属实施威胁、侮辱、殴打、骚扰或者打击报复等妨碍行政诉讼行为的,依照行政诉讼法第四十九条第一款第(三)项、第(五)项或者第(六)项的规定追究其法律责任。

**第七十八条**　对应当协助调取证据的单位和个人,无正当理由拒不履行协助义务的,依照行政诉讼法第四十九条第一款第(五)项的规定追究其法律责任。

**第七十九条**　本院以前有关行政诉讼的司法解释与本规定不一致的,以本规定为准。

**第八十条**　本规定自2002年10月1日起施行。2002年10月1日尚未审结的一审、二审和再审行政案件不适用本规定。

本规定施行前已经审结的行政案件,当事人以违反本规定为由申请再审的,人民法院不予支持。

本规定施行后按照审判监督程序决定再审的行政案件,适用本规定。

# 附录三　最高人民法院印发《关于行政案件案由的暂行规定》的通知

（法发〔2020〕44号）

各省、自治区、直辖市高级人民法院，解放军军事法院，新疆维吾尔自治区高级人民法院生产建设兵团分院：

《最高人民法院关于行政案件案由的暂行规定》已于2020年12月7日由最高人民法院审判委员会第1820次会议讨论通过，自2021年1月1日起施行，《最高人民法院关于规范行政案件案由的通知》（法发〔2004〕2号，以下简称2004年案由通知）同时废止。现将《最高人民法院关于行政案件案由的暂行规定》（以下简称《暂行规定》）印发给你们，并将适用《暂行规定》的有关问题通知如下。

一、认真学习和准确适用《暂行规定》

行政案件案由是行政案件名称的核心组成部分，起到明确被诉对象、区分案件性质、提示法律适用、引导当事人正确行使诉讼权利等作用。准确确定行政案件案由，有利于人民法院在行政立案、审判中准确确定被诉行政行为、正确适用法律，有利于提高行政审判工作的规范化程度，有利于提高行政案件司法统计的准确性和科学性，有利于为人民法院司法决策提供更有价值的参考，有利于提升人民法院服务大局、司法为民的能力和水平。各级人民法院要认真组织学习《暂行规定》，全面准确领会，确保该规定得到正确实施。

二、准确把握案由的基本结构

根据行政诉讼法和相关行政法律规范的规定，遵循简洁、明确、规范、开放的原则，行政案件案由按照被诉行政行为确定，表述为"××（行政行为）"。例如，不服行政机关作出的行政拘留处罚提起的行政诉讼，案件案由表述为"行政拘留"。

此次起草《暂行规定》时，案由基本结构中删除了2004年案由通知规定的“行政管理范围”。司法统计时，可以通过提取被告行政机关要素，确定和掌握相关行政管理领域某类行政案件的基本情况。

三、准确把握案由的适用范围

《暂行规定》适用于行政案件的立案、审理、裁判、执行的各阶段，也适用于一审、二审、申请再审和再审等诉讼程序。在立案阶段，人民法院可以根据起诉状所列被诉行政行为确定初步案由。在审理、裁判阶段，人民法院发现初步确定的案由不准确时，可以重新确定案由。二审、申请再审、再审程序中发现原审案由不准确的，人民法院应当重新确定案由。在执行阶段，人民法院应当采用据以执行的生效法律文书确定的结案案由。

案件卷宗封面、开庭传票、送达回证等材料上应当填写案由。司法统计一般以生效法律文书确定的案由为准，也可以根据统计目的的实际需要，按照相应诉讼阶段或者程序确定的案由进行统计。

四、准确理解案由的确定规则

（一）行政案件案由分为三级

1.一级案由。行政案件的一级案由为“行政行为”，是指行政机关与行政职权相关的所有作为和不作为。

2.二、三级案由的确定和分类。二、三级案由是对一级案由的细化。目前我国法律、法规对行政机关作出的行政行为并无明确的分类标准。三级案由主要是按照法律法规等列举的行政行为名称，以及行政行为涉及的权利内容等进行划分。目前列举的二级案由主要包括：行政处罚、行政强制措施、行政强制执行、行政许可、行政征收或者征用、行政登记、行政确认、行政给付、行政允诺、行政征缴、行政奖励、行政收费、政府信息公开、行政批复、行政处理、行政复议、行政裁决、行政协议、行政补偿、行政赔偿及不履行职责、公益诉讼。

3.优先适用三级案由。人民法院在确定行政案件案由时，应当首先适用三级案由；无对应的三级案由时，适用二级案由；二级案由仍然无对应的名称，适用一级案由。例如，起诉行政机关作出的罚款行政处罚，该案案由只能按照三级案由确定为“罚款”，不能适用二级或者一级案由。

（二）起诉多个被诉行政行为案件案由的确定

在同一个案件中存在多个被诉行政行为时，可以并列适用不同的案由。例如,起诉行政机关作出的罚款、行政拘留、没收违法所得的行政处罚时,该案案由表述为“罚款、行政拘留及没收违法所得”。如果是两个以上的被诉行政行为,其中一个行政行为适用三级案由,另一个只能适用二级案由的,可以并列适用不同层级的案由。

(三)不可诉行为案件案由的确定

当事人对不属于行政诉讼受案范围的行政行为或者民事行为、刑事侦查行为等提起行政诉讼的案件,人民法院根据《中华人民共和国行政诉讼法》第十三条和《最高人民法院关于适用〈中华人民共和国行政诉讼法〉的解释》第一条第二款规定中的相关表述确定案由,具体表述为:国防外交行为、发布决定命令行为、奖惩任免行为、最终裁决行为、刑事司法行为、行政调解行为、仲裁行为、行政指导行为、重复处理行为、执行生效裁判行为、信访处理行为等。例如,起诉行政机关行政指导行为的案件,案由表述为“行政指导行为”。应当注意的是,“内部层级监督行为”“过程性行为”均是对行政行为性质的概括,在确定案件案由时还应根据被诉行为名称来确定。对于前述规定没有列举,但法律、法规、规章或者司法解释有明确的法定名称表述的案件,以法定名称表述案由;尚无法律、法规、规章或者司法解释明确法定名称的行为或事项,人民法院可以通过概括当事人诉讼请求所指向的行为或者事项确定案由,例如,起诉行政机关要求为其子女安排工作的案件,案由表述为“安排子女工作”。

五、关于几种特殊行政案件案由确定规则

(一)行政复议案件

行政复议机关成为行政诉讼被告,主要有三种情形:一是行政复议机关不予受理或者程序性驳回复议申请;二是行政复议机关改变(包括撤销)原行政行为;三是行政复议机关维持原行政行为或者实体上驳回复议申请。第一、二种情形下,行政复议机关单独作被告,按《暂行规定》基本结构确定案由即可。第三种情形下,行政复议机关和原行政行为作出机关是共同被告,此类案件案由表述为“××(行政行为)及行政复议”。例如,起诉某市人民政府维持该市某局作出的政府信息公开答复的案件,案由表述为“政府信息公开及行政复议”。

(二)行政协议案件

确定行政协议案件案由时,须将行政协议名称予以列明。当事人一并提出行政赔偿、解除协议或者继续履行协议等请求的，要在案由中一并列出。例如，起诉行政机关解除公交线路特许经营协议，请求赔偿损失并判令继续履行协议的案件，案由表述为“单方解除公交线路特许经营协议及行政赔偿、继续履行”。

（三）行政赔偿案件

行政赔偿案件分为一并提起行政赔偿案件和单独提起行政赔偿案件两类。一并提起行政赔偿案件，案由表述为“××（行政行为）及行政赔偿”。例如，起诉行政机关行政拘留一并请求赔偿限制人身自由损失的案件，案由表述为“行政拘留及行政赔偿”。单独提起行政赔偿案件，案由表述为“行政赔偿”。例如，起诉行政机关赔偿违法强制拆除房屋损失的案件，案由表述为“行政赔偿”。

（四）一并审查规范性文件案件

一并审查规范性文件案件涉及被诉行政行为和规范性文件两个审查对象，此类案件案由表述为“××（行政行为）及规范性文件审查”。例如，起诉行政机关作出的强制拆除房屋行为，同时对相关的规范性文件不服一并提起行政诉讼的案件，案由表述为“强制拆除房屋及规范性文件审查”。

（五）行政公益诉讼案件

行政公益诉讼案件案由按照“××（行政行为）”后缀“公益诉讼”的模式确定，表述为“××（行政行为）公益诉讼”。例如，人民检察院对行政机关不履行查处环境违法行为法定职责提起行政公益诉讼的案件，案由表述为“不履行查处环境违法行为职责公益诉讼”。

（六）不履行法定职责案件

“不履行法定职责”是指负有法定职责的行政机关在依法应当履职的情况下消极不作为，从而使得行政相对人权益得不到保护或者无法实现的违法状态。未依法履责、不完全履责、履责不当和迟延履责等以作为方式实施的违法履责行为，均不属于不履行法定职责。

在不履行法定职责案件案由中要明确行政机关应当履行的法定职责内容，表述为“不履行××职责”。例如，起诉行政机关不履行行政处罚职责案件，案由表述为“不履行行政处罚职责”。此处法定职责内容一般按照二级案由表述即可。确有必要的，不履行法定职责案件也可细化到三级案由,例如“不履行罚款职责”。

（七）申请执行人民法院生效法律文书案件

申请执行人民法院生效法律文书案件,案由由“申请执行”加行政诉讼案由后缀“判决”“裁定”或者“调解书”构成。例如,人民法院作出变更罚款决定的生效判决后,行政机关申请人民法院执行该判决的案件,案由表述为“申请执行罚款判决”。

（八）非诉行政执行案件

非诉行政执行案件案由表述为“申请执行××（行政行为）”。其中,“××（行政行为）”应当优先适用三级案由表述。例如,行政机关作出责令退还非法占用土地的行政决定后,行政相对人未履行退还土地义务,行政机关申请人民法院强制执行的案件,案由表述为“申请执行责令退还非法占用土地决定”。

六、应注意的问题

（一）各级人民法院要正确认识行政案件案由的性质与功能,不得将《暂行规定》等同于行政诉讼的受理条件或者范围。判断被诉行政行为是否属于行政诉讼受案范围,必须严格依据行政诉讼法及相关司法解释的规定。

（二）由于行政管理领域及行政行为种类众多,《暂行规定》仅能在二、三级案由中列举人民法院受理的常见案件中被诉行政行为种类或者名称,无法列举所有被诉行政行为。为了确保行政案件案由表述的规范统一以及司法统计的科学性、准确性,各级人民法院应当严格按照《暂行规定》表述案由。对于《暂行规定》未列举案由的案件,可依据相关法律、法规、规章及司法解释对被诉行政行为的表述来确定案由,不得使用“其他”或者“其他行政行为”概括案由。

（三）行政案件的名称表述应当与案由的表述保持一致,一般表述为“××（原告）诉××（行政机关）××（行政行为）案”,不得表述为“××（原告）与××（行政机关）××行政纠纷案”。

（四）知识产权授权确权和涉及垄断的行政案件案由按照《最高人民法院关于增加部分行政案件案由的通知》（法〔2019〕261号）等规定予以确定。

对于适用《暂行规定》过程中遇到的问题和情况,请及时层报最高人民法院。

最高人民法院
2020 年 12 月 25 日

## 最高人民法院关于行政案件案由的暂行规定

(2020 年 12 月 7 日最高人民法院审判委员会第 1820 次会议通过　自 2021 年 1 月 1 日起施行)

为规范人民法院行政立案、审判、执行工作,正确适用法律,统一确定行政案件案由,根据《中华人民共和国行政诉讼法》及相关法律法规和司法解释的规定,结合行政审判工作实际,对行政案件案由规定如下:

### 一 级 案 由

行政行为

### 二级、三级案由

(一)行政处罚

1. 警告
2. 通报批评
3. 罚款
4. 没收违法所得
5. 没收非法财物
6. 暂扣许可证件
7. 吊销许可证件
8. 降低资质等级
9. 责令关闭
10. 责令停产停业
11. 限制开展生产经营活动
12. 限制从业
13. 行政拘留
14. 不得申请行政许可
15. 责令限期拆除

(二)行政强制措施
16. 限制人身自由
17. 查封场所、设施或者财物
18. 扣押财物
19. 冻结存款、汇款
20. 冻结资金、证券
21. 强制隔离戒毒
22. 留置
23. 采取保护性约束措施
(三)行政强制执行
24. 加处罚款或者滞纳金
25. 划拨存款、汇款
26. 拍卖查封、扣押的场所、设施或者财物
27. 处理查封、扣押的场所、设施或者财物
28. 排除妨碍
29. 恢复原状
30. 代履行
31. 强制拆除房屋或者设施
32. 强制清除地上物
(四)行政许可
33. 工商登记
34. 社会团体登记
35. 颁发机动车驾驶证
36. 特许经营许可
37. 建设工程规划许可
38. 建筑工程施工许可
39. 矿产资源许可
40. 药品注册许可
41. 医疗器械许可
42. 执业资格许可

(五)行政征收或者征用

43. 征收或者征用房屋
44. 征收或者征用土地
45. 征收或者征用动产

(六)行政登记

46. 房屋所有权登记
47. 集体土地所有权登记
48. 森林、林木所有权登记
49. 矿业权登记
50. 土地承包经营权登记
51. 建设用地使用权登记
52. 宅基地使用权登记
53. 海域使用权登记
54. 水利工程登记
55. 居住权登记
56. 地役权登记
57. 不动产抵押登记
58. 动产抵押登记
59. 质押登记
60. 机动车所有权登记
61. 船舶所有权登记
62. 户籍登记
63. 婚姻登记
64. 收养登记
65. 税务登记

(七)行政确认

66. 基本养老保险资格或者待遇认定
67. 基本医疗保险资格或者待遇认定
68. 失业保险资格或者待遇认定
69. 工伤保险资格或者待遇认定
70. 生育保险资格或者待遇认定

71. 最低生活保障资格或者待遇认定
72. 确认保障性住房分配资格
73. 颁发学位证书或者毕业证书
(八)行政给付
74. 给付抚恤金
75. 给付基本养老金
76. 给付基本医疗保险金
77. 给付失业保险金
78. 给付工伤保险金
79. 给付生育保险金
80. 给付最低生活保障金
(九)行政允诺
81. 兑现奖金
82. 兑现优惠
(十)行政征缴
83. 征缴税款
84. 征缴社会抚养费
85. 征缴社会保险费
86. 征缴污水处理费
87. 征缴防空地下室易地建设费
88. 征缴水土保持补偿费
89. 征缴土地闲置费
90. 征缴土地复垦费
91. 征缴耕地开垦费
(十一)行政奖励
92. 授予荣誉称号
93. 发放奖金
(十二)行政收费
94. 证照费
95. 车辆通行费
96. 企业注册登记费

97. 不动产登记费
98. 船舶登记费
99. 考试考务费
(十三)政府信息公开
(十四)行政批复
(十五)行政处理
100. 责令退还非法占用土地
101. 责令交还土地
102. 责令改正
103. 责令采取补救措施
104. 责令停止建设
105. 责令恢复原状
106. 责令公开
107. 责令召回
108. 责令暂停生产
109. 责令暂停销售
110. 责令暂停使用
111. 有偿收回国有土地使用权
112. 退学决定
(十六)行政复议
113. 不予受理行政复议申请决定
114. 驳回行政复议申请决定
115. ××(行政行为)及行政复议
116. 改变原行政行为的行政复议决定
(十七)行政裁决
117. 土地、矿藏、水流、荒地或者滩涂权属确权
118. 林地、林木、山岭权属确权
119. 海域使用权确权
120. 草原权属确权
121. 水利工程权属确权
122. 企业资产性质确认

（十八）行政协议
123. 订立××（行政协议）
124. 单方变更××（行政协议）
125. 单方解除××（行政协议）
126. 不依法履行××（行政协议）
127. 未按约定履行××（行政协议）
128. ××（行政协议）行政补偿
129. ××（行政协议）行政赔偿
130. 撤销××（行政协议）
131. 解除××（行政协议）
132. 继续履行××（行政协议）
133. 确认××（行政协议）无效或有效
（十九）行政补偿
134. 房屋征收或者征用补偿
135. 土地征收或者征用补偿
136. 动产征收或者征用补偿
137. 撤回行政许可补偿
138. 收回国有土地使用权补偿
139. 规划变更补偿
140. 移民安置补偿
（二十）行政赔偿
（二十一）不履行××职责
（二十二）××（行政行为）公益诉讼

# 附录四　行政诉讼领域相关批复、答复、复函

## 第一章　总　　则

### 1.《最高人民法院关于〈行政诉讼法〉施行前法律未规定由法院受理的案件应如何处理的批复》

（〔1992〕民他字第10号　1993年2月15日）

河南省高级人民法院：

你院豫法（告）请〔1991〕38号《关于不服工商行政机关的查封、划拨通知书能否按民事或行政侵权案件受理的请示》收悉。经我院审判委员会讨论，同意你院请示报告中的第二种意见，即：开封市工商局1988年对开封市曹门经销部作出冻结划拨酒款通知书，并以“白条”为收据提走其1653件川曲酒替开封市豫川副食品联营公司冲抵货款的行为，是行政侵权行为，但案发在行政诉讼法施行之前，当时的法律没有规定法院受理此类案件，因此，人民法院不能受理。曹门经销部应向有关行政机关申请解决。

### 2.《最高人民法院关于“建议修改行政诉讼案由规定”的答复》

（2016年3月4日）

为规范行政案件案由，我院曾于2004年制定下发了《最高人民法院关于规范行政案件案由的通知》（法发〔2004〕2号），对指导司法实践起到了积极的作用。新的行政诉讼法施行后，行政案件的类型和可诉行政行为有所增加，进一步明确和规范行政案件案由确有必要。

规范案由除完善原有规定，更需要在立案、审判、执行环节中对案件进行科学归类。我们将在认真研究新的行政诉讼法和深入调查研究的基础上，修改《最高人民法院关于规范行政案件案由的通知》，通过广泛听取各方面意见，使修改后的规定更趋科学合理，更具有可操作性和规范作用，以更好地促进行政审判的规范化和标准化，增强案件管理和司法政策指导监督的针对性、实效性，全面提高案件审判和司法统计工作质效。

我们将进一步重视人民群众通过多种渠道提出的意见和建议，主动接受监督，不断改进工作。

# 第二章　受案范围

## 3.《最高人民法院关于当事人要求收回经行政程序调整给他人的房屋的起诉，人民法院是否受理问题的批复》

（1989年1月3日）

云南省高级人民法院：

你院民法字〔1988〕第287号关于水利电力部第十四工程局诉云南省机电设备公司房屋产权纠纷一案是否属人民法院主管问题的请示报告收悉。

经研究认为：水电部第十四工程局要求收回的房屋是经云南省委发文件批转调整给云南省机电公司使用的，不属法院主管范围，不应受理，可告知当事人向有关部门申请解决。

## 4.《最高人民法院关于人民法院是否受理水利工程管理单位与用水单位之间拖欠水费纠纷问题的复函》

（〔1990〕经复字第18号　1990年5月23日）

新疆维吾尔自治区高级人民法院：

你院〔1990〕新法经字第23号关于水利工程管理单位与用水单位之

间因拖欠水费纠纷是否属于水事纠纷、人民法院是否受理的问题，经研究答复如下：

博河水管处与五师红星电站之间发生的供水用水关系属商品水供应关系。博河水管处作为供方有权利收取水费，五师红星电站作为用水方应按交费标准按期向博河水管处缴纳水费。双方发生的拖欠水费的纠纷属于平等主体之间的“水事纠纷”，应按《中华人民共和国水法》第三十四条关于“使用供水工程供应的水，应按照规定向供水单位缴纳水费”和第三十六条关于“单位之间、个人之间、单位与个人之间发生的水事纠纷，应当通过协商或者调解解决。当事人不愿通过协商、调解解决或者协商、调解不成的，可以请求县级以上地方人民政府或者其授权的主管部门处理，也可以直接向人民法院起诉”的规定处理。本案博乐市人民法院已经作出一审判决，可依法进行上诉审。

你院请示中提到国务院1985年颁布的《水利工程水费核订、计收和管理办法》第七条第三款关于“用水单位要按规定日期交付水费，逾期不交的，应加计滞纳金。经一再催交无效，水利工程管理单位有权限制供水，直至停止供水”的规定，与《水法》第三十四条、第三十六条的规定并无抵触。

## 5.《最高人民法院关于军队离退休干部腾退军产房纠纷法院是否受理的复函》

（〔1990〕民他字第56号　1991年1月31日）

天津市高级人民法院：

你院津高法〔1990〕第68号《关于中国人民解放军59122部队诉林学华等五人军产腾房案是否受理的请示报告》收悉。经研究认为，因军队离退休干部安置、腾迁、对换住房等而发生的纠纷，属于军队离退休干部转由地方安置管理工作中的遗留问题，由军队和地方政府通过行政手段解决为妥。故我们同意你院审判委员会的倾向性意见，即此类纠纷人民法院不宜受理。

## 6.《最高人民法院行政审判庭关于公安机关未具法定立案搜查手续对公民进行住宅人身搜查被搜查人提起诉讼人民法院可否按行政案件受理问题的电话答复》

（1991 年 6 月 18 日）

四川省高级人民法院：

你院川法研〔1991〕22 号请示收悉。经研究，同意请示中第一种意见。公安机关在侦破刑事案件中，对公民的住宅、人身进行搜查，属于刑事侦查措施。对于刑事侦查措施不服提起诉讼的，不属于行政诉讼调整范围。如果公安机关在采取上述措施时违反法定程序，可以向该公安机关或其上级机关及有关部门反映解决，人民法院不应作为行政案件受理。

## 7.《最高人民法院关于不服政府或房地产行政主管部门对争执房屋的确权行为提起诉讼人民法院应作何种案件受理问题的函》

（法函〔1993〕33 号　1993 年 4 月 17 日）

四川省高级人民法院：

你院川高法〔1993〕27 号关于不服政府或房地产行政主管部门对争执房屋的确权行为提起诉讼，人民法院应作何种案件受理的请示收悉。经研究，答复如下：

当事人对人民政府或房地产行政主管部门关于房屋产权争议的确权决定不服而提起诉讼的，人民法院应作为行政案件受理。

## 8.《最高人民法院关于当事人对行政机关作出的全民所有制工业企业分立的决定不服提起诉讼人民法院应作为何种行政案件受理问题的复函》

（法函〔1994〕34号　1994年6月27日）

山西省高级人民法院：

你院〔1994〕晋法行字第14号请示收悉。经研究，我们认为，根据《中华人民共和国全民所有制工业企业法》第二条第二款、《全民所有制工业企业转换经营机制条例》第六条和《中华人民共和国行政诉讼法》第十一条第一款第（三）项的规定，当事人对行政机关强行作出的关于全民所有制工业企业分立的决定不服，依法向人民法院提起行政诉讼的，人民法院应作为“侵犯法律规定的经营自主权的”行政案件受理。

## 9.《最高人民法院关于征用土地、落实私房政策等具体行政行为相互矛盾而引起的房屋纠纷不应由人民法院处理的复函》

（1994年9月30日）

陕西省高级人民法院：

你院1994年1月27日《关于陈水泉与中国工商银行勉县支行、勉县房地产管理避返还房屋、赔偿纠纷一案的请示报告》收悉。

据你院报告称：讼争房屋原系陈水泉之父陈根生所有，1965年私房改造时由国家经租。1978年中国工商银行勉县支行（以下简称工商行）经有关部门审批同意，征用3.96亩土地作为营业用地，讼争房屋在征用土地范围内，工商行对该房屋的拆迁作了安置补偿。勉县房地产管理局（以下简称房地局）一直未将征用范围内的讼争房屋拆除，且继续出租他人使用。1988年5月，勉县人民政府经复查确认讼争房屋系错改，遂撤销原改造决定，将产权发还陈家。陈水泉持发还通知，通过房地局搬入讼争房屋。工商行即为讼争房屋的归属与房地局发生纠纷，并于1989年8月诉至法院，要求收回征用的土地及其范围内的房屋,并要求房地局赔偿损失。

经研究,我们认为,此案的争议系由征用土地、落实私房政策两个具体行政行为相矛盾引起的,依照有关法律规定,不应由人民法院处理,以交由政府有关部门解决为宜。

以上意见,供参考。

## 10.《最高人民法院关于对"当事人以卫生行政部门不履行法定职责为由提起行政诉讼人民法院应否受理"的答复》

(〔1995〕行他字第6号　1995年6月14日)

安徽省高级人民法院:

你院〔1994〕皖行监字第06号请示报告收悉。经研究,答复如下:医疗事故鉴定委员会已作出不属于医疗事故的最终鉴定,卫生行政部门对医疗争议拒绝作出处理决定,当事人以不履行法定职责为由依法向人民法院提起行政诉讼,人民法院应予受理。

## 11.《最高人民法院对〈当事人对人民法院强制执行生效具体行政行为的案件提出申诉人民法院应如何受理和处理的请示〉的答复》

(法行〔1995〕12号　1995年8月22日)

吉林省高级人民法院:

你院《关于当事人对人民法院强制执行生效具体行政行为的案件提出申诉人民法院应如何受理和处理的请示》收悉。经研究认为:公民、法人和其他组织认为人民法院强制执行生效的具体行政行为违法,侵犯其合法权益,向人民法院提出申诉,人民法院可以作为申诉进行审查。人民法院的全部执行活动合法,而生效具体行政行为违法的,应转送作出具体行政行为的行政机关依法处理,并通知申诉人同该行政机关直接联系;人民法院采取的强制措施等违法,造成损害的,应依照国家赔偿法的有关规定办理。

## 12.《最高人民法院行政审判庭关于征收城市排水设施有偿使用费发生纠纷案件受理的答复意见》

(〔1996〕法行字第10号 1996年8月24日)

湖北省高级人民法院:

你院《关于征收城市排水设施有偿使用费发生的纠纷人民法院可否作为经济纠纷案件受理的请示报告》收悉。经研究,答复如下:

有关部门根据人民政府的授权,征收城市排水设施使用费与行政管理相对方发生的争议属于行政争议。根据行政诉讼法第十一条的规定,行政管理相对一方对有关部门作出的处理决定不服,依法向人民法院起诉的,人民法院应作为行政案件受理。行政管理相对一方在法定期限内不起诉,又不履行行政处理决定的,作出行政处理决定的有关部门可依法申请人民法院强制执行。

## 13.《最高人民法院行政审判庭关于对兴平市第二运输公司诉兴平市人民政府侵犯企业经营自主权一案受理问题的答复》

(〔1997〕行他字第15号 1997年10月27日)

陕西省高级人民法院:

你院〔1996〕陕高法行监字第26号请示收悉。经研究,答复如下:

原则同意你院审判委员会的倾向性意见。即县委工交财贸部作出的“免职决定”不属于具体行政行为,亦不能视为县人民政府的行为,故市第二运输公司以县人民政府为被告提起行政诉讼,不符合行政诉讼法规定的起诉条件。

## 14.《最高人民法院行政审判庭关于对当事人不服公安机关采取的留置措施提起的诉讼法院能否作为行政案件受理的答复》

（〔1997〕法行字第21号　1997年10月29日）

安徽省高级人民法院：

你院〔1997〕皖行请字第03号请示报告收悉。

经研究，基本同意你院的第一种意见，即留置是公安机关行政管理职权的一种行政强制措施，属于《行政诉讼法》第十一条第一款第二项规定的人民法院行政诉讼受案范围。

## 15.《最高人民法院行政审判庭关于拖欠社会保险基金纠纷是否由法院主管的答复》

（1998年3月25日）

吉林省高级人民法院：

你院《关于拖欠社会保险基金纠纷是否应由法院主管问题的请示》收悉。经研究，现答复如下：

根据现行的有关法律法规规定，社会保险基金经办机构是法律法规授权的组织，依法收支、管理和运营社会保险基金，并负有使社会保险基金保值增值的责任。社会保险基金经办机构与用人单位因拖欠社会保险费而发生的纠纷，属于行政争议。用人单位认为社会保险基金经办机构在收支、管理和运营社会保险基金中的具体行政行为侵犯其合法权益，可依法申请行政复议或者提起行政诉讼；既不履行义务又不依法申请复议或者起诉的，社会保险基金经办机构可以依法通知银行扣缴或者申请人民法院强制执行。

## 16.《最高人民法院关于当事人不服教育行政部门对适龄儿童入学争议作出的处理决定可否提起行政诉讼的答复》

（〔1998〕法行字第7号　1998年8月21日）

山东省高级人民法院：

你院《关于学校不接受适龄儿童入学是否可提起行政诉讼的请示》收悉。经研究认为：根据《教育法》第四十二条第（四）项和《未成年人保护法》第四十六条的规定，当事人不服教育行政部门对适龄儿童入学争议作出的行政处理决定，属于行政诉讼法第十一条第二款规定的受案范围，人民法院应当受理。

## 17.《最高人民法院关于教育行政主管部门出具介绍信的行为是否属于可诉具体行政行为请示的答复》

（〔2003〕行他字第17号　2003年11月26日）

辽宁省高级人民法院：

你院《关于大连市教育局出具介绍信的行为是否为具体行政行为的疑请报告》收悉。经研究，答复如下：

教育行政主管部门出具介绍信的行为对行政相对人的权利义务产生实际影响的，属于可诉的具体行政行为。

## 18.《最高人民法院行政审判庭关于地质矿产主管部门作出的非法采矿及破坏性采矿鉴定结论是否属于人民法院受案范围问题的答复》

（〔2004〕行他字第16号　2005年2月22日）

河北省高级人民法院：

你院（2004）冀法行字第1号请示报告收悉，经研究，答复如下：

《最高人民法院关于审理非法采矿、破坏性采矿刑事案件具体应用法律若干问题的解释》第六条中规定的“地质矿产主管部门所作的鉴定结论”，作为刑事案件中的证据，将在刑事诉讼中接受审查，对当事人不直接产生权利义务的实质影响。因此，当事人对地质矿产主管部门作出的上述鉴定结论有异议，可以依照刑事诉讼法的有关规定要求重新鉴定，一般不能直接向人民法院提起行政诉讼。

## 19.《最高人民法院行政审判庭关于不予受理决定是否属于行政诉讼受案范围问题的答复》

（〔2010〕行他字第15号　2010年6月28日）

山东省高级人民法院：

你院报送来的《关于如何适用〈山东省行政复议条例〉第二十三条的请示》收悉。经研究，答复如下：

根据行政复议法和行政诉讼法的有关规定，公民、法人或者其他组织不服行政复议机关作出的不予受理决定，依法提起行政诉讼的，人民法院应当受理。

## 20.《最高人民法院关于行政机关不履行人民法院协助执行义务行为是否属于行政诉讼受案范围的答复》

（〔2012〕行他字第17号　2013年7月29日）

辽宁省高级人民法院：

你院《关于宫起斌诉大连市道路客运管理处、大连市金州区交通局、大连市金州区公路运输管理所不履行法定职责及行政赔偿一案的请示报告》收悉，经研究，答复如下：

行政机关根据人民法院的协助执行通知书实施的行为，是行政机关必须履行的法定协助义务，公民、法人或者其他组织对该行为不服提起诉讼的，不属于人民法院行政诉讼受案范围。

行政机关拒不履行协助义务的，人民法院应当依法采取执行措施督促其履行；当事人请求人民法院判决行政机关限期履行协助执行义务的，人民法院不予受理。但当事人认为行政机关不履行协助执行义务造成其损害，请求确认不履行协助执行义务行为违法并予以行政赔偿的，人民法院应当受理。

## 21.《最高人民法院对关于行政诉讼受案范围咨询的答复》

（2014 年 5 月 28 日）

火灾事故认定是技术鉴定行为还是具体行政行为，理论界始终存有不同意见。我院机关报《人民法院报》也曾就此问题在 2000 年专门组织过为时两个月的专题讨论，但最终未形成统一意见。一种观点认为，火灾事故认定是公安消防机构在火灾扑灭后，通过现场询问、现场勘验、技术鉴定和模拟实验等调查结果，对火灾发生原因作出的科学实证活动，是一种处理火灾事故的证据，不属于具体行政行为。另一种观点则认为，火灾原因认定虽具有一定技术鉴定特点，但也有行政确认的特征；这种行为直接涉及当事人实体权益，在民事诉讼中具有优势地位，当事人很难推翻公安机关出具的这种“证据”；法律虽规定其为处理事故“证据”，但并不影响其作为具体行政行为及可诉性；且此类行为往往带有较强的主观性，应当允许行政相对人提起行政诉讼。

鉴于当前对火灾事故的认识上和法律理解上仍存在不同看法，我们将建议全国人大常委会在目前正在进行的《行政诉讼法》修改过程中予以关注，或者提请作出解释或确认。

# 第四章　诉讼参加人

## 22.《最高人民法院对内蒙古高院〈关于内蒙古康辉国际旅行社有限责任公司诉呼和浩特市工商行政管理局履行法定职责一案的请示报告〉的答复》

（〔1999〕行他字第13号　1999年11月24日）

内蒙古自治区高级人民法院：

你院〔1999〕内法行请字第1号《关于内蒙古康辉国际旅行社有限责任公司诉呼和浩特市工商行政管理局履行法定职责一案的请示报告》收悉。经研究，答复如下：

依据《中华人民共和国行政诉讼法》第二条，公司登记中的利害关系人认为登记管理机关的登记行为侵犯其合法权益，或者对登记行为不服请求变更、撤销，登记管理机关不予变更或撤销，向人民法院提起行政诉讼的，具备原告资格。

## 23.《最高人民法院办公厅关于中国人民银行分支机构是否具有行政诉讼主体资格问题的复函》

（法办〔2002〕119号　2002年5月31日）

中国人民银行办公厅：

你厅银办函〔2002〕236号函收悉。经研究认为，根据《中华人民共和国中国人民银行法》等法律法规规章和《中华人民共和国行政诉讼法》及司法解释的有关规定，当事人对人民银行分支机构依法律授权作出的金融监管的具体行政行为不服提起行政诉讼的，应当以人民银行分支机构为被告。

## 24.《最高人民法院关于诉商业银行行政处罚案件的适格被告问题的答复》

（〔2003〕行他字第11号　2003年8月8日）

北京市高级人民法院：

你院京高法〔2003〕191号《关于当事人不服商业银行行政处罚提起行政诉讼，应如何确定被告的请示》收悉，经研究，答复如下：

根据《中华人民共和国中国人民银行法》第十二条和《支付结算办法》第二百三十九条的规定，商业银行受中国人民银行的委托行使行政处罚权，当事人不服商业银行行政处罚提起行政诉讼的，应当以委托商业银行行使行政处罚权的中国人民银行分支机构为被告。

## 25.《最高人民法院关于行政诉讼中台湾地区居民能否以个人名义担任诉讼代理人等有关问题的答复》

（〔2004〕行他字第4号　2004年4月9日）

上海市高级人民法院：

你院《关于行政诉讼中台湾地区居民能否以个人名义担任诉讼代理人的请示》收悉。经研究，答复如下：

参照《中华人民共和国民事诉讼法》及有关司法解释的规定，台湾地区诉讼当事人可以委托台湾地区居民以公民个人名义代理诉讼，但不得以律师身份代理。

## 26.《最高人民法院行政审判庭关于地方国有资产监督管理委员会是否可以作为行政诉讼被告问题的答复》

（〔2009〕行他字第14号　2009年8月4日）

山东省高级人民法院：

你院《关于曹明华诉临沂市财政局临沂市科学技术局资产认定行政

批复一案适用法律问题的请示收悉》，经研究，答复如下：

原则同意你院意见，即：按照《中华人民共和国行政诉讼法》第二十五条第五款规定，原地方国有资产管理局被撤销，其确认企业资产性质的职能为地方国有资产监督管理委员会所承受，当事人对原地方国有资产管理局作出的确认企业资产性质的行为不服提起行政诉讼的，应当以地方国有资产监督管理委员会为被告。

## 27.《最高人民法院关于行政诉讼中当事人委托其他公民担任诉讼代理人有关问题的答复》

（〔2011〕行他字第93号 2012年4月12日）

四川省高级人民法院：

你院《关于曾少梅、张昌洪等四人不服成都市人民政府行政复议上诉一案的请示》收悉。经研究，答复如下：

根据《中华人民共和国行政诉讼法》第二十九条、《法官法》第十七条之规定并参照《最高人民法院关于适用〈中华人民共和国民事诉讼法〉若干问题的意见》第六十八条等规定，人民法院是否准许其他公民作为诉讼代理人，应当考虑该公民的行为能力、是否存在法定的回避情形、是否可能损害被代理人利益以及是否可能妨碍诉讼活动等因素，不能简单以其曾受过刑事处罚或不具有相关法律知识为由否定其代理资格。

人民法院经审查认为其他公民不宜作诉讼代理人的，应当做出书面或口头决定，并告知理由。口头决定的，应记录在案。

# 第五章 证 据

## 28. 国家知识产权局关于专利侵权纠纷行政裁决案件中区块链电子证据效力的批复

（国知发保函字〔2022〕40号）

浙江省知识产权局：

《关于专利行政裁决案件中区块链电子证据效力的请示》（浙知〔2021〕31号）收悉。经研究，现批复如下：

《专利侵权纠纷行政裁决办案指南》第四章第二节第六条对电子证据的审核认定进行了具体规定。另外，《最高人民法院关于互联网法院审理案件若干问题的规定》第十一条明确："通过电子签名、可信时间戳、哈希值校检、区块链等证据收集、固定和防篡改的技术手段或者通过电子取证存证平台认证，能够证明其真实性的，互联网法院应当确认。"而且2019年新修订的《关于民事诉讼证据的若干规定》第十四条、第九十条、第九十三条、第九十四条、第九十九条第二款，对电子数据的客体、真实性和证明力等方面进行了规定。为促进行政司法标准统一，在行政裁决中，如有当事人提交区块链等相关电子证据，可参照《专利侵权纠纷行政裁决办案指南》以及上述司法解释的相关规定进行认定。

特此批复。

国家知识产权局

2022年3月18日

## 29. 国家知识产权局关于专利侵权纠纷行政裁决案件补充证据采用问题的批复

（国知发保函字〔2022〕42号）

安徽省知识产权局：

《关于专利侵权案件补充证据采用问题的请示》（皖知函〔2021〕15

号)收悉。经研究,现批复如下:

根据《专利行政执法办法》第十四条的规定:“管理专利工作的部门应当在立案之日起5个工作日内将请求书及其附件的副本送达被请求人,要求其在收到之日起15日内提交答辩书并按照请求人的数量提供答辩书副本。被请求人逾期不提交答辩书的,不影响管理专利工作的部门进行处理。被请求人提交答辩书的,管理专利工作的部门应当在收到之日起5个工作日内将答辩书副本送达请求人。”通过上述方式未送达的证据材料,双方当事人应在口头审理前提交并相互交换,并在口头审理中进行质证,确认其证据的证明力。口头审理中原则上不接受当事人新提交的证据。如果相关当事人当庭提交的新证据确有充足的客观原因不能提前交换,且确实对案件具有重大影响的,应重新组织证据交换,并在进行质证后使用。

特此批复。

国家知识产权局

2022年3月18日

# 第六章 起诉和受理

## 30.《最高人民法院关于对“当事人以卫生行政部门不履行法定职责为由提起行政诉讼人民法院应否受理”的答复》

(〔1995〕行他字第6号 1995年6月14日)

安徽省高级人民法院:

你院〔1994〕皖行监字第06号请示报告收悉。经研究,答复如下:医疗事故鉴定委员会已作出不属于医疗事故的最终鉴定,卫生行政部门对医疗争议拒绝作出处理决定,当事人以不履行法定职责为由依法向人民法院提起行政诉讼,人民法院应予受理。

## 31.《最高人民法院行政庭关于对行政机关作出的改变原具体行政行为的行政行为，当事人不服能否提起行政诉讼的电话答复》

（〔2000〕行他字第 15 号 2000 年 11 月 15 日）

甘肃省高级人民法院：

你院〔2000〕甘行终字第 10 号“关于周俊不服庆阳地区工商行政管理处理决定一案的请示报告”收悉。经研究，答复如下：依据《行政诉讼法》的有关规定，对行政机关作出的改变原具体行政行为的行政行为，当事人不服可以提起行政诉讼。

## 32.《最高人民法院行政审判庭对江西省高级人民法院〈关于人民法院能否直接受理因纳税主体资格引起的税务行政案件的请示〉的答复》

（法行〔2000〕31 号 2001 年 11 月 28 日）

江西省高级人民法院：

你院赣高法〔2000〕264 号《关于人民法院能否直接受理因纳税主体资格引起的税务行政案件的请示》收悉。经研究，答复如下：

原则同意你院第一种意见。即行政相对人因纳税主体资格问题与税务机关发生的争议属于纳税争议。根据原《税收征管法》第五十六条第一款或修改后的《税收征管法》第八十八条第一款的规定，可以依法申请行政复议，对行政复议决定不服的，可以依法向人民法院起诉。当事人未经行政复议直接提起诉讼的，人民法院不予受理。

## 33.《最高人民法院关于中国人民解放军北京军区房地产管理局请求法院受理军队家属住房清退案有关问题请示的复函》

（〔2002〕民立他字第8号　2002年7月2日）

北京市高级人民法院：

你院京高法〔2002〕13号《关于中国人民解放军北京军区房地产管理局请求法院受理军队家属住房清退案有关问题的请示》收悉。经研究，答复如下：

军队转业人员、遗属及退休干部子女与军队单位之间因部队住房清退而发生的纠纷，在双方没有达成住房清退协议的情况下，属于军队和地方在干部转业、死亡以及离退休干部移交地方管理过程中历史遗留问题，中国人民解放军北京军区房地产管理局所采取的住房清退和借房安置的具体办法具有军队行政管理性质。依据我院1991年1月30日《关于军队离退休干部腾退军产房纠纷法院是否受理的复函》的精神，此类纠纷应由军队和地方通过行政手段解决，人民法院不宜受理。

## 34.《最高人民法院研究室关于人民法院是否受理涉及军队房地产腾退、拆迁安置纠纷案件的答复》

（法研〔2003〕123号　2003年8月8日）

辽宁省高级人民法院：

你院辽高法疑字〔2003〕5号《关于涉及军队房地产的腾退、拆迁安置纠纷案件人民法院应否受理的请示》收悉。经研究，答复如下：

根据最高人民法院1992年11月25日下发的《最高人民法院关于房地产案件受理问题的通知》的精神，因涉及军队房地产腾退、拆迁安置而引起的纠纷，不属于人民法院主管工作的范围，当事人为此而提起诉讼的，人民法院应当依法不予受理或驳回起诉，并可告知其向有关部门申请解决。

## 35.《最高人民法院关于不服县级以上人民政府信访行政管理部门、负责受理信访事项的行政管理机关以及镇(乡)人民政府作出的处理意见或者不再受理决定而提起的行政诉讼人民法院是否受理的批复》

(〔2005〕行立他字第4号　2005年12月12日)

湖北省高级人民法院:

你院鄂高法〔2005〕210号《关于不服县级以上人民政府信访行政管理部门、负责受理信访事项的行政管理机关以及镇(乡)人民政府作出的处理意见或者不再受理决定而提起的行政诉讼人民法院是否受理的请示》收悉。经研究,答复如下:

一、信访工作机构是各级人民政府或政府工作部门授权负责信访工作的专门机构,其依据《信访条例》作出的登记、受理、交办、转送、承办、协调处理、监督检查、指导信访事项等行为,对信访人不具有强制力,对信访人的实体权利义务不产生实质影响。信访人对信访工作机构依据《信访条例》处理信访事项的行为或者不履行《信访条例》规定的职责不服提起行政诉讼的,人民法院不予受理。

二、对信访事项有权处理的行政机关根据《信访条例》作出的处理意见、复查意见、复核意见和不再受理决定,信访人不服提起行政诉讼的,人民法院不予受理。

## 36.《最高人民法院办公厅关于房地产管理部门协助人民法院执行造成转移登记错误,人民法院对当事人提起的行政诉讼的受理及赔偿责任问题的复函》

(法办〔2006〕610号　2006年12月15日)

建设部办公厅:

你部《关于房地产权属登记机关协助人民法院执行造成转移登记错误,人民法院对当事人提起的行政诉讼的受理及赔偿责任问题的函》(建住房函〔2006〕281 号）收悉。经研究，函复如下：

一、根据最高人民法院《关于行政机关根据法院的协助执行通知书实施的行政行为是否属于人民法院行政诉讼受案范围的批复》（法释〔2004〕6 号）的规定，行政机关根据人民法院的协助执行通知书实施的行为，是行政机关必须履行的法定协助义务，不属于人民法院行政诉讼受案范围。但如果当事人认为行政机关在协助时缩小或扩大了范围或违法采取措施造成其损害，提起行政诉讼的，人民法院应当受理。

二、根据最高人民法院、国土资源部、建设部《关于依法规范人民法院执行和国土资源房地产管理部门协助执行若干问题的通知》（法发〔2004〕5 号）第三条规定，国土资源、房地产管理部门在协助人民法院执行土地使用权、房屋时，不对生效法律文书和协助执行通知书进行实体审查。国土资源、房地产管理部门认为人民法院查封、预查封或者处理的土地、房屋权属错误的，可以向人民法院提出审查建议，但不应当停止办理协助执行事项。

三、根据最高人民法院《关于人民法院民事执行中查封、扣押、冻结财产的规定》（法释〔2004〕15 号）第二十八条规定，对已被人民法院查封的财产，其他人民法院可以进行轮候查封。查封解除的，登记在先的轮候查封即自动生效。在查封尚未解除之前，轮候查封的法院要求协助处置查封标的物的，房地产管理部门应当及时告知查封法院，以便人民法院之间及时协调，在协调期间，协助执行的义务机关暂停协助执行事项。轮候查封的法院违法要求协助义务机关处置查封标的物造成执行申请人损失的，应当进行执行回转，无法执行回转的，根据《最高人民法院关于审理人民法院国家赔偿确认案件若干问题的规定（试行）》（法释〔2004〕10 号）第十一条第（八）项的规定，由错误发出协助执行通知的法院承担司法赔偿责任，协助执行义务机关不承担赔偿责任。

## 37.《最高人民法院对关于行政诉讼的受理问题的答复》

（2014 年 10 月 31 日）

根据《最高人民法院关于执行〈中华人民共和国行政诉讼法〉若干问题的解释》第四十条规定，行政机关作出具体行政行为时，没有制作或者没有送达法律文书,公民、法人或者其他组织不服向人民法院起诉的,只要能证明具体行政行为存在,并符合《行政诉讼法》第四十一条规定的起诉条件,人民法院就应当依法受理。

# 第七章　审理和判决

## 38.《最高人民法院行政审判庭关于对在案件审理期间法定代表人被更换,新的法定代表人提出撤诉申请,法院是否准予撤诉问题的电话答复》

(〔1998〕法行字第 14 号　1998 年 10 月 28 日)

山西省高级人民法院:

你院〔1998〕晋法行字第 5 号《在案件审理期间法定代表人被更换新的法定代表人代表原企业提出撤诉申请法院是否准予撤诉的请示报告》收悉。经研究答复如下:

原则同意你院意见,即:在企业法定代表人被行政机关变更或撤换的情况下,原企业法定代表人有权提起行政诉讼。新的法定代表人提出撤诉申请,缺乏法律依据。

## 39.《最高人民法院行政审判庭关于对人民法院审理港务监督行政案件适用法律问题的答复》

(行他〔2000〕第 13 号　2000 年 11 月 1 日)

辽宁省高级人民法院:

你院〔2000〕辽行疑字第 12 号“关于大连康大船务公司诉大连港务监督停航通知行政行为的性质的请示报告”收悉。经研究,原则上同意你院审判委员会多数人的意见,即:大连港务监督大港监字〔1999〕第 25 号《关于南海明珠轮立即停航的紧急通知》,其性质属于行政强制措施,应适用《中华人民共和国海上交通安全法》。

## 40.《最高人民法院关于对人民法院审理公路交通行政案件如何适用法律问题的答复》

（〔1999〕行他字第29号　2001年2月1日）

广西壮族自治区高级人民法院：

你院〔1999〕桂行请字第60号《关于张仕红不服隆林县交通局暂扣车辆一案适用法律问题的请示》收悉。经研究，答复如下：

人民法院审理公路交通行政案件涉及地方性法规对交通部门暂扣运输车辆的规定与《中华人民共和国公路法》有关规定不一致的，应当适用《中华人民共和国公路法》的有关规定。

## 41.《最高人民法院关于对人民法院审理产品质量监督行政案件如何适用法律问题的答复》

（〔1999〕行他字第15号　2001年2月18日）

河南省高级人民法院：

你院关于审理产品质量监督行政案件中如何适用法律问题的请示收悉，经研究答复如下：

人民法院在审理涉及产品质量监督行政案件时，应当适用具体行政行为作出时已经施行的《中华人民共和国产品质量法》的有关规定。

## 42.《最高人民法院关于对涉外行政案件的审理期限应当如何掌握的复函》

（〔2002〕行立他字第2号　2002年11月20日）

广东省高级人民法院：

你院粤高法〔2002〕63号有关涉外涉港澳台行政案件审理期限的请示收悉。经研究，答复如下：

一、《行政诉讼法》中有关案件审理期限的规定，并无一般行政案件与涉外(含涉港澳台,下同)行政案件的区分,涉外行政案件的审限应当适用该法有关案件审理期限的规定。

二、我国加入世界贸易组织议定书中的有关规定,要求我国对与WTO规则有关的具体行政行为迅速进行司法审查。如对涉外行政案件审限不加以限制,不符合上述规定的要求。

三、我国司法审查制度应当遵循世界贸易组织规则有关国民待遇的基本原则,如对涉外行政案件没有审限要求,不符合国民待遇的基本原则。

四、在审判实践中,涉外行政案件的诉讼程序比一般行政案件的诉讼程序需要更多的时间,但这涉及排除不计入审限事项的时间,与涉外行政案件执行有关审限的规定并不冲突。

综上,同意你院请示中的第二种意见,即涉外行政案件的审理期限,应当适用《行政诉讼法》及我院《关于严格执行案件审理期限制度的若干规定》中有关行政案件审理期限的相关规定。

## 43.《最高人民法院关于对江苏省高级人民法院〈关于当宣告专利权无效或者维持专利权的决定已被提起行政诉讼时相关的专利侵权案件是否应当中止审理问题的请示〉的批复》

(〔2002〕民三他字第8号 2003年4月15日)

江苏省高级人民法院:

你院《关于当宣告专利权无效或者维持专利权的决定已被提起行政诉讼时相关的专利侵权案件是否应当中止审理问题的请示》收悉。经研究,答复如下:

人民法院在审理侵犯专利权民事案件过程中,当事人不服专利复审委员会有关宣告专利权无效或者维持专利权的决定,在法定期间内依法向人民法院提起行政诉讼的,该侵犯专利权民事案件可以不中止诉讼。但是,根据现有证据材料,受理该侵犯专利权民事案件的人民法院认为继续审理与相关专利行政案件的判决结果可能发生冲突的,经当事人书面申请,也可以中止诉讼。

你院请示中所说的陈建民诉南京三能电力仪表有限公司和苏州工业园区大余电子有限公司专利侵权上诉一案是否中止诉讼，由你院根据上述处理原则并结合本案的具体情况决定。

### 44.《最高人民法院行政审判庭关于行政机关颁发自然资源所有权或者使用权证的行为是否属于确认行政行为问题的答复》

（〔2005〕行他字第4号　2005年2月24日）

甘肃省高级人民法院：

你院报送的《关于行政机关颁发土地、矿藏等自然资源所有权或者使用权证的行为是否属于确认具体行政行为的请示》收悉。经研究答复如下：

最高人民法院法释〔2003〕5号批复中的"确认"，是指当事人对自然资源的权属发生争议后，行政机关对争议的自然资源的所有权或者使用权所作的确权决定。有关土地等自然资源所有权或者使用权的初始登记，属于行政许可性质，不应包括在行政确认范畴之内。据此，行政机关颁发自然资源所有权或者使用权证书的行为不属于复议前置的情形。

## 第八章　执　　行

### 45.《最高人民法院对〈关于非诉执行案件中作为被执行人的法人终止，人民法院是否可以直接裁定变更被执行人的请示〉的答复》

（法行〔2000〕16号　2000年5月29日）

山东省高级人民法院：

你院鲁高法函〔1999〕62号《关于非诉执行案件中作为被执行人的法人终止，人民法院是否可以直接裁定变更被执行人的请示》收悉。经研究，答复如下：

人民法院在办理行政机关申请人民法院强制执行其具体行政行为的案件过程中，作为被执行人的法人出现分立、合并、兼并、合营等情况，原具体行政行为仍应执行的，人民法院应当通知申请机关变更被执行人。对变更后的被执行人，人民法院应当依法进行审查。

## 46.《最高人民法院关于执行〈最高人民法院关于严格执行案件审理期限制度的若干规定〉中有关问题的复函》

（法函〔2001〕46号　2001年8月20日）

江苏省高级人民法院：

你院苏立函字第10号《关于执行〈最高人民法院关于严格执行案件审理期限制度的若干规定〉中有关问题的请示》收悉。经研究，答复如下：

立案庭承担有关法律文书送达、对管辖权异议的审查、诉讼保全、庭前证据交换等庭前程序性工作的，向审判庭移送案卷材料的期限可不受《最高人民法院关于严格执行案件审理期限制度的若干规定》（以下简称《若干规定》）第七条“立案机构应当在决定立案的三日内将案卷材料移送审判庭”规定的限制，但第一审案件移送案卷材料的期限最长不得超过二十日，第二审案件最长不得超过十五日。

立案庭未承担上述程序性工作的，仍应执行《若干规定》第七条的规定。

## 47.《最高人民法院关于判决驳回原告诉讼请求行政案件执行问题的答复》

（〔2008〕行他字第24号　2008年12月15日）

湖北省高级人民法院：

你院鄂高法〔2008〕391号《关于判决驳回原告的诉讼请求行政案件执行问题的请示》收悉。经研究答复如下：

被诉具体行政行为具有可执行内容的，人民法院作出驳回原告诉讼请求判决生效后，行政机关申请执行被诉具体行政行为的，人民法院应依法裁定准予执行，并明确执行的具体内容。

## 48.《最高人民法院关于对林业行政机关依法作出具体行政行为申请人民法院强制执行问题的复函》

（法释〔2020〕21号　2020年12月29日）

（根据2020年12月23日最高人民法院审判委员会第1823次会议通过的《最高人民法院关于修改〈最高人民法院关于人民法院扣押铁路运输货物若干问题的规定〉等十八件执行类司法解释的决定》修正）

林业部：

你部林函策字（1993）308号函收悉。经研究，同意你部所提意见，即：林业主管部门依法作出的具体行政行为，自然人、法人或者非法人组织在法定期限内既不起诉又不履行的，林业主管部门依据行政诉讼法第九十七条的规定可以申请人民法院强制执行，人民法院应予受理。

# 附录五　行政诉讼常用文书

## 1. 行政起诉状

原告×××，……（自然人写明姓名、性别、工作单位、住址、有效身份证件号码、联系方式等基本信息；法人或其他组织写明名称、地址、联系电话、法定代表人或负责人等基本信息）。

委托代理人×××，……（写明姓名、工作单位等基本信息）。

被告×××，……（写明名称、地址、法定代表人等基本信息）。

其他当事人×××，……（参照原告的身份写法，没有其他当事人，此项可不写）。

诉讼请求：

……（应写明具体、明确的诉讼请求）。

事实和理由：

……（写明起诉的理由及相关事实依据，尽量逐条列明）。

此致

××××人民法院

原告：×××（签字或者盖章）

［法人：×××（盖章）］

××××年××月××日

（写明递交起诉状之日）

附：

1. 起诉状副本××份

2. 被诉行政行为××份

3. 其他材料××份

**【说明】**

一、根据立案登记制，行政起诉采取书面主义，即起诉人除确实存在困难外，必须递交行政起诉状，且起诉状必须具备法定的基本要素和要求，能初步证明符合《中华人民共和国行政诉讼法》第四十九条等规定的起诉条件。

二、公民、法人或者其他组织提起行政诉讼，可以根据《中华人民共和国行政诉讼法》第四十九条第(三)项的规定提出下列具体的诉讼请求：

(1)请求判决撤销、变更行政行为；

(2)请求判决行政机关履行法定职责或者给付义务；

(3)请求判决确认行政行为违法；

(4)请求判决行政机关予以赔偿或者补偿；

(5)请求解决行政协议争议；

(6)请求一并审查规章以下规范性文件；

(7)请求一并解决相关民事争议；

(8)其他诉讼请求。

诉讼请求不明确的，人民法院应当予以释明。

## 2. 行政诉讼答辩状

答辩人×××，……(写明名称、地址、法定代表人等基本信息)。

法定代表人×××，……(写明姓名、职务等基本信息)。

委托代理人×××，……(写明姓名、工作单位等基本信息)。

因×××诉我单位……(写明案由或起因)一案，现答辩如下：

答辩请求：

……

事实和理由：

……(写明答辩的观点、事实与理由)。

此致

××××人民法院

答辩人：×××(盖章)
××××年××月××日
(写明递交答辩状之日)

附：
1. 答辩状副本×份
2. 其他文件×份
3. 证物或书证×件

**【说明】**

行政答辩状是行政诉讼中的被告(或被上诉人)针对原告(或上诉人)在行政起诉状(或上诉状)中提出的诉讼请求、事实与理由，向人民法院作出的书面答复，适用《中华人民共和国行政诉讼法》第六十七条的规定。

## 3. 上 诉 状

上诉人：×××(写明姓名、性别、年龄、民族、籍贯、职业或者工作单位和职务、住址，如果是法人或者其他组织，应写明名称、法定代表人、住所、联系地址和邮政编码等，如果是行政机关作为被上诉人的，则应写明行政机关的名称、法定代表人和住所)

被上诉人：×××(写明姓名、性别、年龄、民族、籍贯、职业或者工作单位和职务、住址，如果是法人或者其他组织，应写明名称、法定代表人、住所、联系地址和邮政编码等，如果是行政机关提起上诉，则应写明行政机关的名称、法定代表人和住所)

(如果一审原告、被告都不服判决，提起上诉，则都列为上诉人)

上诉人因×××××一案(写明一审判决或者裁定书所列的案由)，不服××××人民法院××××年××月××日(××)字第××号判决(或者裁定)，现提出上诉。

上诉请求：

……(写明要求上诉审法院解决的事由，如撤销原判，重新判决等)

上诉理由：

……(写明一审判决或者裁定不正确的事实根据和法律依据)

此致

×××人民法院

上诉人:×××(签字或者盖章)

××××年××月××日

## 4. 再审申请书

申请人×××,……(写明姓名或名称等基本情况)。

被申请人×××,……(写明姓名或名称等基本情况)。

申请人×××因……(写明案由)一案,不服××××人民法院××××年××月××日(××××)×行×字第××号(判决、裁定或调解),根据……的规定(写明申请再审的法律依据),现提出再审申请。

申请请求:

……(写明具体的申请请求)。

申请理由:

……(写明具体的申请事实、理由以及具体的法律依据)。

此致

××××人民法院

再审申请人:×××(签名)

××××年××月××日

附:

1. 再审申请书副本××份

2. 原审裁判文书副本××份

**【说明】**

一、本样式系当事人对已经生效的行政判决、裁定或者调解不服提起再审申请时用。

二、“申请人”“被申请人”中当事人基本信息写法，可参照二审判决书样式。

三、再审申请书副本份数，应按被申请人的人数提交。再审申请的其他要求，按最高人民法院相关司法解释的规定执行。

四、有新证据的，应附上新的证据。

## 5. 参加诉讼申请书

（申请参加诉讼用）

申请人×××，……（写明申请参加诉讼主体的姓名或名称、地址、联系方式等基本情况）。

请求事项：

……（写明参加诉讼的请求，如请求作为第三人申请参加诉讼）。

申请理由：

……（写明申请参加诉讼的理由及依据。如同被诉行政行为有利害关系但没有提起诉讼，或者同案件处理结果有利害关系）。

证据及其来源：

……

此致

××××人民法院

申请人：×××（签名或者盖章）

××××年××月××日

附：

1. 申请书副本×份

2. 证据×份

3. 其他证明材料×份

【说明】

本申请书适用于《中华人民共和国行政诉讼法》第二十九条规定的情形。

## 6. 停止执行申请书

（申请停止执行用）

申请人×××，……（写明姓名或名称等基本情况）。

申请事项：

根据《中华人民共和国行政诉讼法》第五十六条的规定，特向你院申请停止执行被告（或被上诉人、被申请人）×××的行政行为（可写明具体内容）。

申请理由：

……

此致

××××人民法院

申请人：×××（签字/公章）

××××年××月××日

## 7. 先予执行申请书

（申请先予执行用）

申请人×××，……（写明姓名等基本情况）。

请求事项：

根据《中华人民共和国行政诉讼法》第五十七条的规定，特向你院申请责令×××先予支付抚恤金（或最低生活保障金，工伤、医疗社会保险金）……（写明给付数量、金额等）。

申请理由：

……

此致

××××人民法院

申请人：×××（签字）

××××年××月××日

【说明】

先予执行是指法院对某些案件作出判决前，为解决权利人的生活所需，裁定义务机关履行一定义务的诉讼措施。先予执行的条件：(1)当事人之间权利关系明确，不先予执行会严重影响原告的生活；(2)被申请人有履行能力；(3)在作出判决之前采取。先予执行的范围主要有三类：一是支付抚恤金的案件；二是支付最低生活保障金的案件；三是支付工伤、医疗社会保险金的案件。

## 8. 公民财产保全申请书

（申请财产保全用）

申请人×××，……（写明姓名或名称等基本情况）。

被申请人×××，……（写明姓名或名称等基本情况）。

申请事项：

申请人×××因不服被申请人×××……（写明案由）一案，于××××年××月××日向你院起诉在案（或申请人即将提起诉讼），被申请人有出卖（毁损、转移、隐匿等）诉讼争执标的物的可能，为此，申请给予实施财产保全。

申请理由：

……

此致

××××人民法院

申请人：×××（签字/公章）

××××年××月××日

附：

1. 书证×件

2. 物证×件

3. 证人×××(姓名、性别、出生年月、地址)

【说明】

本申请书主要用于原告对第三人或者在一并审理的民事案件中,民事法律关系当事人用。对行政机关不适用财产保全。

## 9. 保全证据申请书

(申请保全证据用)

申请人×××,……(写明姓名或名称等基本情况)。

申请事项:

申请人×××因×××(写明案由)一案,你院已于××××年××月××日立案。现因该案有关证据×××即将灭失(或以后难以取得),根据《中华人民共和国行政诉讼法》第四十二条的规定,特向你院申请给予证据保全。

申请理由:

……

此致

××××人民法院

申请人:×××(签字/公章)

××××年××月××日

【说明】

本申请书适用于当事人申请保全证据用。保全证据申请一般只能在法院立案后提出。

## 10. ××××人民法院<br>行政机关负责人出庭通知书

(××××)×行×字第××号

×××(写明被诉行政机关):

本院已经依法受理原告(或上诉人)×××与被告(或被上诉人)×××……(写明案由)一案,定于××××年××月××日××时在本院第×法庭(如具体时间和法庭未定,也可不写)开庭审理本案。根据《中华人民共和国行政诉讼法》第三条第三款(如有其他规定,可写:和……规定)的规定,现通知你单位委派一名负责人出庭应诉。

特此通知。

××××年××月××日
(院印)

【说明】

本通知书样式供各级人民法院通知行政机关负责人出庭应诉。

## 11. ××××人民法院
## 举证通知书
(被告举证用)

(××××)×行×字第××号

×××:

根据《中华人民共和国行政诉讼法》、《最高人民法院关于行政诉讼证据若干问题的规定》(以下简称《证据规定》)的有关规定,现将有关举证事项通知如下:

一、你应当在收到起诉状副本之日起十五日内,提供据以作出被诉行政行为的全部证据和所依据的规范性文件。不提供或者无正当理由逾期提供证据,将视为被诉行政行为没有相应证据。

因不可抗力或者客观上不能控制的其他正当事由,不能在前述规定的期限内提供证据的,应当在收到起诉状副本之日起十五日内向人民法院提出延期提供证据的书面申请。人民法院准许延期提供的,应当在正当事由消除后十日内提供证据。逾期提供的,将视为被诉行政行为没有相应证据。

二、你认为原告起诉超过法定期限,应当承担举证责任。原告或者第三人提出其在行政程序中没有提出的反驳理由或者证据的,经人民法院准许,你可以在第一审程序中补充相应的证据。

三、在诉讼过程中,你与你的诉讼代理人不得自行向原告、第三人和证人收集证据。

四、你可按照《证据规定》的要求,提供书证、物证、视听资料、电子数据、证人证言、鉴定意见、现场笔录、在中华人民共和国领域外形成的证据以及外文书证或者视听资料等证据材料。证据涉及国家秘密、商业秘密或者个人隐私的,应当作出明确标注,并向法庭说明,由法庭予以审查确认。

向人民法院提供证据,应当对提交的证据材料分类编号,对证据材料的名称、证明对象和内容作简要说明,签名或者盖章,注明提交日期,并依照对方当事人人数提出证据清单。

五、你申请人民法院调取证据的,应当在举证期限内提交调取证据申请书。调取证据申请书应写明证据持有人的姓名或名称、住址等基本情况,写明拟调取证据的内容以及申请调取证据的原因及其要证明的案件事实。

在证据可能灭失或者以后难以取得的情况下,可以向人民法院申请保全证据。申请保全证据,应当在举证期限届满前以书面形式提出,并说明证据的名称和地点、保全的内容和范围、申请保全的理由等事项。

申请保全证据,应向法院提供相应的担保。

六、你认为人民法院委托的鉴定部门作出的鉴定意见存在《证据规定》第三十条规定的情形,可以申请重新鉴定。

如果你对需要鉴定的事项负有举证责任,在举证期限内无正当理由不提出鉴定申请、不预交鉴定费用或者拒不提供相关材料,致使对案件争议的事实无法通过鉴定结论予以认定的,你将对该事实承担举证不能的法律后果。

七、申请证人出庭作证的,应当在举证期限届满前提出。经申请,人民法院可以就证人能否正确表达意志进行审查或者交由有关部门鉴定。

你提供的证人、鉴定人因出庭作证或者接受询问而支出的合理费用,由你先行支付,由败诉一方当事人承担。

八、对当事人无争议,但涉及国家利益、公共利益或者他人合法权益的事实,人民法院有权要求你提供或者补充有关证据。

九、在人民法院组织交换证据程序中,你应向对方出示或者交换证据。

十、你如果有伪造、隐藏、毁灭证据或者提供虚假证明材料，妨碍人民法院审理案件的，指使、贿买、胁迫他人作伪证或者威胁、阻止证人作证的行为之一的，人民法院可以根据情节轻重，予以训诫、责令具结悔过或者处一万元以下的罚款、十五日以下的拘留，也可以对你主要负责人或者直接责任人员予以罚款、拘留；构成犯罪的，依法追究刑事责任。如果对处罚决定不服，可以向作出决定的人民法院申请复议。

××××年××月××日

（院印）

【说明】

本通知书适用于一审诉讼程序。

## 12. ××××人民法院
## 行政判决书

（一审请求撤销、变更行政行为类案件用）

（××××）×行初字第××号

原告×××，……（写明姓名或名称等基本情况）。

法定代表人×××，……（写明姓名、职务）。

委托代理人（或指定代理人、法定代理人）×××，……（写明姓名等基本情况）。

被告×××，……（写明行政主体名称和所在地址）。

法定代表人×××，……（写明姓名、职务）。

委托代理人×××，……（写明姓名等基本情况）。

第三人×××，……（写明姓名或名称等基本情况）。

法定代表人×××，……（写明姓名、职务）。

委托代理人（或指定代理人、法定代理人）×××，……（写明姓名等基本情况）。

原告×××不服被告×××（行政主体名称）……（行政行为），于××××年

××月××日向本院提起行政诉讼。本院于××××年××月××日立案后,于××××年××月××日向被告送达了起诉状副本及应诉通知书。本院依法组成合议庭,于××××年××月××日公开(或不公开)开庭审理了本案。……(写明到庭参加庭审活动的当事人、行政机关负责人、诉讼代理人、证人、鉴定人、勘验人和翻译人员等)到庭参加诉讼。……(写明发生的其他重要程序活动,如:被批准延长本案审理期限等情况)。本案现已审理终结。

被告×××(行政主体名称)于××××年××月××日作出……(被诉行政行为名称),……(简要写明被诉行政行为认定的主要事实、定性依据和处理结果)。

原告×××诉称,……(写明原告的诉讼请求、主要理由以及原告提供的证据、依据等)。

被告×××辩称,……(写明被告的答辩请求及主要理由)。

被告×××向本院提交了以下证据、依据:1. ……(证据的名称及内容等);2. ……

第三人×××述称,……(写明第三人的意见、主要理由以及第三人提供的证据、依据等)。

本院依法调取了以下证据:……(写明证据名称及证明目的)。

经庭审质证(或庭前交换证据、庭前准备会议),……(写明当事人的质证意见)。

本院对上述证据认证如下:……(写明法院的认证意见和理由)。

经审理查明,……(写明法院查明的事实。可以区分写明当事人无争议的事实和有争议但经法院审查确认的事实)。

本院认为,……(写明法院判决的理由)。依照……(写明判决依据的行政诉讼法以及相关司法解释的条、款、项、目)的规定,判决如下:

……(写明判决结果)。

……(写明诉讼费用的负担)。

如不服本判决,可以在判决书送达之日起十五日内向本院递交上诉状,并按对方当事人的人数提出副本,上诉于××××人民法院。

审　判　长　×××
审　判　员　×××
审　判　员　×××
××××年××月××日
（院印）
本件与原本核对无异
书　记　员　×××

附：本判决适用的相关法律依据

【说明】

一、本判决书适用于《中华人民共和国行政诉讼法》第六十九条、第七十条、第七十七条等规定的情形。其他裁判文书可以参照本判决书式样和要求制作。

二、首部。

首部应依次写明标题、案号、当事人及其诉讼代理人的基本情况，以及案件由来、审判组织和开庭审理过程等。

1. 标题中的法院名称，一般应与院印的文字一致，但基层法院应冠以省、市、自治区的名称。

2. 案号是不同案件的序列编号，应贯彻一案一号的原则。案号由立案年度、制作法院、案件性质、审判程序的代字和案件顺序号组成。例如，上海市黄浦区人民法院 2014 年第 1 号一审行政案件，表述为“（2014）黄行初字第 1 号”。

3. 提起行政诉讼的原告包括公民、法人或者其他组织。

原告是公民的，写明姓名、性别、出生年月日、居民身份证号码、民族和住址，居民的住址应写住所地，住所地和经常居住地不一致的，写经常居住地。原告是法人的，写明法人的名称和所在地址，并另起一行列项写明法定代表人及其姓名和职务等。原告是不具备法人资格的其他组织的，写明其名称或字号和所在地址，并另起一行写明负责人及其姓名和职务。原告是个体工商户的，写明业主的姓名、出生年月日、居民身份证号码、民族、住址；起有字号的，在其姓名之后用括号注明“系……（字号）业主”。原告是无诉讼行为能力的公民，除写明原告本人的基本情况外，还应列项写明其法定代理人或指定代理人的姓名、住址,并在姓名后括注其与原告的关系。

群体诉讼案件,推选或指定诉讼代表人的,在原告身份事项之后写明“原告暨诉讼代表人……”,并写明诉讼代表人的基本情况,格式与原告基本情况相同。如涉及原告人数众多的,可在首部仅列明诉讼代表人基本情况,原告名单及其基本身份情况可列入判决书附录部分。

4. 行政判决书中的被告,应写明被诉的行政主体名称、所在地址;另起一行列项写明法定代表人或诉讼代表人姓名和职务;副职负责人出庭的在此不要列写,在交代到庭参加庭审活动的当事人及其他诉讼参加人情况时载明。法定代表人项下,另起一行列写委托代理人的基本事项。

5. 有第三人参加诉讼的,第三人列在被告之后,第三人基本情况的写法同上。

6. 委托代理人系律师或基层法律服务工作者的,只写明其姓名、工作单位和职务。当事人的代理人系当事人的近亲属的,应在代理人的姓名后括注其与当事人的关系。

代理人系当事人所在社区、单位以及有关社会团体推荐的公民的,应写明代理人的姓名、性别、出生年月日、居民身份证号码、民族、工作单位和住址。上述代理人应符合《最高人民法院关于适用〈中华人民共和国民事诉讼法〉的解释》第八十七条第一款的规定。

7. 书写案件由来、审判组织、被告与第三人的应诉、当事人进行证据交换情况以及开庭审理过程,是为了表明法院的审判活动公开和透明。如有第三人参加诉讼,可选择使用:“因×××与本案被诉行政行为或与案件处理有利害关系,本院依法通知其为第三人参加诉讼(公民、法人或者其他组织申请作为第三人参加诉讼的写:因×××与本案被诉行政行为有利害关系,经×××申请,本院依法准许其为第三人参加诉讼)”的格式。如当事人经合法传唤无正当理由未到庭的,应当写明:“×告×××经本院合法传唤,无正当理由拒不到庭”。进行证据交换或召开庭前会议的应写明:“本院于××××年××月××日组织原、被告及第三人进行了证据交换(或召开庭前会议),并送达了证据清单副本”。如有被批准延长审理期限情况,应写明批准延长审理期限批复的文号。不公开开庭审理的,应写明不予公开的理由。有关程序活动可根据时间节点的先后顺序写明。

三、事实。

广义的案件"事实"部分由以下几个部分组成:行政行为的叙述部分、当事人诉辩意见部分、当事人举证、质证和法庭认证部分、法庭"经审理查明"部分。这些不同的部分既可以互相独立,自成段落;也可以根据案情和证据、事实和当事人争议的具体内容,互相融合,而无须使用此固定的相互独立样式。特别是要灵活区分当事人有争议的事实和无争议的事实;事实问题是当事人争议焦点的,也可采取灵活方式处理,留待"本院认为"部分再予认定。

这一部分写法应当注意以下问题:

1. 行政行为的叙述部分应当注意详略得当。一般应当写明行政行为认定的主要事实、定性依据以及处理结果等核心内容,通过简洁的表述说明案件的诉讼标的;行政行为内容较为简单的,也可以全文引用;行政行为理由表述有歧义,被告在答辩中已经予以明确的,也可以被告明确后的理由为准。

2. 当事人诉辩意见与当事人提供的证据的撰写次序应当注意逻辑关系,因案而定。证据部分的撰写应当注意以下几个方面:

(1)一般情况下,写明当事人的诉辩意见后,即可写明其提供的相关证据。如果当事人提供的证据有较强的关联性,合并叙述更有利于综合反映案件证据情况的,也可酌情将当事人的证据合并叙述。总之,对证据的列举可以结合案情,既可以分别逐一列举证据,写明证据的名称、内容以及证明目的;也可以综合分类列举证据,并归纳证明目的。当事人提供的证据浩繁的,也可以概括说明。

(2)对于当事人超过法定举证期限提供的证据,人民法院予以采纳的,应当列明于判决并说明理由。对法院根据原告、第三人的申请调取的证据,可以作为原告、第三人提交的证据予以载明;对法院依职权调取的证据,则应当单独予以说明。当事人在法定期限内未提交证据的,应当予以说明。对于当事人在诉讼中申请调取证据,法院决定不予调取的,应当在判决书中予以记载;申请调取的证据较多,难以一一列举的,也可以概括说明。对于根据原告(或者第三人、被告)的申请,委托鉴定部门进行鉴定的,需写明鉴定部门、鉴定事项和鉴定结论以及当事人的意见。

3. 当事人的诉辩意见部分,既要尊重当事人原意,也要注意归纳总结；既避免照抄起诉状、答辩状或者第三人的陈述，又不宜删减当事人的理由要点。对于原告、被告以及第三人诉讼请求的记载，应当准确、完整。

4.“经庭审质证”和“认证如下”部分，应当注意因案而异、繁简得当。既可以一证一质一认，也可以按不同分类综合举证、质证和认证。对于当事人无争议的证据或者与案件明显无关联的证据，可以通过归纳概括等方式简要写明当事人的质证意见；对于证据浩繁的案件，可以归纳概括当事人的主要质证意见。法院对证据的认证意见应当明确，对于当事人有争议的证据，特别是对行政行为的合法性有影响的证据，应当写明采纳或者不予采纳的理由。案件的争议主要集中在事实问题的，也可将对证据的具体质证、认证意见与案件的争议焦点结合起来，置于“本院认为”部分论述。

5.“经审理查明”部分需要注意：(1)生效裁判文书确认的事实一般具有法定的证明力，因此事实部分应当准确、清晰。认定的事实应当是法官基于全案的证据能够形成内心确信的事实；通过推定确认事实必须要有依据，符合证据法则。(2)事实的叙述可以根据具体案情采用时间顺序，也可以灵活采用其他叙述方式，以能够逻辑清晰地反映案件情况为原则。(3)避免事无巨细的罗列，或者简单地记流水账，应当结合案件的争议焦点等，做到繁简适当，与案件裁判结果无关的事实，可以不认定。(4)可以根据具体案情以及争议焦点，采取灵活多样的方式记载案件事实。比如，必要时可以摘抄证据内容；对于内容繁杂的，也可以在事实部分采用指引证据目录或证据名称等方式予以说明。(5)要通过组织当事人庭前交换证据或召开庭前会议等方式，及时确定当事人无争议的案件事实，发现当事人有争议的事实和法律适用等。根据《中华人民共和国民事诉讼法》相关规定和法释〔2015〕5号《最高人民法院关于适用〈中华人民共和国民事诉讼法〉的解释》第二百二十五条等规定，根据案件具体情况，庭前会议可以包括下列内容：①明确原告的诉讼请求和被告的答辩意见；②审查处理当事人增加、变更诉讼请求的申请和提出的反诉，以及第三人提出的与本案有关的诉讼请求；③根据当事人的申请决定调查收集证据，委托鉴定，要求当事人提供证据，进行勘验，进行证据保全；④组织交换证据；⑤归纳争议焦点；⑥进行调解。因此，如果庭审前经过证据交换或者庭前会议，或者在庭审辩论时当事人对合议庭归纳的无争议事实均认可,那么事实部分可以分为两个层次:一是写“对以下事实,各方当事人均无异议,本院依法予以确认”;二是“本院另认定以下事实”,主要写当事人可能有异议、本院依法认定的案件事实。

6. 表述案件事实,应注意保守国家秘密,保护当事人的商业秘密和个人隐私。

四、理由。

“本院认为”部分应当注意主次分明,重点突出、详略得当。理由部分要根据查明的事实和有关法律、法规和法学理论,就行政主体所作的行政行为是否合法、原告的诉讼请求是否成立等进行分析论证,阐明判决的理由。对于争议焦点,应当详细论述;对于无争议的部分,可以简写。阐述理由时,应当注意加强对法律规定以及相关法理的阐释,除非法律规定十分明确,一般应当避免援引规定就直接给出结论的简单论述方式。

原告请求对行政行为所依据的规范性文件一并进行合法性审查的,在对规范性文件进行审查后,应依照行政诉讼法及司法解释的规定,对规范性文件的合法性以及能否作为认定被诉行政行为合法性的依据予以阐明。

根据案件的不同需要,“本院认为”部分在援引法律依据时,既可以写明整个条文的内容,也可以摘抄与案件相关的内容;条文内容较多的,也可以只援引法律条款,将具体内容附在判决书的附录部分,兼顾表述的准确性和文书的可读性。对于在理由部分已经论述过的实体法律规范,在“判决如下”前可以不再重复援引。直接作为判决结果依据的法律规范,一般应当按照先行政诉讼法、后司法解释的次序排列,并写明具体规定的条、款、项、目。

五、判决结果。

判决结果是人民法院对当事人之间的行政争议作出的实体处理结论。根据《中华人民共和国行政诉讼法》第六十九条、第七十条、第七十七条等的规定,一审请求撤销、变更行政行为类判决可分为驳回诉讼请求判决、撤销或者部分撤销判决、变更判决等情形。

第一,驳回原告诉讼请求的,写:

“驳回原告×××的诉讼请求。”

第二,撤销被诉行政行为的,写:

“一、撤销被告×××(行政主体名称)作出的(××××)……字第×××号……(行政行为名称);

二、责令被告×××(行政主体名称)在××日内重新作出行政行为(不需要重作的,此项不写;不宜限定期限的,期限不写)。”

第三,部分撤销被诉行政行为的,写:

“一、撤销被告×××(行政主体名称)作出的(××××)……字第××号……(行政行为名称)的第××项,即……(写明撤销的具体内容);

二、责令被告×××(行政主体名称)在××日内重新作出行政行为(不需要重作的,此项不写;不宜限定期限的,期限不写);

三、驳回原告×××的其他诉讼请求。”

第四,根据《行政诉讼法》第七十七条的规定,判决变更行政行为的,写:

“变更被告×××(行政主体名称)作出的(××××)……字第××号……(写明行政行为内容或者具体项),改为……(写明变更内容)。”

六、尾部。

尾部应依次写明诉讼费用的负担,交代上诉的权利、方法、期限和上诉审法院,合议庭成员署名,判决日期、书记员署名等内容。

判决书的正本,应由书记员在判决日期的左下方、书记员署名的左上方加盖“本件与原本核对无异”字样的印戳。

七、附录。

根据案件的不同需要,可将判决书中的有关内容载入附录部分,如:将判决书中所提到的法律规范条文附上,以供当事人全面了解有关法律规定的内容。一般应当按照先实体法律规范,后程序法律规范;先上位法律规范,后下位法律规范;先法律,后司法解释等次序排列,并按1、2、3、4序号列明。另外,群体诉讼案件中原告名单及其身份情况、知识产权案件中的图案等均可以列入此部分。

## 13. ××××人民法院
## 行政判决书
（一审请求履行法定职责类案件用）

（××××）×行初字第××号

原告×××，……（写明姓名或名称等基本情况）。

法定代表人×××，……（写明姓名、职务）。

委托代理人（或指定代理人、法定代理人）×××，……（写明姓名等基本情况）。

被告×××，……（写明行政主体名称和所在地址）。

法定代表人×××，……（写明姓名、职务）。

委托代理人×××，……（写明姓名等基本情况）。

第三人×××，……（写明姓名或名称等基本情况）。

法定代表人×××，……（写明姓名、职务）。

委托代理人（或指定代理人、法定代理人）×××，……（写明姓名等基本情况）。

原告×××因认为被告×××（行政主体名称）……（写明不履行法定职责的案由），于××××年××月××日向本院提起行政诉讼。本院于××××年××月××日立案后，于××××年××月××日向被告送达了起诉状副本及应诉通知书。本院依法组成合议庭，于××××年××月××日公开（或不公开）开庭审理了本案。……（写明到庭参加庭审活动的当事人、行政机关负责人、诉讼代理人、证人、鉴定人、勘验人和翻译人员等）到庭参加诉讼。……（写明发生的其他重要程序活动，如：被批准延长本案审理期限等情况）。本案现已审理终结。

第一，针对原告的履行法定职责的请求，被告已经作出拒绝性决定的案件，可写：

××××年××月××日，原告×××向被告×××提出申请（写明申请的内容），被告×××于××××年××月××日对原告×××作出××号××决定（或其他名称），……（简要写明拒绝性决定认定的主要理由和处理结果）。

第二，针对原告的履行法定职责的请求，被告不予答复的案件，可写：

原告×××于××××年××月××日向被告×××提出……(写明申请内容)。被告在原告起诉之前未作出处理决定(当事人对原告是否提出过申请或者被告是否作出处理有争议的,或者属于行政机关应当依职权履行法定职责的情形,不写)。

原告×××诉称,……(写明原告的诉讼请求、主要理由以及原告提供的证据、依据等)。

被告×××辩称,……(写明被告的答辩请求及主要理由)。

被告×××向本院提交了以下证据、依据:1. ……(证据的名称及内容等);2. ……

第三人×××述称,……(写明第三人的意见、主要理由以及第三人提供的证据、依据等)。

本院依法调取了以下证据:……(写明证据名称及证明目的)。

经庭审质证(或庭前交换证据、庭前准备会议),……(写明当事人的质证意见)。

本院对上述证据认证如下:……(写明法院的认证意见和理由)。

经审理查明,……(写明法院查明的事实。可以区分写明当事人无争议的事实和有争议但经法院审查确认的事实)。

本院认为,……(写明法院判决的理由)。依照……(写明判决依据的行政诉讼法以及相关司法解释的条、款、项、目)的规定,判决如下:

……(写明判决结果)。

……(写明诉讼费用的负担)。

如不服本判决,可以在判决书送达之日起十五日内向本院递交上诉状,并按对方当事人的人数提出副本,上诉于××××人民法院。

审　判　长　×××
审　判　员　×××
审　判　员　×××
××××年××月××日
(院印)
本件与原本核对无异
书　记　员　×××

附:本判决适用的相关法律依据

【说明】

一、本判决书适用于《中华人民共和国行政诉讼法》第七十二条等规定的情形。

二、判决书的首部、尾部(包括附录部分)和正文中有关证据的列举、认证、说理方式以及相关的写作要求等,可参考一审请求撤销、变更行政行为类判决书样式及其说明。

三、"本院认为"部分应当注意履行法定职责类案件的审理重点。(1)履行法定职责类案件的重点是原告请求行政机关履行法定职责的请求能否成立,行政机关针对原告的申请已经作出拒绝性决定的,案件的审查范围当然包含但不限于拒绝性决定的合法性。(2)判决书应当基于法院根据案件的已有的全部证据所能够确认的事实,以及相关法律依据,分析论述原告的请求能否成立,一般不限于原告、被告或者第三人的诉辩理由。(3)应当注意案件裁判的成熟性,对于行政机关已经没有任何判断和裁量空间的案件,法院可以直接判决行政机关作出原告请求的特定法定职责。如果行政机关尚需要另行调查或者仍有判断、裁量空间的,则应当判决行政机关针对原告的请求重新作出处理,避免当事人错误理解裁判主文,防止重复诉讼,及时化解争议。同时,应当在"本院认为"部分适当论述或者说明裁判的意见和观点。

四、判决结果。

1. 对于行政机关已经作出拒绝性决定,原告的诉讼请求中未明确请求判决撤销,但法院判决行政机关履行原告请求的特定法定职责或者判决行政机关就原告的请求重新作出处理的,法院可以根据具体案情,遵循有利于明确法律关系的原则,酌情依职权一并判决撤销拒绝性决定。原告的诉讼请求中明确请求判决撤销的,一般应当在判决结果中判决撤销拒绝性决定。

2. 行政机关尚需要另行调查或者仍有判断、裁量空间的案件,法院责令行政机关针对原告的请求重新作出处理的,对于行政机关能否履行职责的具体内容实质上法院尚未作出判断,对于原告相应的诉讼请求也就没有作出最终的裁判,因此应当注意在判决结果中不要采用"驳回原告其他诉讼请求"等表述。

3. 原告请求履行法定职责的请求不成立，但行政机关存在违法情形且应当确认违法的，应当在确认违法的同时，判决驳回原告的其他诉讼请求。

4. 原告请求履行法定职责的请求成立，但行政机关已经无法履行或者履行已无实际意义的，应当判决确认行政机关不履行法定职责违法，并酌情责令行政机关采取相应的补救措施。

5. 根据行政诉讼法第七十二条等的规定，履行法定职责类案件的判决结果分为以下五种情况：

第一，判决驳回原告诉讼请求的，写：

“驳回原告×××的诉讼请求。”

第二，判决被告履行法定职责的，写：

“一、撤销被告×××（行政主体名称）作出的（××××）……字第××号……（行政行为名称），即……（写明撤销的具体内容；无拒绝性决定的，该项不写）。

二、责令被告×××在××日内（法律有明确规定履行职责期限的，也可写为‘在法定期限内’；不宜限定期限的，也可不写）作出……（写明履行法定职责的具体内容）。”

第三，判决被告针对原告的请求重新作出处理的，写：

“一、撤销被告×××（行政主体名称）作出的（××××）……字第××号……（行政行为名称），即……（写明撤销的具体内容；无拒绝性决定的，该项不写）。

二、责令被告×××（行政主体名称）在××日内（法律有明确规定履行职责期限的，也可写为‘在法定期限内’；不宜限定期限的，也可不写）……（可写对原告的申请重新作出处理，也可将原告的申请予以精炼概括并写明原告申请的内容）。”

第四，原告的请求成立，但行政机关已经无法履行或者履行已无实际意义的，写：

“一、确认被告（行政主体名称）不履行……（应当履行的法定职责内容）违法；

二、责令被告×××在××日内（不宜限定期限的，也可不写）……（写明补救措施的内容，无法采取补救措施的，该项可不写）。”

第五,原告的请求不成立,但行政机关有违法情形依法应当确认违法的,写:

"一、确认被告×××(行政主体名称)……违法;

二、驳回原告×××的诉讼请求(需要判决驳回原告诉讼请求的,予以写明)。"

## 14. ××××人民法院
## 行政判决书

(一审请求给付类案件用)

(××××)×行初字第××号

原告×××,……(写明姓名或名称等基本情况)。

法定代表人×××,……(写明姓名、职务)。

委托代理人(或指定代理人、法定代理人)×××,……(写明姓名等基本情况)。

被告×××,……(写明行政主体名称和所在地址)。

法定代表人×××,……(写明姓名、职务)。

委托代理人×××,……(写明姓名等基本情况)。

第三人×××,……(写明姓名或名称等基本情况)。

法定代表人×××,……(写明姓名、职务)。

委托代理人(或指定代理人、法定代理人)×××,……(写明姓名等基本情况)。

原告×××因要求被告×××(行政主体名称)履行(写明具体给付义务),于××××年××月××日向本院提起行政诉讼。本院于××××年××月××日立案后,于××××年××月××日向被告送达了起诉状副本及应诉通知书。本院依法组成合议庭,于××××年××月××日公开(或不公开)开庭审理了本案。……(写明到庭的当事人、行政机关负责人、诉讼代理人、证人、鉴定人、勘验人和翻译人员等)到庭参加诉讼。……(写明发生的其他重要程序活动,如:被批准延长本案审理期限等情况)。本案现已审理终结。

原告×××于××××年××月××日向被告×××提出……申请。被告在原告起诉之前未履行给付义务[写明具体义务,或者写于××××年××月××日对原告作出×号(拒绝给付)决定(或其他名称)]。

原告×××诉称,……(写明原告的诉讼请求、主要理由以及原告提供的证据、依据等)。

被告×××辩称,……(写明被告的答辩请求及主要理由)。

被告×××向本院提交了以下证据、依据:1. ……(证据的名称及内容等);2. ……

第三人×××述称,……(写明第三人的意见、主要理由以及第三人提供的证据、依据等)。

本院依法调取了以下证据:……(写明证据名称及证明目的)。

经庭审质证(或庭前交换证据、庭前准备会议),……(写明当事人的质证意见)。

本院对上述证据认证如下:……(写明法院的认证意见和理由)。

经审理查明,……(写明法院查明的事实。可以区分写明当事人无争议的事实和有争议但经法院审查确认的事实)。

本院认为,……(写明法院判决的理由)。依照……(写明判决依据的行政诉讼法以及相关司法解释的条、款、项、目)的规定,判决如下:

……(写明判决结果)。

……(写明诉讼费用的负担)。

如不服本判决,可以在判决书送达之日起十五日内向本院递交上诉状,并按对方当事人的人数提出副本,上诉于××××人民法院。

审 判 长 ×××
审 判 员 ×××
审 判 员 ×××
××××年××月××日
(院印)
本件与原本核对无异
书 记 员 ×××

附:本判决适用的相关法律依据

【说明】

一、本判决书适用于《中华人民共和国行政诉讼法》第七十三条规定的情形。

二、判决书的首部、尾部(包括附录部分)和正文中有关证据的列举、认证、说理方式以及相关的写作要求等,可参考一审请求履行法定职责类案件判决书样式及其说明。

三、行政给付类案件的审理对当事人双方的举证要求与请求撤销、变更行政行为类案件有所区别,判决书应有所体现。原告应提供其已经向被诉行政机关提出申请的事实以及被诉行政机关不履行给付义务或者拒绝履行给付义务的证据和依据。被告应提供证据证明原告的申请事项是否属于其法定职责或者法定义务,其是否在法定期限内已经履行给付义务以及其不履行给付或者拒绝给付是否符合法律规定等。判决书要围绕行政实体法预先设定的有关条件,结合案件查明的事实,进行充分说理、论证,最后明确被告不履行给付或者拒绝给付是否合法,原告申请是否成立。

四、"本院认为"部分应当结合给付判决的特点,注意以下问题:1. 写明应当适用的法律规范,并根据案情对法律、司法解释、行政法规、地方性法规及合法有效的规章等作必要阐释。2. 可根据案情分析被告是否具有法定职权,是否存在未履行给付义务或者作出拒绝给付决定情况。3. 分析原告申请的理由是否成立,确认原告的诉讼请求是否符合法定条件,阐明是否予以支持的理由。

五、判决结果。

判决结果,可分为以下五种情况:

第一,判决驳回原告要求给付的诉讼请求的,写:

"驳回原告×××的诉讼请求。"

第二,判决被告履行给付义务的,写:

"责令被告×××(行政主体名称)……(写明被告应当在一定期限内履行给付义务的具体内容、方式及期限;因特殊情况难以确定的,可判决被告在一定期限内针对原告的请求作出处理;原告申请依法履行返还财产、排除妨碍、停止侵害、恢复原状等给付义务且无需被告再行作出处理的,可直接写明上述内容)。"

第三，判决撤销拒绝给付决定的同时，判决被告履行给付义务的，写：

"一、撤销被告×××（行政主体名称）于××××年××月××日对原告作出×号拒绝决定（或其他名称）；

二、责令被告×××（行政主体名称）……（写明被告应当在一定期限内履行给付义务的具体内容、方式及期限；因特殊情况难以确定的，可判决被告在一定期限内针对原告的请求作出处理；原告申请依法履行返还财产、排除妨碍、停止侵害、恢复原状等给付义务且无须被告再行作出处理的，可直接写明上述内容）。"

第四，判决确认被告不履行给付义务行为或者于××××年××月××日对原告作出×号拒绝给付决定（或其他名称）违法的，写：

"确认被告×××（行政主体名称）……（不履行给付义务或者拒绝给付的决定）违法。"

第五，其他情形，可以照一审请求履行法定职责类判决结果。

## 15. ××××人民法院<br>行政判决书

（一审请求确认违法或无效类案件用）

（××××）×行初字第××号

原告×××，……（写明姓名或名称等基本情况）。

法定代表人×××，……（写明姓名、职务）。

委托代理人（或指定代理人、法定代理人）×××，……（写明姓名等基本情况）。

被告×××，……（写明行政主体名称和所在地址）。

法定代表人×××，……（写明姓名、职务）。

委托代理人×××，……（写明姓名等基本情况）。

第三人×××，……（写明姓名或名称等基本情况）。

法定代表人×××，……（写明姓名、职务）。

委托代理人（或指定代理人、法定代理人）×××，……（写明姓名等基本情况）。

原告×××因要求确认被告×××(行政主体名称)于××××年××月××日作出的×××(行政行为名称)违法(或无效)[要求确认被告不履行法定职责违法的,表述为原告×××因要求确认被告×××不履行……(行政行为的内容)的法定职责违法],于××××年××月××日向本院提起行政诉讼。本院于××××年××月××日立案后,于××××年××月××日向被告送达了起诉状副本及应诉通知书。本院依法组成合议庭,于××××年××月××日公开(或不公开)开庭审理了本案。……(写明到庭的当事人、行政机关负责人、诉讼代理人、证人、鉴定人、勘验人和翻译人员等)到庭参加诉讼。……(写明发生的其他重要程序活动,如:被批准延长本案审理期限等情况)。本案现已审理终结。

被告×××(行政主体名称)于××××年××月××日作出……(被诉行政行为名称),……(简要写明被诉行政行为认定的主要事实、定性依据和处理结果)。原告×××诉称,……(写明原告的诉讼请求、主要理由以及原告提供的证据、依据等)。

被告×××辩称,……(写明被告的答辩请求及主要理由)。

被告×××向本院提交了以下证据、依据:1. ……(证据的名称及内容等);2. ……

第三人×××述称,……(写明第三人的意见、主要理由以及第三人提供的证据、依据等)。

本院依法调取了以下证据:……(写明证据名称及证明目的)。

经庭审质证(或庭前交换证据、庭前准备会议),……(写明当事人的质证意见)。

本院对上述证据认证如下:……(写明法院的认证意见和理由)。

经审理查明,……(写明法院查明的事实。可以区分写明当事人无争议的事实和有争议但经法院审查确认的事实)。

本院认为,……(写明法院判决的理由)。依照……(写明判决依据的行政诉讼法以及相关司法解释的条、款、项、目)的规定,判决如下:

……(写明判决结果)。

……(写明诉讼费用的负担)。

如不服本判决,可以在判决书送达之日起十五日内向本院递交上诉状,并按对方当事人的人数提出副本,上诉于××××人民法院。

审　判　长　×××
审　判　员　×××
审　判　员　×××
××××年××月××日
（院印）
本件与原本核对无异
书　记　员　×××

附:本判决适用的相关法律依据

**【说明】**

一、本判决书适用于《中华人民共和国行政诉讼法》第七十二条、第七十四条、第七十五条等规定的情形。

二、判决书的首部、尾部(包括附录部分)和正文中有关证据的列举、认证、说理方式以及相关的写作要求等,可参考一审请求撤销、变更行政行为类判决书样式及其说明。

三、对于原告要求确认行政行为(或确认不作为)违法或无效的案件,首先,应参照一审请求撤销、变更行政行为类案件的要求审查行政行为(或不作为)是否合法。其次,对于行政机关应依原告申请履职的情形,原告应提供其已经向被诉行政机关提出申请的事实以及被诉行政机关不作为的证据和依据。被告应提供证据证明原告的申请事项是否属于其法定职责或者法定义务,其是否在法定期限内已经履行法定职责或者义务以及其不作为是否符合法律规定等。对于被告应依职权主动履行法定职责的,被告应举证证明其有无履行法定职责;没有履行的,应证明其没有履行法定职责是否符合法律、法规规定。要求确认行政行为无效的,要具体分析被告有无实施被诉行政行为的主体资格、行政行为是否有依据等重大且明显违法的情形。如经过审理能够认定行政行为因缺乏职权依据而无效的,只需写明对法定职权的审查,并辅以相关的法理论证,而对被诉行政行为的执法程序、认定事实、适用法律的问题可不再赘述。

四、理由部分。根据此类案件的具体案情，要重点分析被告是否具有法定职权，是否存在拖延履行、不予答复或不主动履行、未完全履行等情况；要求确认行政行为无效的，要具体分析被告有无实施被诉行政行为的主体资格、行政行为是否有依据等重大且明显违法的情形。

五、判决结果。

确认行政行为违法的判决，要注意区分行政诉讼法第七十四条第一款和第二款规定的不同情形，分别适用相应的款项。此类案件的判决结果分为以下三种情况：

第一，判决驳回原告诉讼请求的，写：

“驳回原告×××的诉讼请求。”

第二，判决确认被告作出的行政行为违法（或无效）的，写：

“一、确认被告×××作出的（××××）××字第××号……（行政行为名称）违法（或无效）；

二、责令被告×××采取……（写明被告应当采取的具体补救措施。没有可采取的补救措施的，此项不写）。”

第三，判决确认被告不履行法定职责行政行为违法的，写：

“一、确认被告×××……（不履行法定职责的行为）违法；

二、责令被告×××采取……（写明具体的补救措施。没有或不需要采取补救措施的，此项不写）。”

## 16. ××××人民法院
## 行政判决书

（一审复议机关作共同被告类案件用）

（××××）×行初字第××号

原告×××，……（写明姓名或名称等基本情况）。

法定代表人×××，……（写明姓名、职务）。

委托代理人（或指定代理人、法定代理人）×××，……（写明姓名等基本情况）。

被告（原行政机关）×××，……（写明行政主体名称和所在地址）。

法定代表人×××,……(写明姓名、职务)。

委托代理人×××,……(写明姓名等基本情况)。

被告(复议机关)×××,……(写明行政主体名称和所在地址)。

法定代表人×××,……(写明姓名和职务)。

委托代理人×××,……(写明姓名等基本情况)。

第三人×××,……(写明姓名或名称等基本情况)。

法定代表人×××,……(写明姓名、职务)。

委托代理人(或指定代理人、法定代理人)×××,……(写明姓名等基本情况)。

原告不服被告×××(原行政机关)……(原行政行为)及被告×××(复议机关)……(复议决定),于××××年××月××日向本院提起行政诉讼。本院于××××年××月××日立案后,于××××年××月××日向被告送达了起诉状副本及应诉通知书。本院依法组成合议庭,于××××年××月××日公开(或不公开)开庭审理了本案。……(写明到庭参加庭审活动的当事人、行政机关负责人、诉讼代理人、证人、鉴定人、勘验人和翻译人员等)到庭参加诉讼。……(写明发生的其他重要程序活动,如:追加共同被告或者第三人及被批准延长本案审理期限等情况)。本案现已审理终结。

被告×××(原行政机关)于××××年××月××日作出……(原行政行为名称),……(简要写明原行政行为认定的主要事实、定性依据和处理结果)。原告×××不服,向被告×××(复议机关名称)申请行政复议,被告×××(复议机关名称)于××××年××月××日作出……(复议决定名称),……(简要写明复议决定的处理结果)。

原告×××诉称,……(写明原告的诉讼请求、主要理由以及原告提供的证据、依据等)。

被告×××(原行政机关)及被告×××(复议机关)辩称,……(写明被告的答辩请求及主要理由)。

被告×××(原行政机关)及被告×××(复议机关)向本院提交了证明原行政行为合法性的以下证据、依据:1. ……(证据的名称及内容等);2. ……

被告×××(复议机关)向本院提交了证明复议程序合法性的以下证据、依据:1. ……(证据的名称及内容等);2. ……

第三人×××述称,……(写明第三人的意见、主要理由以及第三人提供的证据、依据等)。

本院依法调取了以下证据:……(写明证据名称及证明目的)。

经庭审质证(或庭前交换证据、庭前准备会议),……(写明当事人的质证意见)。

本院对上述证据认证如下:……(写明法院的认证意见和理由)。

经审理查明,……(写明法院查明的事实。可以区分写明当事人无争议的事实和有争议但经法院审查确认的事实)。

本院认为,……(写明法院判决的理由)。依照……(写明判决依据的行政诉讼法以及相关司法解释的条、款、项、目)的规定,判决如下:

……(写明判决结果)。

……(写明诉讼费用的负担)。

如不服本判决,可以在判决书送达之日起十五日内向本院递交上诉状,并按对方当事人的人数提出副本,上诉于××××人民法院。

审　判　长　×××<br>
审　判　员　×××<br>
审　判　员　×××<br>
××××年××月××日<br>
（院印）<br>
本件与原本核对无异<br>
书　记　员　×××

附:本判决适用的相关法律依据

**【说明】**

一、本判决书供各级法院在审理根据《行政诉讼法》第二十六条第二款规定的复议机关与作出原行政行为的行政机关作共同被告的一审案件时使用。

二、判决书的首部、尾部(包括附录部分)和正文中有关证据的列举、认证、说理方式以及相关的写作要求等,可参考一审请求撤销、变更行政行为类案件或者请求履行法定职责类及给付类案件判决书样式及其说明。

三、被诉行政行为叙述部分应注意详略得当。对于复议决定认定的事实、适用的依据等与原行政行为完全相同的,可简要写明复议决定的主要依据和处理结果;但复议决定改变原行政行为认定的事实或者适用的定性依据的,应当简要写明复议决定改变后的主要事实或者适用的定性依据。原行政机关不作为,复议机关驳回复议申请或者请求的,可参考一审请求履行法定职责类判决书样式写法。

四、“被告辩称”部分一般情况下应写明原行政机关和复议机关共同的答辩意见。如原行政机关与复议机关的答辩意见不一致,且无法协商一致的,在重点写明复议机关答辩意见的同时,可以载明原行政机关的不同意见。

五、“经审理查明”部分经法院审理确认的事实和证据。同时注意:复议决定与原行政行为认定的事实和适用的依据基本相同的,应当主要确认原行政行为认定的事实和适用的依据是否成立;复议决定改变原行政行为认定的事实或者适用的依据,但未改变处理结果的,应当主要确认复议决定改变后的事实及适用的依据是否成立。

六、被告举证部分应当注意体现原行政机关和复议机关对原行政行为合法性的共同举证责任。证明原行政行为合法性的证据,行政机关与复议机关协商后可以由一方单独向法院提交,视为是行政机关和复议机关共同举证责任的体现,一般不再区分;如果复议机关在复议程序中收集了原行政行为作出时未收集的新的证据,可以在列举证据时予以适当说明。

七、“本院认为”部分应当结合当事人的争议焦点,围绕原行政行为和复议决定的合法性进行论述。当事人对复议程序的合法性提出争议的,还应当就复议程序的合法性单独进行论述。同时注意:复议决定未改变原行政行为的处理结果,但已经改变原行政行为认定的事实和适用的依据的,一般应当基于复议决定改变后的事实和依据审查原行政行为是否合法。改变后的事实和依据合法的,一般应认定原行政行为及复议决定均合法(复议程序的合法性除外)。

八、“判决结果”部分应当注意对原行政行为与复议决定裁判的一致性。对被诉行政行为以及维持被诉行政行为的复议决定作审查后,可以

针对不同情况分别采用以下判决方式;也可以根据具体案情,遵循有利于明晰法律关系及时定分止争的原则,适当调整:

第一,原行政行为及复议决定均合法的,写:

“驳回原告×××的诉讼请求。”

第二,原行政行为与复议决定均违法的,写:

“一、撤销(原行政行为,应写明行政机关、作出时间、文号及名称等,下同)及(复议决定,应写明复议机关、作出时间、文号及名称等,下同);

二、责令原行政机关在×日内重新作出行政行为(不需要重作的,此项不写;不宜限定期限的,期限不写)。”

第三,确认原行政行为违法的,写:

“确认(原行政行为)及(复议决定)违法。”

第四,确认原行政行为无效的,写:

“一、撤销(复议决定);

二、确认(原行政行为)无效。”

第五,变更原行政行为的,可写:

“一、撤销(复议决定);

二、(参照判决变更行政行为的主文)。”

第六,原行政机关对原告请求的履行法定职责或给付义务不予答复违法,写:

“一、撤销(复议决定)。(判决主文第二项已经使法律关系明确的,该项亦可不写);

二、(参照判决被告履行法定职责或者给付义务的判决主文)。”

第七,行政机关对原告请求的履行法定职责或给付义务予以拒绝违法,写:

“一、撤销(原行政行为)及(复议决定)。(如判决主文第二项已经使法律关系明确的,该项亦可不写);

二、(参照判决被告履行法定职责或者给付义务的主文)。”

第八,原行政行为合法,但复议决定违反法定程序的,写:

“一、确认(复议决定)程序违法;

二、驳回原告×××……(写明有关针对原行政行为)的诉讼请求。”

第九,原行政行为合法,但复议决定改变原行政行为的事实或依据错误的，写：

"一、撤销（复议决定）；

二、驳回原告×××……（写明有关针对原行政行为）的诉讼请求。"

## 17. ××××人民法院
## 行政判决书

（一审行政裁决类案件用）

（××××）×行初字第××号

原告×××，……（写明姓名或名称等基本情况）。

法定代表人×××，……（写明姓名、职务）。

委托代理人（或指定代理人、法定代理人）×××，……（写明姓名等基本情况）。

被告×××，……（写明行政主体名称和所在地址）。

法定代表人×××，……（写明姓名、职务）。

委托代理人×××，……（写明姓名等基本情况）。

第三人×××，……（写明姓名或名称等基本情况）。

法定代表人×××，……（写明姓名、职务）。

委托代理人（或指定代理人、法定代理人）×××，……（写明姓名等基本情况）。

原告×××不服被告×××于××××年××月××日作出的（××××）字第××号行政裁决（或其他法律规范规定的裁决类文书名称），于××××年××月××日向本院提起行政诉讼。本院于××××年××月××日立案后，于××××年××月××日向被告×××送达了起诉状副本及应诉通知书。本院依法组成合议庭，于××××年××月××日公开（或不公开）开庭审理了本案。……（写明到庭参加庭审活动的当事人、行政机关负责人、诉讼代理人、证人、鉴定人、勘验人和翻译人员等）到庭参加诉讼。……（写明发生的其他重要程序活动，如：被批准延长本案审理期限等情况）。本案现已审理终结。

被告×××于××××年××月××日作出（××××）字第××号行政裁决（或其他法律规范规定的裁决类文书名称），……（简要概述行政裁决认定的事实、适用的法律规范和裁决的内容)。

原告×××诉称,……(写明原告的诉讼请求、主要理由以及原告提供的证据、依据等)。

被告×××辩称,……(写明被告的答辩请求及主要理由)。

被告×××向本院提交了以下证据、依据:1. ……(证据的名称及内容等);2. ……

第三人×××述称,……(写明第三人的意见、主要理由以及第三人提供的证据、依据等)。

本院依法调取了以下证据:……(写明证据名称及证明目的)。

经庭审质证(或庭前交换证据、庭前准备会议),……(写明当事人的质证意见)。

本院对上述证据认证如下:……(写明法院的认证意见和理由)。

经审理查明,……(写明法院查明的事实。可以区分写明当事人无争议的事实和有争议但经法院审查确认的事实)。

本院认为,……(写明法院判决的理由)。依照……(写明判决依据的行政诉讼法以及相关司法解释的条、款、项、目)的规定,判决如下:

……(写明判决结果)。

……(写明诉讼费用的负担)。

如不服本判决,可以在判决书送达之日起十五日内向本院递交上诉状,并按对方当事人的人数提出副本,上诉于××××人民法院。

审　判　长　×××
审　判　员　×××
审　判　员　×××
××××年××月××日
（院印）
本件与原本核对无异
书　记　员　×××

附:本判决适用的相关法律依据

【说明】

一、本判决书适用于《中华人民共和国行政诉讼法》第六十一条等规定的情形。

二、判决书的首部、尾部(包括附录部分)和正文中有关证据的列举、认证、说理方式以及相关的写作要求等,可参考一审请求撤销、变更行政行为类样式及其说明。

三、行政裁决引发的行政案件,既不同于普通行政案件,也不同于因为《中华人民共和国行政诉讼法》第六十一条所规定行政许可、登记、征收、征用而引发的一并解决民事争议的案件,此类案件中行政机关作出的行政裁决本身就是解决原告与第三人之间的民事争议,行政机关根据法律规范的规定行使的是居中裁决的权力;行政裁决也是行政机关对民事权利义务关系进行的决定。故在行政裁决类案件的举证责任和事实认定部分,应有所体现。原告应重点提交与第三人存在民事权利争议方面及权利应归属于己方的证据,第三人也应重点提交与原告存在民事权利争议方面的证据,为法院解决原告与第三人之间的民事争议提供依据。当然,行政裁决合法性方面的证据主要仍应由被告提交。法院认定当事人民事争议的事实时,一般要查明原告与第三人民事争议产生的原因、经过和结果。

四、理由。

如果行政裁决当事人争议焦点主要集中在民事争议部分而非行政裁决认定事实的合法性本身,那么理由部分要根据查明的事实和有关民事法律、法规,先就当事人民事纠纷的性质、当事人的责任以及如何解决纠纷进行说理,再就行政裁决是否合法、原告的诉讼请求是否合法和有理进行分析论证,并阐明判决的理由。在对行政裁决合法性进行审查时,要坚持行政诉讼的特点,由行政裁决机关对合法性承担举证责任。但在确定民事权利义务关系时,则应参照民事案件的写作方法,运用民事法律规范,结合查明的事实,对原告与第三人之间的民事争议的性质及处理意见作出分析与认定。对各方当事人的诉讼理由逐一分析,论证是否成立,表明是否予以支持或采纳,并说明理由。判决理由既要运用行政实体及程序法律规范,对行政裁决合法性进行分析论证,并得出是否合法的结论,也可能要运用民事实体和诉讼法律规范,最终依照行政及民事两方面的法律法规,包括实体法和程序法作出裁判。判决所依据的法律、法规,在引用时应当准确、全面、具体。涉及解决民事争议的,要引用相应的民事法律规范。

五、判决结果。

根据《行政诉讼法》及相关司法解释的规定,行政裁决存在认定事实错误等违法情形的,人民法院可以判决撤销;如果人民法院依法可以对当事人之间的民事争议一并作出处理的,也可以直接判决变更行政裁决的处理结果。因此,判决结果可以分为以下三种情况:

第一,驳回原告诉讼请求的,写:

“驳回原告×××的诉讼请求。”

第二,撤销被诉行政裁决的,写:

“一、撤销被告×××作出的……(行政裁决的具体名称);

二、责令被告×××在……(限定重新处理的期限,不宜限定的也可不写)对原告×××(或第三人×××,写明行政裁决申请人的姓名或名称)提出的……(写明行政裁决的案由)行政裁决申请重新作出处理。”

第三,直接变更行政裁决结果的,写:

“变更被告×××作出的(××××)……字第××号行政裁决,改为……(写明变更后的具体内容)。”

## 18. ××××人民法院<br>行政判决书

（一审行政协议类案件用）

（××××）×行初字第××号

原告×××,……(写明姓名或名称等基本情况)。

法定代表人×××,……(写明姓名、职务)。

委托代理人(或指定代理人、法定代理人)×××,……(写明姓名等基本情况)。

被告×××,……(写明行政主体名称和所在地址)。

法定代表人×××,……(写明姓名、职务)。

委托代理人×××,……(写明姓名等基本情况)。

第三人×××,……(写明姓名或名称等基本情况)。

法定代表人×××,……(写明姓名、职务)。

委托代理人(或指定代理人、法定代理人)×××,……(写明姓名等基本情况)。

原告×××认为被告×××(行政主体名称)(不依法履行、未按照约定履行或者违法变更、解除政府特许经营协议、土地房屋征收补偿协议等协议),于××××年××月××日向本院提起行政诉讼。本院于××××年××月××日立案后,于××××年××月××日向被告送达了起诉状副本及应诉通知书。本院依法组成合议庭,于××××年××月××日公开(或不公开)开庭审理了本案。……(写明到庭参加庭审活动的当事人、诉讼代理人、证人、鉴定人、勘验人和翻译人员等)到庭参加诉讼。……(写明发生的其他重要程序活动,如:被批准延长本案审理期限等情况)。本案现已审理终结。

被告×××(行政主体名称)于××××年××月××日(变更、解除政府特许经营协议、土地房屋征收补偿协议等协议),……(简要写明被诉变更、解除协议等协议行为认定的事实、适用的法律规范和处理的内容。如果针对被告不依法履行、未按照约定履行协议提起诉讼的,该部分不写)。

原告×××诉称,……(写明原告的诉讼请求、主要理由以及原告提供的证据、依据等)。

被告×××辩称,……(写明被告的答辩请求及主要理由)。

被告×××向本院提交了以下证据、依据:1. ……(证据的名称及内容等);2. ……

第三人×××述称,……(写明第三人的意见、主要理由以及第三人提供的证据、依据等)。

本院依法调取了以下证据:……(写明证据名称及证明目的)。

经庭审质证(或庭前交换证据、庭前准备会议),……(写明当事人的质证意见)。

本院对上述证据认证如下:……(写明法院的认证意见和理由)。

经审理查明,……(写明法院查明的事实。可以区分写明当事人无争议的事实和有争议但经法院审查确认的事实)。

本院认为,……(写明法院判决的理由)。依照……(写明判决依据

的行政诉讼法以及相关司法解释的条、款、项、目)的规定,判决如下:

……(写明判决结果)。

……(写明诉讼费用的负担)。

如不服本判决,可以在判决书送达之日起十五日内向本院递交上诉状,并按对方当事人的人数提出副本,上诉于××××人民法院。

审　判　长　×××<br>
审　判　员　×××<br>
审　判　员　×××<br>
××××年××月××日<br>
(院印)<br>
本件与原本核对无异<br>
书　记　员　×××

附:本判决适用的相关法律依据

**【说明】**

一、本判决书适用于《中华人民共和国行政诉讼法》第十二条第一款第(十一)项和第七十八条规定的情形。

二、判决书的首部、尾部(包括附录部分)和正文中有关证据的列举、认证、说理方式以及相关的写作要求等,可参考一审请求撤销、变更行政行为类案件和请求履行法定职责类或者请求给付类案件以及民事案件判决书样式及其说明。

三、事实部分。行政协议案件的审理对当事人双方的举证要求与一般行政案件有所区别,应在判决书中有所体现。原告应提供被诉行政机关不依法履行、未按照约定履行或者违法变更、解除政府特许经营协议、土地房屋征收补偿协议的初步证据和依据。被告应提供充分证据证明不依法履行、未按照约定履行或者变更、解除政府特许经营协议、土地房屋征收补偿协议是否符合法律规定等。判决书要围绕行政实体法预先设定的有关条件,结合案件查明的事实,进行充分说理、论证,最后明确被告不依法履行、未按照约定履行或者变更、解除政府特许经营协议、土地房屋征收补偿协议是否合法,原告请求是否成立。

四、"本院认为"部分，要写明协议的有效性和合法性，运用行政实体、程序法律规范以及有关民事合同法律规范，对不依法履行、未按照约定履行或者违法变更、解除政府特许经营协议、土地房屋征收补偿协议等协议合法性进行分析论证，对各方当事人的诉讼理由逐一分析，论证是否成立，表明是否予以支持或采纳，并说明理由。原告主张被告不依法履行、未按照约定履行协议或者变更、解除协议违法的理由成立，但被告无法继续履行或者继续履行已无实际意义的，应当在理由部分对被告行为的违法性予以阐述和确认。裁判所依照的法律依据部分，要写明判决依据的行政诉讼法、有关民事合同法律规定以及相关司法解释的条、款、项、目。

五、判决结果。

可以分为以下几种情形：

第一，协议有效，原告主张被告不依法履行、未按照约定履行协议或者变更、解除协议违法，理由成立的，可以采用以下判决方式，写：

"一、被告继续履行协议；(可写明具体内容)

二、被告×××(行政主体名称)于本判决生效之日起××日内赔偿原告……(写明赔偿的金额)。"(原告未请求赔偿的，该项不写)

对于被告无法继续履行或者继续履行已无实际意义的，可写：

一、被告×××采取相应的补救措施……(写明具体补救措施)；

二、被告×××(行政主体名称)于本判决生效之日起××日内赔偿原告……(写明赔偿的金额)。"(原告未请求赔偿的，该项不写)

第二，原告请求解除协议或者确认协议无效，并要求赔偿理由成立的，写：

"一、确认(协议名称)无效或者自××××年××月××日解除(协议名称)；

二、被告于本判决生效之日起××日内赔偿原告……(写明赔偿的金额)。"

(原告未提出赔偿请求的，第二项不写。)

第三，被告因公共利益需要或者其他法定理由变更、解除协议，给原告造成损失的，写：

"被告×××(行政主体名称)于本判决生效之日起××日内补偿原告……(写明赔偿的金额)。"

第四,其他情形,参照民事判决书的样式制作。

六、诉讼费用问题。对行政机关不依法履行、未按照约定履行协议提起诉讼的诉讼费用,按照民事诉讼法律规定执行;对行政机关变更、解除协议等与协议相关的单方行政行为提起诉讼的,按照行政诉讼法律规定执行。

## 19. ××××人民法院
## 行政赔偿判决书

（一审行政赔偿案件用）

（××××）×行赔初字第××号

原告×××,……（写明姓名或名称等基本情况）。

法定代表人×××,……（写明姓名、职务）。

委托代理人（或指定代理人、法定代理人）×××,……（写明姓名等基本情况）。

被告×××,……（写明行政主体名称和所在地址）。

法定代表人×××,……（写明姓名、职务）。

委托代理人×××,……（写明姓名等基本情况）。

第三人×××,……（写明姓名或名称等基本情况）。

法定代表人×××,……（写明姓名、职务）。

委托代理人（或指定代理人、法定代理人）×××,……（写明姓名等基本情况）。

原告×××因与被告×××……（写明案由）行政赔偿一案,于××××年××月××日向本院提起行政赔偿诉讼。本院于××××年××月××日立案后,于××××年××月××日向被告送达了起诉状副本及应诉通知书。本院依法组成合议庭,于××××年××月××日公开（或不公开）开庭审理了本案（不公开开庭的,写明原因）。……（写明到庭参加庭审活动的当事人、行政机关负责人、诉讼代理人、证人、鉴定人、勘验人和翻译人员等）到庭参加诉讼。……（写明发生的其他重要程序活动,如:被批准延长审理期限等）。本案现已审理终结。

原告×××诉称,……(写明原告的赔偿诉讼请求、主要理由以及原告提供的证据、依据等)。

被告×××辩称,……(写明被告的答辩请求及主要理由)。

被告×××向本院提交了以下证据、依据:1. ……(证据的名称及内容等);2. ……

第三人×××述称,……(写明第三人的意见、主要理由以及第三人提供的证据、依据等)。

本院依法调取了以下证据:……(写明证据名称及证明目的)。

经庭审质证(或庭前交换证据、庭前准备会议),……(写明当事人的质证意见)。

本院对上述证据认证如下:……(写明法院的认证意见和理由)。

经审理查明,……(写明法院查明的事实。可以区分写明当事人无争议的事实和有争议但经法院审查确认的事实)。

本院认为,……(写明法院判决的理由)。依照……(写明判决依据的行政诉讼法以及相关司法解释的条、款、项、目)的规定,判决如下:

……(写明判决结果)。

如不服本判决,可以在判决书送达之日起十五日内向本院递交上诉状,并按对方当事人的人数提出副本,上诉于××××人民法院。

审　判　长　×××
审　判　员　×××
审　判　员　×××
××××年××月××日
（院印）
本件与原本核对无异
书　记　员　×××

附:本判决适用的相关法律依据

**【说明】**

一、本判决书适用于根据《中华人民共和国国家赔偿法》、《中华人民共和国行政诉讼法》、《最高人民法院关于审理行政赔偿案件若干问题的规定》等法律及司法解释单独提起行政赔偿诉讼的情形用。

二、本判决书的首部、尾部(附录部分),正文中有关证据的列举、认证、说理方式以及相关的写作要求等,可参考一审请求撤销、变更行政行为类案件及请求履行法定职责类或者请求给付类案件判决书样式及其说明。经审理查明部分,如果被告已经作出行政赔偿处理决定的,应注意简要写明处理决定的主要内容和结论。

三、根据《最高人民法院关于审理行政赔偿案件若干问题的规定》第二十九条的规定,人民法院审理行政赔偿案件,应当就当事人之间的行政赔偿争议进行审理与裁判。行政赔偿案件中,人民法院仅就行政赔偿争议进行审理,行政行为的合法性则应当通过先行确认程序或者行政诉讼予以审查;经过先行确认程序,且行政赔偿义务机关已经作出行政赔偿处理决定的,行政赔偿处理决定并非行政赔偿案件的诉讼标的,人民法院仍然应当针对原告的赔偿请求能否成立进行审查。被告收到原告的赔偿申请后逾期不作赔偿决定的,审查的重点也应是原告主张的侵权事实是否存在,要求赔偿是否有法律依据,以及损害结果与行政行为之间是否有因果关系。

被告的行政行为违法,且给原告造成了实际损失的,判决被告予以赔偿;被告的行政行为违法但尚未对原告合法权益造成损害的,或者原告的请求没有事实根据或法律根据的,应当判决驳回原告的赔偿请求。

四、行政赔偿判决书在适用法律时,不仅要适用《中华人民共和国行政诉讼法》的相关规定,还应适用《中华人民共和国国家赔偿法》及《最高人民法院关于审理行政赔偿案件若干问题的规定》等行政赔偿司法解释的规定。判决结果可为以下三种情况:

第一,驳回原告赔偿请求的,写:

“驳回原告×××的赔偿请求。”

第二,判决被告予以赔偿的,写:

“被告×××于本判决生效之日起××日内赔偿原告×××……(写明赔偿的金额)。”

第三,如复议机关因复议程序违法给原告造成损失的,写:

“被告×××(复议机关名称)于本判决生效之日起××日内赔偿原告……(写明赔偿的金额)。”

五、行政赔偿诉讼不收取诉讼费用。

# 20. ××××人民法院
# 行政调解书

（一审行政案件用）

（××××）×行初字第××号

原告×××，……（写明姓名或名称等基本情况）。

法定代表人×××，……（写明姓名、职务）。

委托代理人（或指定代理人、法定代理人）×××，……（写明姓名等基本情况）。

被告×××，……（写明行政主体名称和所在地址）。

法定代表人×××，……（写明姓名、职务）。

委托代理人×××，……（写明姓名等基本情况）。

第三人×××，……（写明姓名或名称等基本情况）。

法定代表人×××，……（写明姓名、职务）。

委托代理人（或指定代理人、法定代理人）×××，……（写明姓名等基本情况）。

原告×××不服被告×××（行政主体名称）（行政行为），于××××年××月××日向本院提起行政诉讼。本院于××××年××月××日立案后，于××××年××月××日向被告送达了起诉状副本及应诉通知书。本院依法组成合议庭，于××××年××月××日公开（或不公开）开庭审理了本案。……（写明到庭参加庭审活动的当事人、行政机关负责人、诉讼代理人、证人、鉴定人、勘验人和翻译人员等）到庭参加诉讼。……（写明发生的其他重要程序活动，如：被批准延长本案审理期限等情况）。本案现已审理终结。

经审理查明，……（写明法院查明的事实）。

本案在审理过程中，经本院主持调解，双方当事人自愿达成如下协议：

……（写明协议的内容）。

……（写明诉讼费用的负担）。

上述协议，符合有关法律规定，本院予以确认。

本调解书经双方当事人签收后,即具有法律效力。

审 判 长 ×××
审 判 员 ×××
审 判 员 ×××
××××年××月××日
(院印)
本件与原本核对无异
书 记 员 ×××

【说明】

一、本调解书适用于《中华人民共和国行政诉讼法》第六十条规定的情形。

二、调解应当根据当事人自愿的原则,在查清事实,分清是非的基础上进行。协议的内容不得违反法律的规定。

三、本调解书的首部、尾部(附录部分),正文中有关证据的列举、认证、说理方式以及相关的写作要求等,也可以参考一审请求撤销、变更行政行为类案件判决书样式及其说明。对当事人诉辩意见、审理查明部分应当与裁判文书有所区别,应当本着减小分歧,钝化矛盾,有利于促进调解协议的原则,对争议和法院认定的事实适当简化。

四、协议内容应明确、具体,便于履行。诉讼费用的负担,由当事人协商解决的,可以作为协议内容的最后一项;由法院决定的,应另起一行写明。

五、本调解书样式及说明,亦可供制作第二审和再审的行政案件调解书时参考。

六、第二审及再审行政调解书送达后,原一、二审判决、裁定不再执行。

# 21. ××××人民法院
# 行政赔偿调解书

（一审行政赔偿案件用）

（××××）×行赔字第××号

原告×××，……（写明姓名或名称等基本情况）。

法定代表人×××，……（写明姓名、职务）。

委托代理人（或指定代理人、法定代理人）×××，……（写明姓名等基本情况）。

被告×××，……（写明行政主体名称和所在地址）。

法定代表人×××，……（写明姓名、职务）。

委托代理人×××，……（写明姓名等基本情况）。

第三人×××，……（写明姓名或名称等基本情况）。

法定代表人×××，……（写明姓名、职务）。

委托代理人（或指定代理人、法定代理人）×××，……（写明姓名等基本情况）。

原告×××因与被告×××……（写明案由）行政赔偿一案，于××××年××月××日向本院提起行政赔偿诉讼。本院于××××年××月××日立案后，于××××年××月××日向被告送达了起诉状副本及应诉通知书。本院依法组成合议庭，于××××年××月××日公开（或不公开）开庭审理了本案（不公开开庭的，写明原因）。……（写明到庭参加庭审活动的当事人、行政机关负责人、诉讼代理人、证人、鉴定人、勘验人和翻译人员等）到庭参加诉讼。……（写明发生的其他重要程序活动，如：被批准延长审理期限等）。本案现已审理终结。

经审理查明，……（写明法院查明的事实）。

本案在审理过程中，经本院主持调解，双方当事人自愿达成如下协议：

……（写明协议的内容）。

上述协议，符合有关法律规定，本院予以确认。

本调解书经双方当事人签收后,即具有法律效力。

审　判　长　×××
审　判　员　×××
审　判　员　×××
××××年××月××日
（院印）
本件与原本核对无异
书　记　员　×××

**【说明】**

一、本调解书适用于《中华人民共和国国家赔偿法》、《中华人民共和国行政诉讼法》第六十条以及《最高人民法院关于审理行政赔偿案件若干问题的规定》等法律及司法解释,单独提起行政赔偿诉讼的情形。

二、调解应当根据当事人自愿的原则,在查清事实,分清是非的基础上进行。协议的内容不得违反法律的规定。

三、本调解书的首部、尾部(附录部分),正文中有关证据的列举、认证、说理方式以及相关的写作要求等,也可以参考一审请求撤销、变更行政行为类案件判决书样式及其说明。对当事人诉辩意见、审理查明部分应当与裁判文书有所区别,应当本着减小分歧,钝化矛盾,有利于促进调解协议的原则,对争议和法院认定的事实适当简化。

四、协议内容应明确、具体,便于履行。审理赔偿案件不收取诉讼费用。

五、本调解书样式及说明,亦可供制作第二审和再审的行政赔偿案件调解书时参考。

六、第二审及再审行政赔偿调解书送达后,原一、二审判决、裁定即不再执行。

# 22. ××××人民法院
# 行政判决书

（二审维持原判或改判用）

（××××）×行终字第××号

上诉人（原审×告）×××，……（写明姓名或名称等基本情况）。

被上诉人（原审×告）×××，……（写明姓名或名称等基本情况）。

（当事人及其他诉讼参加人的列项和基本情况的写法，除当事人的称谓外，与一审行政判决书样式相同。）

上诉人×××因……（写明案由）一案，不服××××人民法院（××××）×行初字第××号行政判决，向本院提起上诉。本院依法组成合议庭，公开（或不公开）开庭审理了本案。……（写明到庭的当事人、诉讼代理人等）到庭参加诉讼。本案现已审理终结。（未开庭的，写"本院依法组成合议庭，对本案进行了审理，现已审理终结"）。

……（概括写明原审认定的事实、理由和判决结果，简述上诉人的上诉请求及其主要理由和被上诉人的主要答辩的内容及原审第三人的陈述意见）。

……（当事人二审期间提出新证据的，写明二审是否采纳以及质证情况，并说明理由。如无新证据，本段不写）。

经审理查明，……（写明二审认定的事实和证据）。

本院认为，……（写明本院判决的理由）。依照……（写明判决依据的法律以及相关司法解释的条、款、项、目）的规定，判决如下：

……（写明判决结果）。

……（写明诉讼费用的负担）。

本判决为终审判决。

审 判 长 ×××
审 判 员 ×××
审 判 员 ×××
××××年××月××日
（院印）
本件与原本核对无异
书 记 员 ×××

附：本判决适用的相关法律依据

【说明】

一、本判决书供二审人民法院在收到当事人不服一审判决提起上诉的行政案件后，按照第二审程序审理终结，就案件的实体问题依法作出维持原判或者改判的决定时使用。

二、制作二审行政判决书，应当体现上诉审的特点，强调针对性和说服力。

三、上诉案件当事人的称谓，写“上诉人”、“被上诉人”，并用括号注明其在原审中的诉讼地位。原告、被告和第三人都提出上诉的，可并列为“上诉人”。当事人中一人或者部分人提出上诉，上诉后是可分之诉的，未上诉的当事人在法律文书中可以不列；上诉后仍是不可分之诉的，未上诉的当事人可以列为被上诉人。上诉案件当事人中的代表人、诉讼代理人等，分别在该当事人项下另起一行列项书写。

四、“经审理查明”部分，包括上诉争议的内容以及二审查明认定的事实和证据。书写上诉争议的内容时，要概括简炼，抓住争议焦点，防止照抄原审判决书、上诉状和答辩状，但又要不失原意。二审审查认定的事实和证据，要根据不同类型的案件书写。如果原审判决事实清楚，上诉人亦无异议的，简要地确认原判认定的事实即可；如果原审判决认定事实清楚，但上诉人提出异议的，应对有异议的问题进行重点分析，予以确认；如果原审判决认定事实不清，证据不足，经二审查清事实后改判的，应具体叙述二审查明的事实和有关证据。

一般情况下，二审认定事实与一审一致的，可写“本院经审理查明的事实与一审判决认定的事实一致，本院予以确认。”与一审认定的主要事实基本一致,但在个别事实作出新的认定的,可写"本院经审理查明的事实与一审判决认定的事实基本一致。但一审认定的……事实不当,应认定为……"。本院认定的事实是一审未认定的,可写"本院另查明:……"。

五、"本院认为"部分,要有针对性和说服力,要注重事理分析和法理分析,兼顾全面审查和重点突出。针对上诉请求和理由,重点围绕争议焦点,就原审判决及被诉行政行为是否合法,上诉理由是否成立,上诉请求是否应予支持等,阐明维持原判或者撤销原判予以改判的理由。具体写法可参照一审判决书理由部分。

六、"判决结果"部分可分为以下四种情形:

第一,维持原审判决的,写:

"驳回上诉,维持原判。"

第二,对原审判决部分维持、部分撤销的,写:

"一、维持××××人民法院(××××)×行初字第××号行政判决第×项,即……(写明维持的具体内容);

二、撤销××××人民法院(××××)×行初字第××号行政判决第×项,即……(写明撤销的具体内容);

三、……(写明对撤销部分作出的改判内容。如无须作出改判的此项不写)。"

第三,撤销原审判决,驳回原审原告的诉讼请求的,写:

"一、撤销××××人民法院(××××)×行初字第××号行政判决;

二、驳回×××(当事人姓名)的诉讼请求。"

第四,撤销原审判决,同时撤销或变更行政机关的行政行为的,写:

"一、撤销××××人民法院(××××)×行初字第××号行政判决;

二、撤销(或变更)××××(行政主体名称)××××年××月××日(××××)×××字第××号……(写明具体行政行为或者复议决定名称或其他行政行为);

三、……(写明二审法院改判结果的内容。如无须作出改判的,此项不写)。"

七、关于二审诉讼费用的负担,要区别情况作出决定。对驳回上诉,维持原判的案件,二审诉讼费用由上诉人承担;双方当事人都提出上诉的，由双方分担。对撤销原判，依法改判的案件，应同时对一、二两审的各项诉讼费用由谁负担，或者共同分担的问题作出决定，相应地变更一审法院对诉讼费用负担的决定。

八、按本样式制作二审行政判决书时，注意参考一审行政判决书样式的说明。

## 23. ××××人民法院<br>行政判决书

（再审行政案件用）

（××××）×行再字第××号

抗诉机关××××人民检察院（未抗诉的，此项不写）。

再审申请人（写明原审诉讼地位）×××，……（写明姓名或名称等基本情况）。

被申请人（写明原审诉讼地位）×××，……（写明姓名或名称等基本情况）。

原审第三人（或原审中的其他称谓）×××，……（写明姓名或名称等基本情况）。

（当事人及其他诉讼参加人的列项和基本情况的写法，除当事人的称谓外，与一审行政判决书样式相同。再审申请未提及的当事人，按原审判决书中诉讼地位列明。）

原审原告（或原审上诉人）×××与原审被告（或原审被上诉人）×××……（写明案由）一案，本院（或××××人民法院）于××××年××月××日作出（××××）×行×字第××号行政判决，已经发生法律效力。……（写明进行再审的根据）。本院依法组成合议庭，公开（或不公开）开庭审理了本案。……（写明到庭的当事人、代理人等）到庭参加诉讼。本案现已审理终结（未开庭的，写“本院依法组成合议庭审理了本案，现已审理终结”）。

……（概括写明原审生效判决的主要内容；简述检察机关的抗诉理由，或者当事人的陈述或申请再审要点）。

经再审查明，……（写明再审确认的事实和证据）。

本院认为，……（写明本院判决的理由）。依照……（写明判决依据的行政诉讼法以及相关司法解释的条、款、项、目）的规定，判决如下：

……（写明判决结果）。

……（写明诉讼费用的负担）。

……（按第一审程序进行再审的，写明“如不服本判决，可以在判决书送达之日起十五日内向本院递交上诉状，并按对方当事人的人数提出副本，上诉于××××人民法院”。按第二审程序进行再审或者上级法院提审的，写明“本判决为终审判决”）。

审　判　长　×××<br>审　判　员　×××<br>审　判　员　×××<br>××××年××月××日<br>（院印）<br>本件与原本核对无异<br>书　记　员　×××

附：本判决适用的相关法律依据

**【说明】**

一、本判决书供各级人民法院依照检察院抗诉或者当事人申请再审程序，对于一审或者二审判决、裁定已经发生法律效力的行政案件，经提起再审或者指令再审程序之后，依法组成或者另行组成合议庭，按照一审或者二审程序再审终结，就案件的实体问题作出处理决定时使用。

二、制作再审行政判决书，应当贯彻实事求是、有错必纠的原则，体现再审程序的特点。

三、判决书的首部，要写明对本案进行再审的根据。可分为四种情况表述：

第一，××××人民检察院于××××年××月××日提出抗诉。

第二，本院于××××年××月××日作出（××××）×行申（监）字第××号行政裁定，对本案提起再审。

第三，××××人民法院于××××年××月××日作出（××××）×行申（监）字第××号行政裁定，指令本院对本案进行再审。

第四，本院于××××年××月××日作出（××××）×行申（监）字第××号行政裁定，对本案进行提审。

四、“经审理查明”部分，包括再审争议的内容以及再审查明认定的事实和证据，要根据不同类型的案件书写。

一般情况下，如再审认定事实与原审一致的，写“本院经审理查明的事实与原审判决认定的事实一致，本院予以确认”。与原审认定的主要事实基本一致，但在个别事实作出新的认定的，写“本院经审理查明的事实与原审判决认定的事实基本一致。但原审认定的……事实不当，应认定为……”。本院认定的事实是原审未认定的，写“本院另查明：……”。

五、“本院认为”部分，要有针对性和说服力，要注重事理分析和法理分析，兼顾全面审查和重点突出。针对再审申请请求和理由，重点围绕争议焦点，就原审判决及被诉行政行为是否合法，再审申请理由是否成立，再审请求是否应予支持等，阐明维持原判或者撤销原判予以改判的理由。具体写法可参照二审判决书理由部分。检察院抗诉的，还应对检察院抗诉的请求和理由进行审查。

六、“判决结果”部分可分为以下三种情形：

第一，全部改判的，写：

“一、撤销××××人民法院××××年××月××日（××××）×行×字第××号行政判决（如一审判决、二审判决、再审判决均需撤销的，应分项写明）；

二、……（写明改判的内容。内容多的可分项写）。”

第二，部分改判的，写：

“一、维持××××人民法院××××年××月××日（××××）×行×字第××号行政判决第×项，即……（写明维持的具体内容）；

二、撤销××××人民法院××××年××月××日（××××）×行×字第××号行政判决第×项，即……（写明部分改判的具体内容；如一审判决、二审判决均需撤销的，应分项写明）；

三、……（写明部分改判的内容。内容多的可分项写）。”

第三，仍然维持原判的，写：

“维持××××人民法院××××年××月××日（××××）×行×字第××号行政

判决。”

七、对全部改判或部分改判而变更原审诉讼费用负担的，写明原审诉讼费用由谁负担或者双方如何分担；对依照《诉讼费用交纳办法》第九条规定需要交纳案件受理费的，同时写明一审、二审及再审诉讼费用由谁负担或者双方如何分担。对驳回再审申请，但依照《诉讼费用交纳办法》第九条规定需要交纳案件受理费的，写明再审诉讼费用的负担。

八、按本样式制作判决书时，注意参考一审、二审行政判决书样式的说明。

# 附录六　行政诉讼流程图

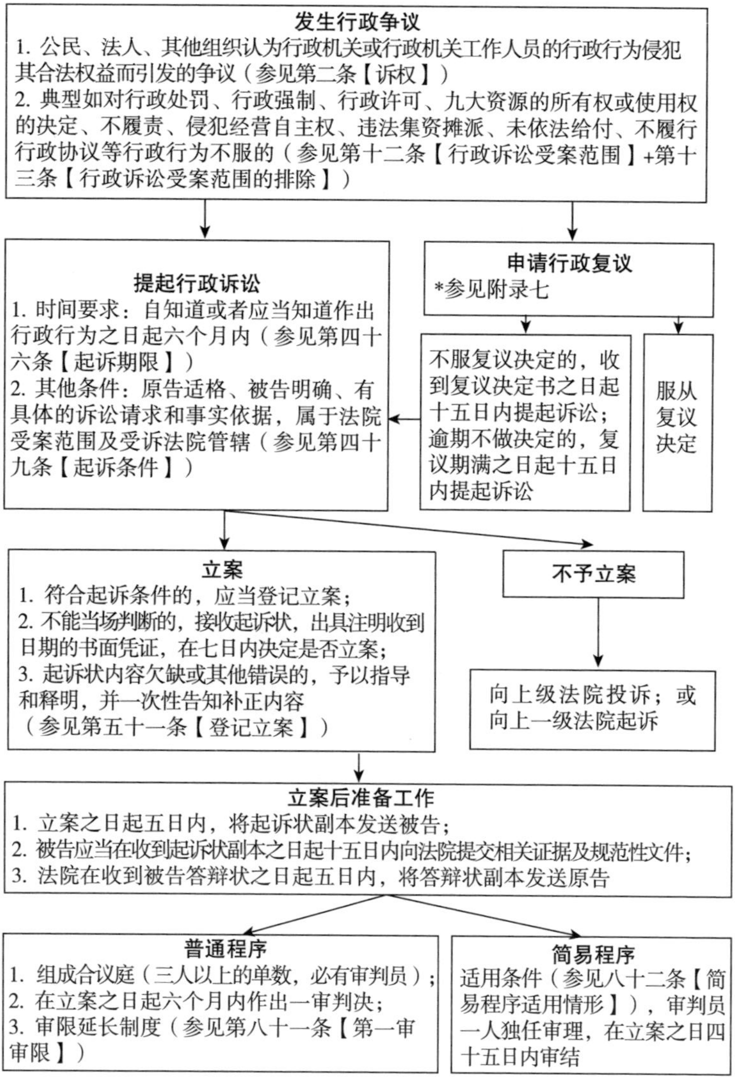
发生行政争议
1. 公民、法人、其他组织认为行政机关或行政机关工作人员的行政行为侵犯其合法权益而引发的争议（参见第二条【诉权】）
2. 典型如对行政处罚、行政强制、行政许可、九大资源的所有权或使用权的决定、不履责、侵犯经营自主权、违法集资摊派、未依法给付、不履行行政协议等行政行为不服的（参见第十二条【行政诉讼受案范围】+第十三条【行政诉讼受案范围的排除】）
提起行政诉讼
1. 时间要求：自知道或者应当知道作出行政行为之日起六个月内（参见第四十六条【起诉期限】）
2. 其他条件：原告适格、被告明确、有具体的诉讼请求和事实依据，属于法院受案范围及受诉法院管辖（参见第四十九条【起诉条件】）
申请行政复议
*参见附录七
不服复议决定的，收到复议决定书之日起十五日内提起诉讼；逾期不做决定的，复议期满之日起十五日内提起诉讼
服从复议决定
立案
1. 符合起诉条件的，应当登记立案；
2. 不能当场判断的，接收起诉状，出具注明收到日期的书面凭证，在七日内决定是否立案；
3. 起诉状内容欠缺或其他错误的，予以指导和释明，并一次性告知补正内容
（参见第五十一条【登记立案】）
不予立案
向上级法院投诉；或向上一级法院起诉
立案后准备工作
1. 立案之日起五日内，将起诉状副本发送被告；
2. 被告应当在收到起诉状副本之日起十五日内向法院提交相关证据及规范性文件；
3. 法院在收到被告答辩状之日起五日内，将答辩状副本发送原告
普通程序
1. 组成合议庭（三人以上的单数，必有审判员）；
2. 在立案之日起六个月内作出一审判决；
3. 审限延长制度（参见第八十一条【第一审审限】）
简易程序
适用条件（参见八十二条【简易程序适用情形】），审判员一人独任审理，在立案之日四十五日内审结

**一审审理**

1. 诉讼期间不停止执行原则+停止执行的条件（第五十六条【诉讼不停止执行及例外】）；
2. 先予执行（第五十七条【先予执行】）；
3. 撤诉及缺席判决（第五十八条【拒不到庭或中途退庭的法律后果】、第六十二条【撤诉】）；
4. 行政诉讼的调解（第六十条【调解】）；
5. 一并解决民事争议（第六十一条【民事争议和行政争议交叉】）；
6. 对规范性文件的审查（第五十三条【规范性文件的附带审查】、第六十四条【规范性文件的审查和处理】）

↓

一审判决（诉讼类型化）

- 判决驳回原告的诉讼请求
- 判决撤销或部分撤销
- 判决重新作出行政行为
- 判决被告履行义务
- 判决确认违法+责令补救+赔偿
- 判决行政行为无效+责令补救+赔偿
- 判决变更

服从一审判决

**上诉**

1. 在一审判决书送达之日起十五日内提起上诉；
2. 在一审裁定书送达之日起十日内提起上诉

↓

**二审审理**

1. 开庭审理为原则，书面审理为例外（第八十六条【二审审理方式】）；
2. 对原审裁判和被诉行政行为进行全面审理的原则（第八十七条【二审审查范围】）；
3. 审限：收到上诉状之日（二审立案之日）起三个月内作出终审判决；需要延长审限的，报高级人民法院或最高人民法院批准（第八十八条【二审审限】）

- 维持原判
- 依法改判、撤销或变更
- 发回重审

**审判监督程序（如有）**

1. 再审渠道：当事人申请+法院自查自纠+抗诉与监察建议；
2. 再审条件（参见第九十一条【再审事由】）

**执行**

1. 向第一审人民法院申请强制执行，或者由行政机关依法强制执行；
2. 法院可采取的措施（第九十六条【对行政机关拒绝履行的执行措施】）

# 附录七　行政复议工作流程图

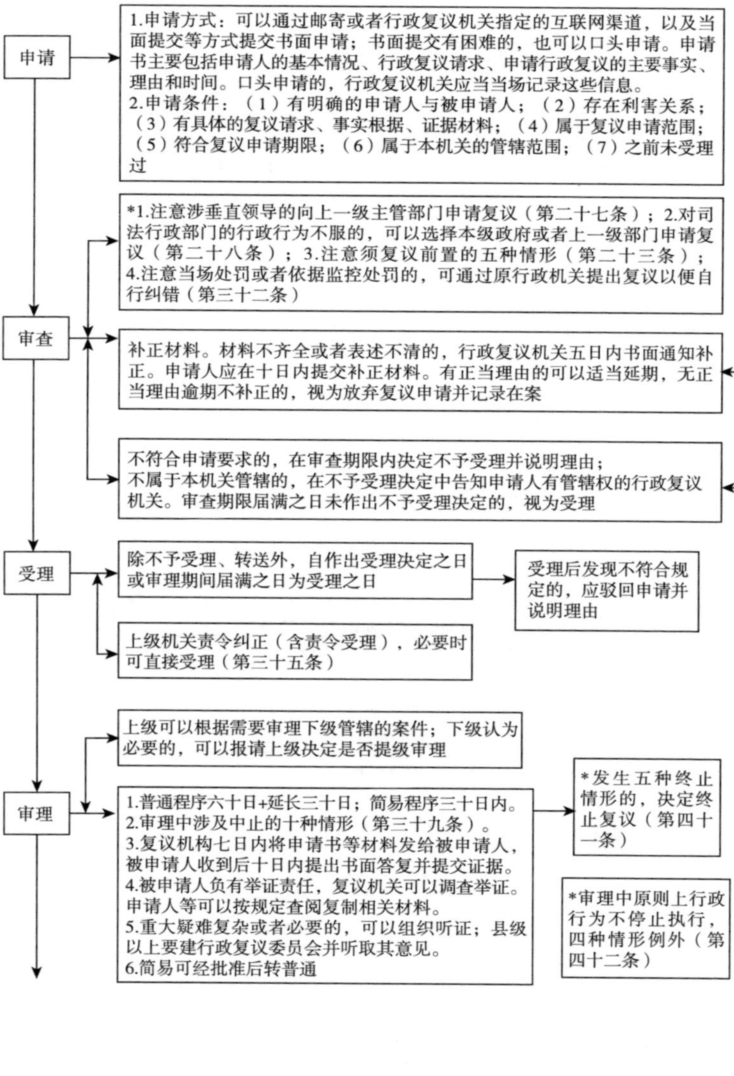

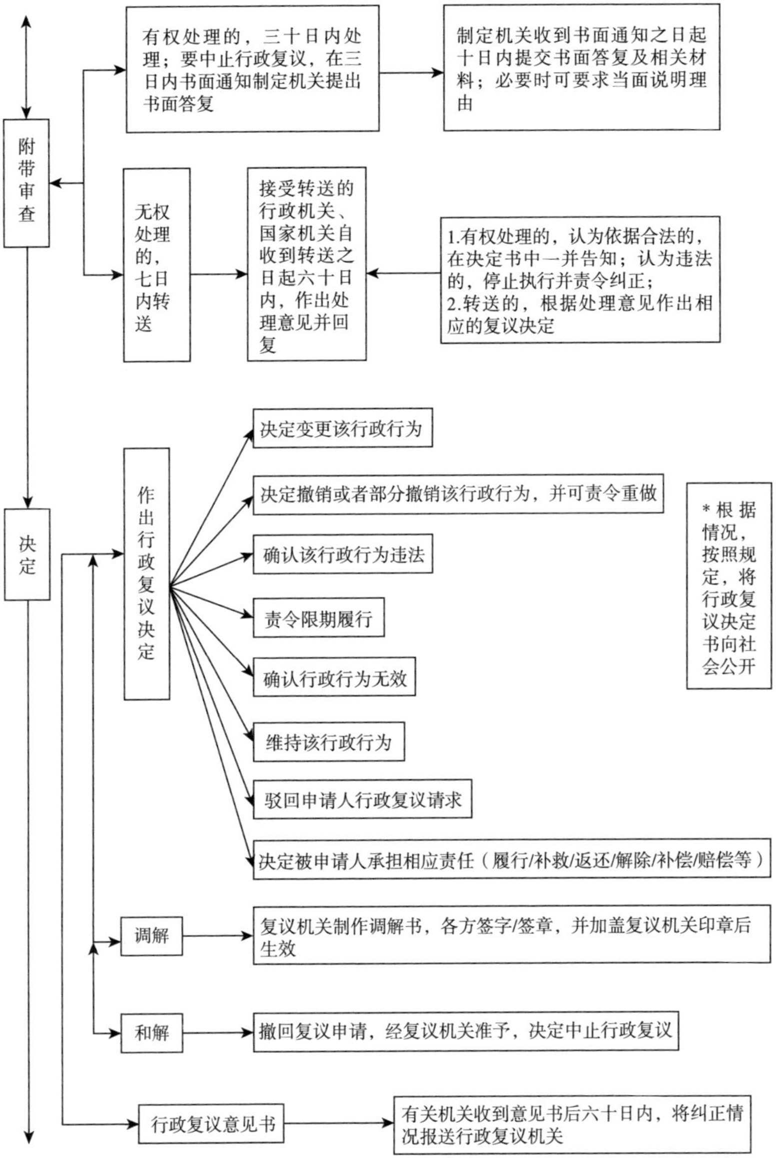
附带审查
有权处理的，三十日内处理；要中止行政复议，在三日内书面通知制定机关提出书面答复
制定机关收到书面通知之日起十日内提交书面答复及相关材料；必要时可要求当面说明理由
无权处理的，七日内转送
接受转送的行政机关、国家机关自收到转送之日起六十日内，作出处理意见并回复
1.有权处理的，认为依据合法的，在决定书中一并告知；认为违法的，停止执行并责令纠正；
2.转送的，根据处理意见作出相应的复议决定
决定
作出行政复议决定
决定变更该行政行为
决定撤销或者部分撤销该行政行为，并可责令重做
确认该行政行为违法
责令限期履行
确认行政行为无效
维持该行政行为
驳回申请人行政复议请求
决定被申请人承担相应责任（履行/补救/返还/解除/补偿/赔偿等）
*根据情况，按照规定，将行政复议决定书向社会公开
调解
复议机关制作调解书，各方签字/签章，并加盖复议机关印章后生效
和解
撤回复议申请，经复议机关准予，决定中止行政复议
行政复议意见书
有关机关收到意见书后六十日内，将纠正情况报送行政复议机关

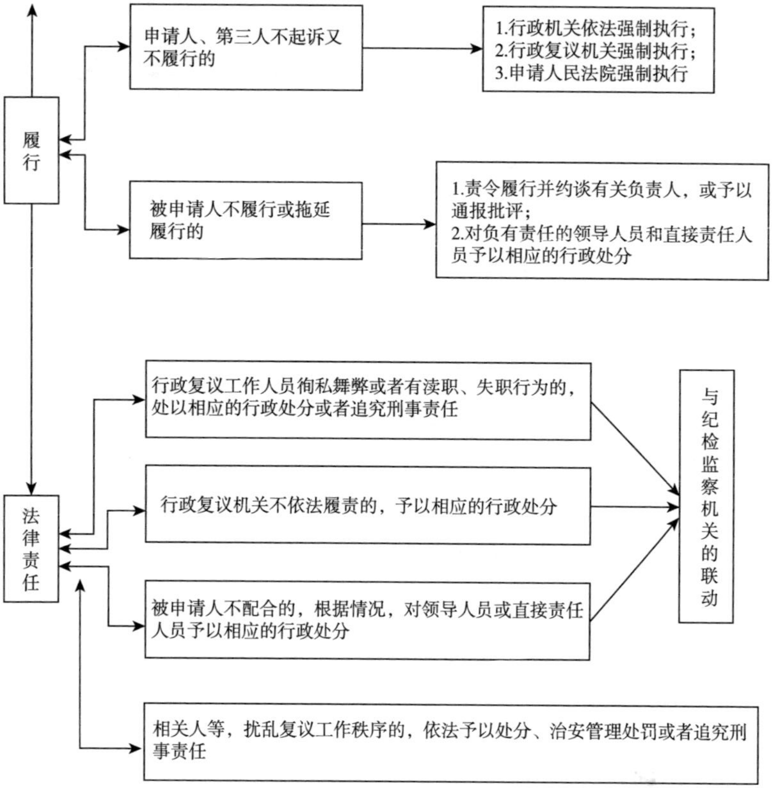
履行
申请人、第三人不起诉又不履行的
1.行政机关依法强制执行；
2.行政复议机关强制执行；
3.申请人民法院强制执行
被申请人不履行或拖延履行的
1.责令履行并约谈有关负责人，或予以通报批评；
2.对负有责任的领导人员和直接责任人员予以相应的行政处分
法律责任
行政复议工作人员徇私舞弊或者有渎职、失职行为的，处以相应的行政处分或者追究刑事责任
行政复议机关不依法履责的，予以相应的行政处分
被申请人不配合的，根据情况，对领导人员或直接责任人员予以相应的行政处分
相关人等，扰乱复议工作秩序的，依法予以处分、治安管理处罚或者追究刑事责任
与纪检监察机关的联动